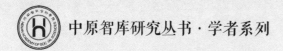

中原智库研究丛书·学者系列

医疗侵权法律问题研究

赵新河 / 著

RESEARCH ON
LEGAL ISSUES OF
MEDICAL TORT

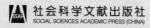

社会科学文献出版社
SOCIAL SCIENCES ACADEMIC PRESS (CHINA)

前　言

　　医疗侵权是指医疗方违规实施医疗行为侵犯患者生命权、健康权、知情同意权、隐私权等正当权益依法应承担法律责任的行为。我国每年诊疗人次高达 80 亿以上，而就诊患者对医疗服务质量与安全的诉求日益增长，在此背景下，由医疗侵权产生的医患纠纷案件数量十分庞大。我国高度重视医患纠纷的法律处理，近十余年来先后颁布的《侵权责任法》（2009年）、《最高人民法院关于审理医疗损害责任纠纷案件适用法律若干问题的解释》（2017 年）、《医疗纠纷预防和处理条例》（2018 年）、《基本医疗卫生与健康促进法》（2019 年）、《民法典》（2020 年）、《医师法》（2021 年）等法律、法规、司法解释与此前的相关立法共同形成了医疗侵权纠纷法律处理的基本制度框架。然而，在医疗侵权责任的认定与医患纠纷的公正处理中仍然存在诸多疑难问题需要研究解决，笔者尝试对这些问题进行系统探讨。本书的基本架构与主要观点概述如下。

　　第一章"优化医疗服务的法律环境"。从医疗法律所处的医疗科技环境看，存在医学理论的有限性与临床需求的无限性的矛盾、医疗处置的及时性与诊疗信息有限性的矛盾、疾病的规律性与个体复杂性的矛盾、社会医疗需求的普遍性与医疗技术水平的不平衡性的矛盾，医疗方要以有限的医学理论与医疗手段应对无限的医疗需求，临床医学具有"理论发展难以满足实践要求、规范性与探索性并存"的特征，医疗服务中发生人身损害的风险客观存在，难以完全避免。从医疗卫生政策对医疗法律的影响方面看，医疗卫生体制和政策决定着医患关系的状况，过度市场化的医改会造成医患矛盾凸显、医患关系紧张，导致医患双方对医疗法律的诉求产生分歧甚至对立，并以医患纠纷的方式爆发。在这一社会环境下，医疗侵权纠纷的法律调控陷入困境，医疗服务法律环境的构建举步维艰，并一度成为我国法治建设中的疑难点。从医疗服务所处的法律环境看，医疗侵权赔偿法律标准缺乏统一性、协调性，对患者知情权的法律保障的疏漏，医患纠纷法律处理机制的欠缺，将造成医患纠纷难以妥当解决。据此，在全社会尤其是在医患双方之间树立依法合理分配、公平分担医疗风险的理念，适应卫生事业发展规律推进医改以改善医疗服务法律所处的社会环境，完善公平高效处理医患纠纷的法律机制，是优化医疗服务法律环境的基本思路，也是本书研究医疗侵权法律问题的目标。

第二章"医疗侵权的基本特征与分类"。医疗侵权行为违反诊疗规则，医疗侵权损害后果的多样性及其与原发伤病的关联性，医疗侵权因果关系的复杂性，医疗侵权责任应通过专业化研判加以界定，形成医疗侵权区别于其他民事侵权的基本特征。

第三章"医疗侵权责任的归责原则"。鉴于医疗风险的存在及医学科学与医疗技术发展的有限性，医疗技术侵权适用过错责任原则，医疗用品（产品）侵权实行无过错责任原则，医疗侵权责任应排除公平责任的适用。

第四章"医疗过失"。医疗过失是业务过失，其判断标准是"应达到的"医疗技术水平，并具有客观性、层次性、整体性、动态性的特征，其认定具有专业复合性。本章还主要研究了医疗注意义务的来源及其主要内容，医疗注意义务与医患约定的关系，医疗过失判断的"标准困惑"与医疗新技术的临床准入制度的完善，（被）容许的危险理论对医疗风险分担与医疗过失研判的指导价值，正确认识法律容许与患方同意的关系，并对误诊误治与医疗过失、并发症与医疗过失、特异体质与医疗过失、药物副作用与医疗过失、过度医疗与医疗过失等相关问题进行了研讨。

第五章"医疗侵权的因果关系"。根据法律因果关系的基本理论，认为应当从医疗损害的四种形成机制（医疗行为直接损害人体，"反效"医疗行为与原发病形成合力共同致人损害，"无效"医疗行为放任原发病发展形成人身损害，医疗行为效用不力致使原发病造成患者损害）的视角来全面把握医疗损害因果关系，研究了医疗损害因果关系的偶然性、疫学因果关系理论的借鉴意义、医疗损害因果关系中的"多因一果"、医疗不作为的因果关系。

第六章"医疗侵权方的责任程度"。从我国立法对医疗侵权方责任程度（原因力）的立法演变看，先后颁发的多个规范性文件的规定各有不同，其含义存在歧义，不利于医疗侵权纠纷的公正处理，应当在下列共识下判断医疗侵权方的责任程度：过错责任原则下的责任程度当贯彻主客观相统一原则，因果关系的范围与主观过错的范围并非总是一致，主观过错本身存在大小、强弱的差别，医疗损害的原因力不同于医疗方的责任程度，医疗方责任程度的核心是"避免医疗损害的可能性"。推行医疗责任保险以转移医疗风险有助于促使医患双方理性面对医疗侵权的责任程度，且保险监督可促进医疗方规范行医，但医疗侵权主体与民事赔偿责任承担主体的分离会削弱法律对侵权人的惩戒威慑机能，不利于医疗方保持对医疗风险的警觉，应注意防范。

第七章"医患关系的属性与化解医患矛盾的法律进路"。维护患者的医疗安全与保护医务人员工作积极性及促进医疗卫生事业发展的矛盾、医疗需求的多元化与过度检查过度治疗标准的模糊性的矛盾、医疗方的经济利益与患者健康利益之间的矛盾、患者的知情同意权与医师医疗自由裁量权的矛盾，是医疗侵权纠纷法律处理中要面对的基本矛盾，从医患关系的上述多重属性入手来解决医患矛盾，应通过加强医患沟通，取得医疗风险分担的医患共识，平衡医患利益，改善患者弱势地位，建立适当的医患关系模式，而协调患者的知情同意权与医疗方的处置权是化解医患矛盾的基本法律进路。

第八章"患者隐私权的法律保护"。诊疗活动必然涉及医疗方对患者隐私和个人信息的采集、使用，维护患者隐私是保护自然人隐私与个人信息的重要环节。本章着重探讨了患者医疗健康信息的法律保护，患者私人生活安宁、私密空间、私密信息的保护，医疗方对病历的保管、使用、公开与患者隐私权保护。

第九章"《医师法》主要内容与规制医师执业的法治对策"。执业医师是实施健康中国战略的核心力量之一,《医师法》中的多项规定与医疗侵权法律责任的认定相关联。本章对该法的主要内容进行了梳理,并认为规制医师执业行为应采取减负减压与规制、问责并重,医师权利与患者权利并重,医师行业自律与外在监督并重的法治对策。

第十章"病历真实性完整性争议及其解决机制"。病历是多种证据的混合体,并非均属"书证",其整体证明力并非确定。医疗侵权纠纷中医患双方对病历真实性的争议相当普遍,对病历应从完整性、规范性方面进行形式审查,从内容的系统性、一致性方面进行实质审查,以确定病历的证明力,并探讨病历真实性完整性审查与病历争议解决机制的架构。

第十一章"医疗侵权的举证责任"。基于医疗侵权诉讼中医患双方举证能力的差距,为查明医疗事实,需要对患方实行举证减负和举证缓和,医疗方承担提交客观真实病历材料的举证责任和必要的证据开示义务,并引用证明妨碍制度等特别规则,共同形成制度合力,推进医疗信息的最大化呈现与科学甄别。在梳理我国对医疗侵权举证责任分配的立法演变的基础上,着重研究了医疗侵权诉讼风险在医患之间的分担,包括诉讼风险的两种形成原因及其法律应对,医疗风险与医疗侵权诉讼风险的关联及医疗方的举证负担,举证不能的败诉风险与医疗风险造成的败诉风险的区分,医疗事实真伪不明的两种原因及其区别。

第十二章"医疗侵权纠纷的多元化处理机制"。实现社会解纷系统的优化配置和良性运作,是推进国家治理体系和治理能力现代化的要求。根据医患纠纷的演化过程及其处理需求,应合理配置在意思自治、便捷、权威方面各有侧重的多元化的医患纠纷处理机制,并使其相互衔接协调。医患纠纷的专业性与复杂性决定了不宜以诉讼为主要解决方式。

第十三章"医患纠纷的自主协商"。医患协商存在双方医疗知识不对等、医疗信息不对称,医患和解难以实现程序规制和规则约束,有模糊事实、规避法律责任的可能,使医患和解偏离自愿公平原则。要从建立医患冲突的快速应对机制,确保双方当事人意思表示真实,适当限制医患协商的范围等方面完善医患协商机制。

第十四章"医患纠纷的调解"。在梳理医疗纠纷第三方调解的立法演进的基础上,认为第三方调解制度的完善要兼顾便民与公正,摆脱"鉴定依赖",保持灵活便利,避免调解司法化,发挥效率优势。医疗纠纷行政调解的实际作用受限,如何发挥其相应职能值得思考。

第十五章"建立医疗侵权纠纷仲裁机制"。医法结合是公正高效处理医患纠纷的根本路径,但第三方调解没有真正实现医法直接结合,医疗损害鉴定在医法分离下运行,民事审判的医法结合也尚未实现,而医疗纠纷仲裁是实现医法结合的理想模式,且医疗侵权纠纷仲裁在法理上、制度基础上与人才储备上均具有可行性,同时,仲裁的中立性、灵便性、权威性、高效率更凸显其优越性。从仲裁协议的形成、医事仲裁庭的设置、医事仲裁的组织形式方面初步探讨了医疗纠纷仲裁的基本架构。

第十六章"医疗侵权纠纷的民事审判"。在医疗纠纷的多元化处理机制中,民事审判当定位于必备措施与最终手段,担负对非诉讼机制的引导、监督职能,但并非首选和最佳机制。目前,由于审判者普遍欠缺医疗知识,导致医疗纠纷的民事审判权威不足、效率低下,化解纠纷的社会效果欠佳,需要提升法庭对医疗专业技术的司法认知能力。在比较委托司法鉴定、庭外技术咨询、技术调查官辅助审判、专业技术陪审员参与案件审理等审判机关解决专业技术争议的辅助措施各自特点的基础上,认为专家陪审制是提升法庭对技术问题司法认知能力的便捷路径,医疗纠纷民事审判机制的改进当以直接实现"医法结合"的医疗专家陪审制为目标。

第十七章"医疗损害责任鉴定"。医疗损害责任鉴定可作为医疗侵权法律处理的基本制度配置,发挥其技术支撑作用。目前我国医疗损害鉴定实行医学会和司法鉴定机构并存的"二元化"鉴定体制。关于医疗事故技术鉴定的完善,应着力于实现鉴定组织者的中立性,改进医疗事故鉴定专家的专业构成,克服行业垄断与地域管辖伴生的同行庇护,并实现医疗事故技术鉴定的合法性。对医疗损害司法鉴定应当从以下几个方面进行改进:司法鉴定人的专业构成实行医法结合,贯彻鉴定人负责制,制定医疗损害鉴定规范,增设病历真实性鉴定,优化鉴定资源配置。

第十八章"医疗事故与医疗事故罪"。本章主要研究三方面的内容。

一是医疗事故的概念、特征、分级、分类。二是医疗事故罪的构成要件，重点探讨该罪犯罪主体之"医务人员"的范围，团队医疗中信赖原则的适用与事故责任人的确定，《刑法》第335条中的"严重不负责任""严重损害就诊人身体健康"的含义，医疗事故罪的因果关系与过错医疗行为对损害结果的原因力，医疗事故罪的刑事责任的调整。三是医疗事故罪的刑事追诉。随着民事立法对医疗损害法律评价的"去医疗事故化"、卫生行政立法中"医疗事故"概念的轻缓化，医疗事故不再能体现出对医疗过失的严重否定评价和严厉谴责，且医疗事故鉴定意见又存在生成障碍，导致对医疗事故罪的刑事追诉陷于窘困境地，继续沿用"医疗事故罪"的罪名，将产生定罪困难、评价功能不准、威慑功能不足等负面效果，建议对医疗事故罪分解为"医疗过失致人死亡罪""医疗过失伤害罪"两个罪名。要明确医疗事故罪刑事追诉中的司法鉴定意见的形成机制。

第十九章"非法行医罪"。本章研究下列四个问题：第一，非法行医罪的犯罪主体，围绕法学界对"医生执业资格"的争论，认为"医生执业资格"由医师资格证与医师执业证共同证明；第二，《最高人民法院关于审理非法行医刑事案件具体应用法律若干问题的解释》的理解；第三，非法行医罪之"行医"限于以医师名义实施的诊断治疗活动，非法行医罪包括基本犯与结果加重犯、实害犯与危险犯多种构成形态；第四，非法行医罪的主观过错应是间接故意，其刑罚配置重于医疗事故罪而轻于故意伤害罪和故意杀人罪，体现了罪刑相适应。

上述研讨基本上涵括了医疗侵权涉及的主要法律问题。

本书及时跟进我国医疗侵权相关立法的演进，吸收了近年来的学术研究成果，以临床医疗规律与医疗侵权的特征为基础，以"医法结合"为研究进路，将相关法学理论运用于医疗侵权责任的认定，寻求医疗规范与法律规则的对接，创新医疗侵权纠纷的法律处理机制，具有原创性和一定的开拓性，对丰富与发展我国医疗侵权法学理论有一定价值。研究成果具有现实性、针对性，对完善我国相关立法，帮助司法执法部门公正处理医疗侵权纠纷，维护医患双方合法权益有一定的参考价值，可供法学教学科研人员、法学专业学生，参与医疗纠纷协商、调解、鉴定、审判、代理等活动的人士参考使用。希望拙作中的思考与探索对解决由医疗侵权产生的医患纠纷这一由来已久的法治难题有所裨益。

由于本人学识有限，相关观点可能存在粗疏甚至舛误之处，诚望学界同人与读者不吝指正。

赵新河

2022 年 9 月于郑州

目录 CONTENTS

第一章

优化医疗服务的法律环境

研究医疗侵权与医患纠纷相关法律问题的基本目标是优化医疗服务的法律环境，公平维护医患双方的正当权益，构建和谐的医患关系，调动与保护医务人员履行救死扶伤职责的积极性。优化医疗服务法律环境，要以促进医疗卫生事业持续发展为目标，以现代临床医学的发展规律与特征为基础，通过依法公正高效处理医疗侵权纠纷来平衡医患利益、改善医患关系。

第一节　法律环境概述

一　法律环境的概念

世界上的各种事物和现象无不处于一定的环境之下，并与多元环境要素相互联系、相互制约和相互作用。所谓环境，通常是指事物所处的周围情况和条件。

关于法律环境，一种观点认为，法律环境包含两种含义：其一，法律环境是指"法律所处的社会环境"，即决定、制约和影响法的生成、实施、发展的各种因素和条件，包括经济、政治、科学技术、历史等多种要素；其二，法律环境是指"社会所处的法律环境"，即法律及其作用的发挥（通过法制建设的各个环节和方面如立法、执法与司法、守法与法律意识等）为社会的进步与发展所提供的制度支撑与条件。① "法律所处的

① 刘志坚：《法律环境初论》，《甘肃政法学院学报》1998 年第 2 期。

社会环境"决定着法律的制定和运行，而"社会所处的法律环境"（法律实施的社会效果）通过对决定法律制定的外在、客观条件（法律所处的社会环境）的作用，促进"法律所处的社会环境"的完善和改进。

另一种观点指出，法律环境可分为两个层次：一是外显的表层结构，即法律规范、法律制度、法律组织机构、法律设施，是"硬环境"；二是内化的里层结构，即法律意识形态，是"软环境"。法律环境是二者所形成的有机整体。①

任何法律制度的产生，必然有决定其内容与结构的经济、政治、历史等方面的客观依据，法律所营造的环境究竟是否符合社会需要，要从法律适用的效果上进行检验；而法律规范、制度及其运行只有与法律意识二者之间协调统一，才能实现调控社会关系、维持社会秩序的理想目标。

二　医疗服务的法律环境

医疗服务是指医疗机构和医务人员以医学基本理论和知识经验为基础，依靠医疗技术和设备，为就诊者实施诊断、治疗、康复、美容等医疗活动的总称。医疗服务的提供者是医疗机构和医务人员，医疗服务的对象是就诊患者，医疗服务的开展包括医疗服务合同的建立、临床医疗活动的实施、医疗纠纷的解决等环节。医疗服务的法律环境，是通过与医疗卫生相关联的法律法规等行为规范对医患双方在诊疗过程中的权利与义务进行调整而形成。对医疗服务法律环境的研究，同样应从医疗服务法律所处的社会环境、医疗服务活动所处的法律环境两大方面，从法律规范、法律制度等"硬环境"以及法律意识等"软环境"两个层次上展开。

第二节　医疗服务法律所处的社会环境

这里对医疗服务法律所处的社会环境着重从医疗服务法律所处的科技环境、医疗卫生政策环境两方面进行研究。

---

① 杨伟荣：《法律环境论绪论》，《湛江师范学院学报》1998 年第 2 期。

一 医疗法律所处的医疗科技环境与临床医疗风险

从根本上讲，医疗服务法律所处的医学科技环境是指医疗法律所调整的临床医学的发展水平与临床诊疗活动的运行状况，由此可充分揭示临床医疗的风险属性。

（一）医学理论的有限性与临床需求的无限性的矛盾

临床医疗活动专业性较强，离不开医学基本理论的指导，就目前的医学发展水平而言，大多数常见病、多发病的病因、病理、治疗方法是基本清楚的，但不能否认，迄今为止，生命科学的未知领域仍然不少，现代医学理论发展仍然存在着局限性。我们常说，现代科技面临两大未知领域，一是浩瀚的宇宙，二是人体和生命科学。现代医学科学技术虽然取得了巨大的进步，但现代医学科学知识并不完善，尚不能解决人类面临的所有健康问题，医学领域的疑难与未知问题仍然不少，医学认识过程远远没有完结，医学知识还有许多逻辑空白点。在生理学方面，人类大脑的精细结构和功能、人类遗传基因具体作用方式与过程等，都属于医学认识的空白区。在病理学方面，人们对许多疾病发生发展的过程与机理并不完全明了。其他如药物学、老年病学等，也是如此。对于疾病的认识方面，仍在陆续发现新的疾病，如非典型性肺炎、禽流感、H1N1流感、新冠肺炎等。同时，对于不少疾病的认识还仍有待于继续深化，一些疾病的病因病理尚不能确定。

虽然医学理论有限，但临床医疗需求无限，临床医师不可能等到基础医学理论完善成熟后再给求医者诊治，而只能在基础理论并不十分明确的情况下从治病救人的总目的出发试探性地、凭经验去解决实践中面临的全部问题，必须"摸着石头过河"，以有限的医学理论应对无限的临床需求，这就造成医疗结果的不确定性和发生病人身体损伤的风险。

（二）医疗处置的及时性与诊疗信息有限性的矛盾

临床诊断与医疗有很强的时间性，医疗处置往往必须在一定时间内做出并实施，对急危重症伤病的诊断治疗必须分秒必争，即使对普通非急症就诊病人也往往需要尽快做出医护处理以免增加病人痛苦或者使病情恶化对患者生命健康造成更大损害。但是，与这种时间紧迫性形成矛盾态势的客观情况是，疾病的发展是一个逐步显现其特征的过程，许多疾病在早期并没有特征性的、可据以确诊的临床症状与体征，从而增加了及时作出正确诊断治疗的难度，但医务人员又不能消极地等待，而只能根据已有的临床资料在诊疗信息有限的情况下作出诊疗决策，并随病情变化进行调整和修正。因此，从某种意义上说，最初的临床诊断往往带有一定的假说色彩，并非十分确定，而治疗则往往也有一定的尝试性，这是产生医疗风险的又一原因。

（三）疾病的规律性与个体复杂性的矛盾

疾病当然有一定的特征和规律，否则就没有医学科学的存在和不断发展，但疾病的临床表现又会呈现出个体差异性和复杂性，苏联著名生物学家巴甫洛夫的一段话精辟地道出了这一特征。他指出，病理现象乃是生理现象各种可能的、特殊的即在生命正常过程中不会发生的一系列无穷尽的组合……这仿佛是由自然现象和生命所组成的一系列生理实验，而且有时是用现代生理学技术方法所不能特意复制的现象组合。① 因此，在临床医学实践中，即使基本理论清楚，仅仅依靠理性思维尚不能完全适应实际需要，而往往需要医务人员有较丰富的临床经验，做到经验与理论互补，在这一点上临床医学似乎与其他实验科学有所不同，而临床经验本身具有不确定性、模糊性，这也增加了医疗风险。

（四）医疗手段的侵袭性与医疗安全的矛盾

现代医学技术手段并不完美。与过去相比，现代医生所拥有的技术手段已经相当先进，但是，与人类不断增长的健康需要相比，现代医学技术手段并不能满足人们的需要。比如，抗生素存在着细菌耐药性问题，安眠药也存在着耐药性现象，免疫排斥反应是器官移植的最大障碍，也是制约该技术发展的瓶颈。许多医疗必需手段如手术创伤、辅助检查措施的刺激

---

① 周林等主编《科学家论方法》（第一辑），内蒙古人民出版社，1984，第95页。

等对人体健康有损伤的可能，属于有侵袭性的医疗手段，同时，临床活动作用的对象是身体抵抗力都有一定程度减弱的病人，这就共同增加了临床活动中发生病人身体损伤的危险。

（五）医疗需求的普遍性与医疗技术水平的不平衡性的矛盾

"找最好的医生，求最好的疗效"是患者就诊时普遍的美好愿望，但是，由于医疗资源尤其是优质医疗资源的有限性，医疗服务的可及性与绝对公平难以实现，各地各级医疗机构的医疗技术条件，各级医务人员的技术水准存在不平衡性和差异性，而具体医疗行为往往是在特定时空条件下由某一医疗机构的某些医务人员来实施的，不可能都经由顶级医院和精英型专家型医师实施诊治，一般只能就近救治，对急危重症患者的抢救治疗尤为如此，这也是医疗风险客观存在的原因。

总之，现代医学科学知识的局限和临床医疗活动的探索性、风险性，使得临床医学具有"理论发展难以满足实践要求、规范性与探索性并存"的特征，医疗服务活动中发生人身损害的不良结果的风险难以完全避免，医疗行业一度被视为"高危职业"，这是医疗服务法律所处的基本科技环境。因此，优化医疗服务的法律环境，就要求相关法律规定充分考量医疗服务的风险特征，在全社会尤其在医患双方之间合理分配、公平分担医疗风险，既维护医务人员的正当医疗执业活动，又有效保障就医患者的基本医疗安全。

二 医疗卫生政策对医疗法律的影响

医疗服务不仅是一项技术性较强的活动，而且与国家的医疗卫生体制和政策有十分密切的关联。医疗卫生体制和政策决定着医患关系的状况，并由此使以医患关系为调整对象的医疗法律面对不同的社会环境。

（一）计划经济时期：医患关系和谐

计划经济时期，经济发展水平比较低，我国通过制度安排基本满足了社会基本医疗卫生需求。其一，医疗卫生服务目标与体系布局合理。医疗卫生服务目标着重定位于提高公众健康水平，注重基层医疗服务机构和农村医疗服务体系的建设，重视常见病和多发病的防治，技术上注重适宜技术，既实现了医疗卫生资源的低投入、高产出，也形成了医疗卫生资源分配的相对公平。其二，广覆盖的医疗费用保障使得医疗卫生事业的公平性得以实现。城镇公费医疗和劳保医疗制度基本上覆盖了所有的劳动者，多数职工家属在发生疾病时也能够报销部分费用，农村合作医疗制度逐步普及并惠及90%左右的农村人口，该三项医疗费用保障制度使全国绝大部分人口能够抵御疾病风险，同时，公益性的医疗卫生服务体系的转移支付功能也提供了医疗费用保障，提高了医疗卫生事业的公平性。

在这个时期，医疗服务并非以营利为目的，医疗卫生服务收入与医疗从业人员的经济利益之间没有直接联系，医疗服务的公益性、福利性与医疗方的经济利益得到兼顾，医患之间得以保持良好和谐的关系，医患矛盾纠纷极少，我国立法虽没有对医疗事故的处理作出专门规定，但医患纠纷通过卫生行政部门可以得到妥善处理。

（二）市场化医改后：医患矛盾凸显，医患关系紧张

市场化医改后，医疗服务供给演化为商业化、市场化的模式，医疗服务参与主体的利益分化倾向明显，导致医患关系紧张，医患矛盾凸显。其一，医疗服务机构成为实行独立经济核算、具有独立经营意识的利益主体，医疗卫生服务机构转向企业化的管理模式，医疗服务机构之间呈现全面竞争的关系。医疗机构主要依靠以药补医和医疗服务收费维持运行。"以药养医"使得作为特殊商品的药品的生产和流通完全按照市场化运作，导致药价虚高，药品质量下降，甚至假、伪药品充斥市场，形成医疗安全隐患。医疗卫生干预的目标与技术路线出现偏差，出于对经济效益的追求，医疗机构及医务人员出现轻适宜技术、重高新技术，轻预防、重治疗，轻视常见病多发病、重视大病诊治的倾向，并出现诱导医疗需求、开大处方、高价药与高额检查费、治疗费现象，甚至置医疗安全与质量于不顾，违规、冒险实施医疗活动，"小医院治疑难病""小医生作大手术""医生走穴"成为引发医疗安全事故的重要原因。其二，医疗服务可及性下降，社会基本医疗需求难以充分保障，医患平等失去支撑基础。社会成员可能遇到的疾病风险是未知的，如果医疗费用社会共济的制度安排不

足，就会造成医疗服务的公平性下降，主要依靠个人和家庭来抵御疾病风险，那么就有相当一部分社会成员难以承受医疗费用风险，其基本医疗服务需求就无法得到满足，出现因病致困、因病返贫现象，引发社会不满情绪和医患关系紧张。在医疗服务活动中，患者方是医疗服务的需求者、接受者，医疗方是医疗服务的提供者，医患双方之间在法律地位上应该平等，但医疗资源整体不足和分配不均，医疗卫生服务与人民日益增长的健康需求不适应，农民和社区居民的医疗服务可及性下降，导致医疗服务成为"卖方市场"，"看病难"成为普遍现象，患者作为需求方，对医疗服务供给方的检查、治疗、处方、药品几乎没有选择余地，患者缺乏自主权、选择权，处于弱势地位，本应平等的医患关系演变成类似于管理与服从的从属关系，医患之间的地位平等和权利义务对等失去支撑基础。

综上，过度市场化的医改导致医疗服务的公益性与医疗方的经济利益的冲突，医疗方经济利益与患者健康利益、经济利益相冲突，医患之间形成利益对立的格局乃至心理上的对立，加深了医患关系不和谐的社会氛围，随之而来的是，医患双方对医疗法律的诉求也当然显现出分歧甚至对立，医疗方要求法律保护医疗服务业的高投入、高收入、高风险，患者方则渴求价格适宜、效果满意的理想医疗效果。然而，法律并没有为化解医疗风险、缓和医患双方的利益冲突、融合医患之间的价值冲突作出充分的制度安排和价值指引。比如，对医疗安全风险的分担没有设立为医患双方和社会所公认的法律机制。在医疗方，为了对抗自认为过于苛刻严厉的医疗损害赔偿责任，为应对医疗侵权诉讼的举证责任倒置的法律规定，甚至为规避责任，一些医疗机构和医务人员违背事实，根据"打官司的需要"故意制作推卸责任的虚假的、"完美的"病历；医师为防御医疗纠纷的风险，实施重复的或不必要的检查，浪费有限的医疗资源和患者的医疗费用；为求平安，医师对急危患者借故推卸诊治。在患者方，本来在医疗服务活动中就处于相对弱势，再加上医疗知识的贫乏和医疗信息获取不畅，在纠纷中并不掌握主要的证据材料，当医疗服务纠纷发生时因为诉求实现艰难，容易产生冲动情绪，置法定的医患争议解决程序于不顾，以"私力救济"的方式解决争端，围攻医生、围堵医院或者雇用"医闹"实施"维权"，医患之间纯洁、诚信的关系不复存在，医患双方法律意识上的分歧和冲突集中以医疗纠纷的方式爆发，出现医患纠纷案件大幅攀升并难以妥善化解。在这一社会环境下，医患双方对医疗服务法律产生理解和认识上的严重分歧，导致医疗服务法律环境的构建举步维艰，医疗侵权纠纷的法律调控陷入困境并成为我国法治建设中的难点问题。

第三节　医疗服务所处的法律环境回顾

一　医疗侵权赔偿法律标准缺乏统一性、协调性

我国既往立法对医疗侵权赔偿法律标准的规定，经历了从经济补偿到民事赔偿的演变，欠缺稳定性、统一性，导致医疗服务的法律环境的混乱，直到 2010 年 7 月 1 日《侵权责任法》的实施才结束了医疗侵权损害赔偿标准的二元化。

（一）1987~2002 年：一次性经济补偿

1987 年 6 月之前，我国立法没有对医疗侵权赔偿作出明确规定。1987 年 6 月 9 日国务院发布的《医疗事故处理办法》（以下简称《办法》）明确了医疗事故的概念和范围、医疗事故的技术鉴定等问题，建立了医疗事故处理的法律程序和尺度，为化解医疗事故纠纷发挥了重要作用。《办法》第 18 条规定，确定为医疗事故的，可根据事故等级、情节和病员的情况给予一次性经济补偿，补偿费标准由省、自治区、直辖市人民政府规定。当时全国各地的经济补偿的数额在 3000 元到 8000 元之间，该经济补偿数额与根据民事法律计算的赔偿数额存在较大差距，患者及家属大多要求法院按照民法规定来确定赔偿，各地卫生机关与司法机关的做法也不尽一致，前者一般按照《办法》进行调处，而后者则既适用于《办法》也适用于民法，法律适用存在随意性、不统一性，凸显了《办法》规定的经济补偿原则与《民法通则》规定的赔偿实际损失原则的冲突，法律适用上呈现出混乱的局面。1992 年 3 月 24 日最高人民法院对天津市高级人民法院《关于李新荣诉天津市第二医学院附属医院医疗事故赔偿一案如何适用法律问题的复函》也没有从根本上解决对这一问题的争议。

（二）2002～2010 年：低限额赔偿

2002 年 4 月 4 日国务院颁布了《医疗事故处理条例》（以下简称《条例》），并废止了原《办法》。《条例》对医疗事故赔偿的范围和标准进行了改革，规定医疗方应对医疗事故的受害患者及家属赔偿医疗费、误工费、精神损害抚慰金等 11 项费用，行政法规规定的医疗事故赔偿开始向民事侵权赔偿原则靠拢。《条例》实施后，最高人民法院于 2003 年 1 月 6 日发布的《关于参照〈医疗事故处理条例〉审理医疗纠纷民事案件的通知》指出，《条例》施行后发生的医疗事故引起的医疗赔偿纠纷，诉到法院的，参照《条例》的有关规定办理；由医疗事故以外的原因引起的其他医疗赔偿纠纷，适用《民法通则》的规定。《条例》施行后，人民法院审理由医疗事故引起的医疗赔偿纠纷民事案件，在确定医疗事故赔偿责任时，参照《条例》第 49 条、第 50 条、第 51 条和第 52 条的规定办理。可见，最高司法机关意在协调医疗事故损害赔偿的法律依据，但 2004 年 5 月 1 日最高人民法院《关于审理人身损害赔偿案件适用法律若干问题的解释》（以下简称《解释》）实施后，医疗侵权赔偿再次出现了法律适用的冲突。最高人民法院负责人在就《解释》答记者问中指出，出台该《解释》是为了规范和统一侵权人身损害赔偿的法律适用。那么，2004 年 5 月 1 日之后，医疗事故的赔偿是继续适用《条例》还是适用《解释》？造成同样人身损害结果的医疗损害案件，按照《条例》和《解释》计算出的赔偿数额具有很大的差异。比如，《解释》规定的死亡赔偿金当时可高达一二十万元，而《条例》则根本没有该项赔偿项目，而根据《条例》和《解释》计算出的精神损害抚慰金、抚养费、残疾生活补助费或残疾赔偿金也呈现出较大的差异。因此，自 2004 年 5 月 1 日起，医疗侵权损害赔偿的法律适用冲突仍在延续，患者方为求得高额赔偿多主张适用《解释》，而医院方为了少赔偿则多主张适用《条例》，甚至不惜以被鉴定为医疗事故为代价，司法机关则在《条例》和《解释》之间作出选择，或适用二者之一，或兼顾二者。社会各界难以普遍认同医疗纠纷赔偿标准的"二元化"，医患双方对此问题的法律诉求存在较大差别。

二 对患者知情权的法律保障存在疏漏

查清医疗事实是公平处理医患纠纷的基本前提，而医患争议的焦点也往往肇始于基本医疗事实的争议，在纠纷处理过程中，无论是鉴定机构还是审判机关倾向于以医疗方提交的病历资料为认定事实的主要证据，那么，保证病历内容的客观真实就成为关键问题。在医疗过程中，医疗方总是比患方更早知道发生了医疗失误或缺陷，那么，就难以完全排除医疗方利用书写、制作病历的机会在病历上作不客观、不真实的记录，此时，赋予与医疗活动最接近、对医疗服务过程最关心的患者及其家属对病历的监督权利就显得尤为必要，患者毫无疑问是监督医疗过程的主体力量之一。对医疗事实的争辩结果其实与医疗服务过程中的医患权利义务状况关系紧密，患方的监督必须来自法律的授权。1994 年 8 月 29 日卫生部发布的《医疗机构管理条例实施细则》第 61 条规定，医疗机构应当尊重患者对自己的病情、诊断、治疗的知情权利。《条例》规定，在医疗活动中，医疗机构及其医务人员应当将患者的病情、医疗措施、医疗风险等如实告知患者，及时解答其咨询。现已废止的原《执业医师法》也规定，医师应当如实向患者或者家属介绍病情。法律应当为权利的实现设置支持条件，而不应使之虚化、淡化，同时，法律是公民个体调整预期、规范行动的权威性指引，应当更多地体现为通过权利主张和相互对待而形成和谐一致的法律关系状态，而不应因法律本身的厚此薄彼而"制造纠纷"。但是，《条例》把病历资料划分为主观病历和客观病历①，同时规定患者对于客观病历资料有权进行复印和复制，但对主观病历资料不能复印和复制，只能在医患双方共同在场的情况下封存，并由医院保存封存件。主观病历内容对患者保密并由医方单方控制实际上在一定范围内剥夺了患方知悉医疗真情的权利，法律层面置患者于被动地位，使患方对医疗过程的监督出现漏洞与缺陷，一定程度上将医疗侵权责任纠纷预先演化为病历真实性纷争，并使两种纠纷相互交织，使得医患纠纷的公平处理更加困难。

---

① 主观病历资料是指死亡病历讨论记录、疑难病例讨论记录、上级医师查房记录、会诊意见、病程记录，客观病历资料是指门诊病历、住院志、体温单、遗嘱单、化验单、检验报告、手术及麻醉记录单、护理记录等。

三　法律处理机制难以妥当解决医患纠纷

随着患者权利意识、依法维权意识的养成，医疗纠纷的数量和类型逐渐增多，但医患纠纷协商、行政调解、医疗损害责任鉴定、医患纠纷民事审判等法律处理机制本身存在一定的缺陷，难以妥当解决医患纠纷。

（一）医患纠纷协商解决困难

医患和解符合意思自治的原则，通过医患协商化解纷争也符合冲突形成与解决的一般规律。然而，由于医患利益诉求的对立，医患之间医疗信息不对称，医患协商缺乏程序规制和规则约束，协商难免以极端方式展开，偏离自愿公平轨道而成为某些人通过"医闹"围攻、堵截、伤害医疗方等"法外"手段来索赔的通道，纠纷难以通过医患协商妥当解决。

（二）医患纠纷的行政调解虚置

《医疗事故处理条例》第四章规定，卫生行政部门可接受当事人对医疗纠纷的行政处理申请，组织调查，判定是否属于医疗事故，对医疗事故赔偿等民事责任争议进行调解。然而，患者一方往往认为卫生行政机关的中立性不够，容易受到医疗方主体的干扰，行政调解机制受到患方当事人的排斥，该纠纷处理程序逐渐趋于边缘化甚至归于沉寂，未能发挥应有的作用。

（三）医疗损害责任鉴定存在缺陷

医疗侵权损害责任鉴定是查明医疗损害事实和明确侵权责任的重要技术手段，是辅助医患纠纷裁决的基本支撑机制。我国对医疗纠纷的鉴定实行医学会组织的医疗事故鉴定和医疗过错司法鉴定两类鉴定并行的"双轨制"，但这两类鉴定均存在明显的缺陷。

1. 医疗事故技术鉴定的缺陷

医疗事故技术鉴定是认定医疗侵权事实与责任的重要依据之一。我国的医疗事故鉴定制度随着1987年《医疗事故处理办法》的发布正式建立。按照《医疗事故处理办法》的规定，成立省、地区（自治州、市）、县

（市、市辖区）三级医疗事故技术鉴定委员会，医疗事故技术鉴定委员会由主治医师、主管护师及以上医务人员和卫生行政管理干部组成，鉴定委员会人选由卫生行政部门提名并报请同级人民政府批准，鉴定委员会负责本地区医疗单位的医疗事故的技术鉴定工作。可见，该鉴定制度具有浓厚的行政处理色彩，而患者对作为医疗机构的主管部门的卫生行政机关能否公正、科学地履行鉴定使命心存疑虑，卫生行政机关"既当运动员又当裁判员"的现象为社会各界所诟病。

2002年4月4日国务院颁布的《医疗事故处理条例》、2002年7月31日卫生部发布的《医疗事故技术鉴定暂行办法》对该鉴定制度进行了改革，主要表现为，医疗事故鉴定的组织者由原来的卫生行政机关改为省、市级地方医学会、中华医学会；将卫生行政管理干部从鉴定人中去除，鉴定人需是受聘于医疗卫生机构或者医学教学、科研机构并任相应专业高级技术职务3年以上的临床医学专家和具备高级技术任职资格的法医；具体案件的鉴定人的产生通过随机抽取的方式确定，并对医患双方保密；制定了操作性较强的鉴定程序；专家库成员可不受行政区域的限制，且在特殊情况下，可以在其他医学会的专家库中抽取相关专家参加鉴定或者函件咨询。可见，该改革向鉴定组织的中立化、鉴定程序的公开化、鉴定人员的科学化和去行政化迈出了较大的步伐，为保证医疗事故技术鉴定结论的科学、公正奠定了一定的基础。

"医学会模式"具有科学性、专业性与程序严格、科学、合理的优势，尽管在医学上程序严格且成熟，但鉴定意见不具有确定的诉讼地位，所遵循的原则和规范与诉讼法和证据法不完全符合，与诉讼中其他的环节标准也存在差异。① 鉴定活动有"准司法"的性质，应"居中而断"，只有保证医疗事故技术鉴定机构的中立性，才能保证鉴定结论的科学性，但是，上述医疗事故鉴定的中立性令人怀疑。

首先，《医疗事故处理条例》第32条规定，医疗事故技术鉴定办法由国务院卫生行政部门制定，这显然把医疗事故的鉴定纳入"卫生行政

---

① 于莲：《医疗过错技术鉴定的"一元化"路径探索》，载刘鑫、刘俊荣主编《医药法律与伦理评论》（第1卷），知识产权出版社，2016，第122~135页。

行业管理"的范畴，仍然带有旧《医疗事故处理办法》的遗痕。医疗纠纷是一种民事纠纷，这一纠纷处理中的鉴定，远远超出"行业管理"的范围。从鉴定的委托程序看，有医患双方共同委托、卫生行政管理机关委托、司法机关委托三种，因此，医疗事故技术鉴定并不是卫生管理机构的"内部事务"。各级卫生行政部门与医疗纠纷的医疗方当事人——医疗机构的密切关系难免令人对医学会的中立性、不受行政干扰的可能性产生怀疑，对该鉴定的中立性、公正性仍然存在消极影响，该鉴定没有获得社会的普遍认可。

其次，将医疗事故鉴定的组织者由1987年的《医疗事故处理办法》中的卫生局改为医学会，但根据中华医学会的章程，医学会的基本宗旨是"保护其会员医务人员的利益"，而不是保护医患双方的利益，医学会存在袒护医方的可能。实践证明，将医疗事故鉴定的组织者由卫生局改为医学会并没有实质性的进步意义，医疗事故鉴定仍然在各级卫生行政部门能够控制的范围之内。鉴定人员与旧的《医疗事故处理办法》中医疗事故技术鉴定委员会组成人员的主要区别是，没有卫生行政管理干部参加鉴定，这样，看似卫生行政机构是"局外人"，去掉了部门保护，但行业保护依然存在，"护短"现象仍然难以避免。

最后，《医疗事故处理条例》规定，负责医疗事故技术鉴定的医学会聘请医疗卫生技术人员进入专家库，可以不受行政区域的限制，在"特殊情况下"医学会根据需要可以组织医患双方在其他医学会的专家库中随机抽取相关专业的专家参加鉴定。这些规定使患方可寄希望于外地医学专家少受当地医疗机构的干扰，增加鉴定结论的公平性。但卫生部制定的《医疗事故技术鉴定暂行办法》对此却又作了限制性规定：只有当本行政区域的专家"不能满足"鉴定需要时，才可以聘请外地专家进入专家库。这样，是否从其他医学会的专家库中抽取相关专业的专家参加鉴定，就成了鉴定组织者的"权力"，而不是当事人的"权利"，使患方寄希望于外地医学专家公平鉴定的愿望难以实现，鉴定结论就难以让患者方信服。

2. 医疗过错司法鉴定的缺陷

在医疗事故技术鉴定制度改革的同时，我国的司法鉴定体制也在进行重大调整。2005年2月28日第十届全国人民代表大会常务委员会第十四次会议通过、自 2005 年 10 月 1 日起施行的《关于司法鉴定管理问题的决定》规定，司法鉴定中的法医类鉴定包括法医临床鉴定。根据司法部《司法鉴定执业分类规定（试行）》（司发通〔2000〕159 号），法医临床鉴定是运用法医临床学的理论和技术，对涉及与法律有关的医学问题进行鉴定和评定，其主要内容包括人身损伤程度鉴定、医疗纠纷鉴定等，其中的医疗纠纷鉴定实质上是由法医充任司法鉴定人实施医疗损害过错鉴定。

由法医对医疗纠纷进行医疗过错司法鉴定在科学性、权威性方面存在欠缺。医疗侵权损害鉴定要求鉴定人不仅要具备基本的医学知识，更要具备足够的临床经验，才能通过对患者的临床表现、治疗过程和效果的全面梳理、综合分析判断得出科学的结论。法医鉴定的司法鉴定模式的问题在于，法医鉴定人很难对临床诊疗的合理性作出非常恰当的评估。① 参与法医临床鉴定的法医虽具有法医学知识和经验，或者具备一定的基础性的医学知识，但并不具有临床医师资格，不从事临床医疗活动，没有足够的技术能力对临床医疗问题进行权威性评判。

更应当强调的是，上述两类鉴定均存在医、法结合欠缺的弊端。通常意义上的鉴定限于对待证事实本身从科技角度作出认定，而不要求对案件的法律定性作出结论，但医疗纠纷的鉴定则不然。《医疗事故处理条例》第 31 条第 2 款规定，医疗事故技术鉴定书应当包括的主要内容有"……（四）医疗行为是否违反医疗卫生管理法律、行政法规、部门规章和诊疗护理规范、常规；（五）医疗过失行为与人身损害后果之间是否存在因果关系；（六）医疗过失行为在医疗事故损害后果中的责任程度；（七）医疗事故等级……"。医疗纠纷的司法鉴定的要求也是如此。可见，医疗鉴定不仅仅是技术层面的分析、推断和单纯对案件事实作出结论性意见，而是要求对责任的有无和大小作出认定，是事实认定与法律定性的统一。因此，医疗纠纷的鉴定必然会涉及法学上过失、因果关系的基本理论、诉讼法上对举证责任与归责原则的规定，这都超出了基本法律常识的范围，需要法律专家成为鉴定成员，由临床医学专家与法律专家组成"医法结合"的鉴

---

① 于莲：《医疗过错技术鉴定的"一元化"路径探索》，载刘鑫、刘俊荣主编《医药法律与伦理评论》（第 1 卷），知识产权出版社，2016，第 122～135 页。

定人团队共同实施鉴定。显然，无论来自临床医学领域的医学专家还是实施司法鉴定的法医，都不属于法律专家，且这两类鉴定均缺乏具有法律专家身份的鉴定人参与，鉴定组织存在知识结构上的缺陷，导致该两类鉴定的法律权威性难以保障。

（四）医患纠纷民事审判的权威和效率欠缺

由于审判机关和审判人员缺乏医疗专业知识和经验，难以独立完成对医疗纠纷的审理，形成对医疗事故鉴定或医疗过错司法鉴定的严重依赖，每案必鉴定成为"固定动作"，往往在缺乏对鉴定结论的科学性、合法性审查能力的前提下，以鉴定意见为定案依据，审判权一定程度上旁落于鉴定机构，没有充分发挥出应有的衡平法律规则、守卫公平正义的职能。同时，在审判的效率上，司法机关对司法系统外知识力量的援用，势必花费较长的时间用于委托鉴定，制约了此类案件的及时解决。

四 优化医疗服务法律环境的总体思路

（一）适应卫生事业发展规律推进医改，改善医疗服务法律所处的社会环境

商业化、市场化的道路不符合医疗卫生事业发展规律，这已被各国实践充分证明。顺应卫生事业发展规律，要围绕建立覆盖城乡居民的基本医疗卫生制度，为群众提供安全、有效、方便、价廉的医疗卫生服务，实现人人享有基本医疗卫生服务的目标，通过建设公共卫生服务体系、医疗服务体系、医疗保障体系和药品供应保障体系来构建我国的基本医疗卫生制度，促进基本公共卫生服务均等化、可及性，实现基本医疗保障制度的全面覆盖，减轻居民医药费用负担，切实解决"看病难、看病贵"问题，有效缓解疾病风险与患者和家属经济负担能力之间的矛盾，缓解医患之间的经济利益抵触，缓解紧张的医患关系，缓和医患双方由医疗体制因素产生的利益冲突，从根本上改善医疗服务法律所处的社会环境，为优化医疗服务的法律环境奠定坚实的基础。同时，医疗卫生事业发展应与经济社会发展水平相适应。我国有 14 亿人口，人均收入水平低，区域、城乡差距

大，这一基本国情决定了医疗服务只能在高覆盖、低水平的框架下运行，对医疗服务的法律调控重点是实现医疗平等、维护医疗秩序、保障医疗安全。

（二）应对临床医疗的风险属性，完善合理分担医疗风险的法律制度

法律与其调整的法律关系的相关主体法律意识的融合程度，支配着行为主体以何种姿态投入法律关系的形成、变更中，在一定意义上决定着主体的心理预期、行动策略，也影响着法律关系中各方的相互对待和行为选择。法律规范、制度及其运行状况与法律意识二者之间只有形成有机的协调统一，法律权威才能在人们头脑中牢固树立，法律才能得到自觉遵守，才能实现调控社会关系、维持良好社会秩序的法治目标。医疗服务法律所处的医学科技环境显示，医学虽然取得了巨大的进步，但并不能解决人类面临的所有健康问题，现代医学科学理论尚存在局限，临床医疗活动存在探索性、风险性，现代临床医学并不能包治任何疾病和确保诊疗效果，医疗服务活动中发生人身损害的风险仍然存在，并且难以完全避免，而医患双方对此往往存在认识分歧，医疗方强调医疗结果的不确定性，而患者则追求医疗过程与结果的绝对安全可靠。显然，由医疗机构和医务人员完全承担医疗风险不利于卫生事业发展，应着力寻求医疗人身损害赔偿风险的社会分担机制，找寻在全社会尤其在医患双方之间合理分配、分担医疗风险的法律举措，对此应主要从两个方面着手，一是以（被）容许的危险理论指引医疗过失的认定，二是架构医疗责任保险制度。对此，本书将在相关章节加以研究。

（三）完善法律处理机制，公平高效解决医患纠纷

医疗服务法律制度的错位造成医疗服务参与者的医患双方不认同、不遵循卫生法律规则，出现对法律的抵制与规避，对医疗服务所处的法律环境形成消极影响。因此，矫正医疗服务法律制度的错位是优化医疗服务法律环境必须着力解决的问题，对此，应当从以下几个方面全面发力。第一，保障患者方对全部医疗事实的知情权，减少患者方猜疑和纠纷。第

二，规范医疗侵权诉讼的举证责任，合理分配医患双方的举证范围，完善医疗事实查明与识别制度。第三，建立中立、权威、统一的医疗损害司法鉴定制度。第四，提升医疗服务纠纷的裁判权威和效率。第五，加强卫生行政执法，依法惩戒严重医疗违规行为，打击非法行医。第六，设置适应社会需求的多元化的功能互补的医患纠纷法律处理机制。这是本书着力研讨的主要问题。

五 《民法典》中的医疗损害立法为优化医疗法律环境奠定了基础

2010 年 7 月 1 日起施行的《侵权责任法》，以实现社会公平正义为目标，收拢、整理了分散于 40 余部法律、法规、司法解释的相关规定，突出了对生命健康的法律关怀，建立了统一的民事侵权法律制度，2021 年生效的《民法典》吸收、改进了《侵权责任法》的相关规定，其"医疗损害责任"一章充分贯彻了平衡医患双方权益的基本导向，为优化医疗服务法律环境奠定了基础。

（一）平等保护医患双方正当权益

为维护医患双方各自的正当权益，《民法典》做出了多项制度架构。

明确医疗侵权损害的归责原则。归责原则是指确定侵权行为人承担侵权责任的一般准则，是确定侵权行为人对自己的行为所造成的损害是否需要承担民事责任的依据。根据《民法典》，技术类医疗侵权当适用过错责任原则，医疗用品侵权实行无过错责任原则，排除公平责任原则在医疗侵权中的适用，这完全符合临床医疗实践的特点和规律。在医疗纠纷处理实务中，并不少见医疗机构虽没有过错但因患者的纠缠、雇用"医闹"侵犯医务人员人身安全、干扰医疗机构正常工作秩序而不得不给予赔偿或补偿的事件，明确医疗损害责任的归责原则对消除该现象有重要意义。

明确医疗过错的判断标准。《民法典》规定，判断医疗过错的标准是"与当时的医疗水平相应的诊疗义务"，为公平认定侵权行为提供了可操作性的依据，兼顾了医患双方的合法利益。以"当时的医疗水平"为判断是否有过错的依据，要求医疗方既要谨慎地尽到医疗职责，又要积极钻研医疗业务，不断提高技术水平，如果因医疗方的技术水平没有达到"当时的医疗水平"所要求的标准，致使患者遭受损害的，就应当承担法律责任；对患者而言，该标准实际上明示了医疗结果与医疗发展水平相关联，对医疗过程和结果不能寄予超越当时医疗水平的过高期望；对医疗纠纷的裁判者而言，"当时的医疗水平"是判断是否有医疗过错责任的法律标准与客观尺度，从而有利于依法维护医患双方的正当权益。

细化医疗损害责任类型。《医疗事故处理条例》仅对医疗事故损害赔偿做出了原则性规定，《侵权责任法》与《民法典》除了规定一般医疗技术损害责任外，还规定了侵犯患者知情同意权、侵犯患者隐私权与个人信息的责任、医疗用品侵权责任、实施不必要检查的责任等。

以宣示性条文明确医疗方合法权益受法律保护。《民法典》规定，医疗机构及其医务人员的合法权益受法律保护，这就在设置医疗侵权责任、保护患者权益之外，同时表达出维护医疗方正当执业权益的立法导向。

（二）保持医患双方地位平等及诉讼权利义务对等

任何一项纷争要得到公正的法律处理，需满足的基本条件是，事实能够查清、必须查清。由于医疗业务的专业性与独占性，医疗方在医疗知识的拥有和医疗信息的占有上相对于患者方处于明显的优势地位，医疗过程不透明、有一定的隐蔽性，尤其是手术过程、麻醉过程，患者方无从直接知晓，对医疗方是否遵循医疗规范、是否存在医疗过错，患者往往难以监督，如果发生医疗错误，大多数情况下是医方先于患者知道，难以保证由医方书写的病历、提供的证据完全真实可信，难以完全排除医疗方利用得先机之便在病历上、证据上做文章，导致案件事实难以查清。对此，《民法典》赋予患者对病情和医疗措施的知情权，对特殊情形下的医疗风险、替代医疗方案的同意权，对病历资料的查阅、复制权，并为医疗方设定按照规定填写并妥善保管病历资料的义务，可增强医疗信息的透明度，敦促医疗方规范行医，实现医患双方地位平等。同时，鉴于医疗侵权诉讼中患者往往难以举证而陷于被动境地，为实现医患诉讼手段对等，根据医患双方的举证能力合理设置双方的举证责任，《民法典》做出了两项重要规定：其一，为医疗方设置了书写、保管病历的义务，要求医疗机构及其医务人员应当按照规定填写并妥善保管住院志等病历资料；其二，规定了直接推定医疗方存在过错的三种情形，即违反诊疗规范的规定，隐匿或者拒绝提供病历资料，遗失、伪造、篡改或者违法销毁病历资料。这两项规定存在内在联系，实行过错推定的三种情形是医疗方违背其承担的书写、保管、提交真实病历义务的法定义务所应当承担的法律后果。同时，将医疗过错推定限定为上述三种情况，既具有医学科学依据，也符合法律的正当性理念。医学理论的发展水平决定，一般的医疗机构并不具备对所有医学未知问题的阐释能力，因而也难以在任何情况下都能够举证否定医疗过错和医疗损害因果关系，在不适用医疗过错推定的一般情况下，医疗过错和医疗损害因果关系应当交由相关专家做出权威的专业论证、判断和司法鉴定，而不应对医疗方实行举证责任倒置；否则，对医疗方有失公平。

（三）规范医疗方的医疗处置权与患者知情同意权

在现代医疗模式下，医患之间是平等的合作关系，强调患者对医疗的参与权、选择权、知情同意权，由于医疗服务是一个动态的过程，病情的动态变化、诊治的及时性、医疗的专业性决定必须赋予医师一定的医疗处置权或裁量权。因此，医疗过程中始终存在对医疗处置权与患者知情同意权关系的妥当处理，《民法典》第1219条对医疗处置权与患者知情同意权的关系做出了一般规定，并在第1220条对抢救生命垂危的患者等紧急情况下医疗处置权与患者知情同意权的关系做出了特殊规定，赋予医疗方紧急处置权，凸显出对患者生命健康权的特别保护。

（四）协调医疗方的诊疗权与患者的隐私权

医疗方的诊疗权是指医疗方在执业中享有的医学诊查、病案调查、医学处置权。赋予医疗方诊疗权可以保证其运用医学知识和经验，为患者提供优质的服务，实现最佳治疗效果。隐私权是指自然人享有的私人生活安宁与私人信息秘密依法受到保护，不被他人非法侵扰、知悉、利用和公开的一种人格权。法律通过对公民隐私权的保护，维护个人的人格尊严与生活的安宁，实现个人与社会的和谐。

医师的医学诊查权与患者隐私权是分属医患双方的两项基本权利，在医疗过程中该两项权利时常会出现冲突。医务人员为准确诊治疾病，需要获得尽可能多的患者的信息，且由于医疗的专业性，对介入患者隐私的范围与程度，医疗方往往有主动决定权。患者出于尽快康复的目的，一般会希望医师全面掌握自己的病情，但患者往往又希望尽可能少地暴露隐私。医疗活动的顺利开展，既要赋予医疗方诊疗权，又要维护患者隐私权及人格尊严，如果医患双方对自身权利的要求无限放大，或权利行使不当，就会产生冲突和矛盾，但既往相关立法的规定并没有妥当协调上述权利的冲突。例如，根据原《执业医师法》第26条的规定，医师应当如实向患者或者其亲属介绍病情，即医生交代病情的对象可以是患者的亲属，但此条款不利于患者本人隐私权的保护，往往使得医疗方无所适从。《民法典》第1226条规定，医疗机构及其医务人员应当对患者的隐私和个人信息保密，要求通过规制医疗方的诊疗行为来保护患者隐私权。

（五）禁止过度检查，平衡医患之间的经济利益

过度医疗是当代社会对医疗保健服务最常见的批评，国外学者将过度医疗界定为"医疗机构对人们生命采取了过多的控制和社会变得更多地依赖于医疗保健而引起的医疗"。通常所说的过度医疗是指医疗行业提供了超出个体和社会医疗保健实际需求的医疗服务。在我国现行医疗体制下，医疗服务过程中出现过度检查、过度治疗的原因大致有两方面：一是医患间的经济利益依存关系依然存在，一定程度上存在医疗方的经济利益与患者的健康利益、经济利益之间的冲突；二是医疗方为应对举证责任的规定，希望通过全面检查掌控更多的诊疗依据，避免举证不能。过度检查、过度医疗不仅侵犯患者的财产权、健康权，而且浪费有限的医疗资源，不利于卫生事业的发展。为此，《民法典》第1227条规定，医疗机构及其医务人员不得违反诊疗规范实施不必要的检查。这对抑制过度医疗、平衡医患之间的经济利益关系有着积极意义。

第二章

医疗侵权的基本特征与分类

第一节　医疗侵权的基本特征

侵权责任的成立要具备四个要件。其一，行为的违法性。行为的违法性是构成侵权行为的先决条件，如果行为不违法，则无法律责任可言。其二，损害事实客观存在。损害事实的客观存在是构成侵权、承担法律责任的基础与前提，如果不存在损害事实，就不必论及侵权责任的承担。其三，违法行为和损害事实之间存在法律上的因果关系。这种因果关系是原因与结果之间的客观联系。其四，行为人对其实施某种行为所产生的结果存在主观过错。当然，在实行过错责任原则的侵权行为中，主观过错是必备要件，而对实行"无过错责任"或者说严格责任的侵权行为，则并不要求行为人有主观过错。医疗侵权是一种特殊的侵权行为，在侵权责任的诸要件上具有区别于其他侵权行为的基本特征。

一　医疗侵权的行为特征是违反诊疗规则

医疗行为是以治疗疾病为目的的诊断治疗行为，是通过检查、运用药物与器械、实施手术方式等方法消除疾病、缓解病情、改善功能、延长寿命、帮助患者恢复健康的活动，医疗侵权行为本身属于医疗行为的范畴，而医疗行为具有非常显著的医疗专业技术特征，是运用临床医学原理和医疗专业技术手段实施的执业活动，故医疗侵权的违法性表现为在实施诊疗的过程中对各种临床诊疗规则的违反，这是其行为特征。患者在诊疗场所受到诊疗行为之外的其他侵害的，如医院建筑设施不符合保障人身安全标准而受到伤害的，不属于医疗侵权的范畴。

二 医疗损害后果的多样性及其与原发伤病的关联性

《民法典》第7编"侵权责任"之第6章第1218条规定，患者在诊疗活动中受到损害，医疗机构或者其医务人员有过错的，由医疗机构承担赔偿责任。从本条规定来看，医疗侵权的损害后果是患者在诊疗活动中遭受到的损害，但该"损害"的表现形态则可能是多种多样的。《民法典》第110条规定，自然人享有生命权、身体权、健康权、姓名权、肖像权、名誉权、荣誉权、隐私权、婚姻自主权等权利。就诊患者享有的生命权、身体权、健康权均可能在诊疗活动中受到损害。同时，根据《民法典》第7编"侵权责任"之第6章"医疗损害责任"中第1219条之规定，患者对病情和医疗措施享有知情权，对手术、特殊检查、特殊治疗的医疗风险、替代医疗方案等情况享有知情同意权。医务方未尽到维护患者知情同意权义务造成患者损害的，医疗机构应承担赔偿责任。根据《民法典》第1226条的规定，医疗机构及其医务人员泄露患者的隐私和个人信息，或者未经患者同意公开其病历资料的，应当承担侵权责任。由此可见，知情同意权、隐私权、个人信息（包括病历资料）被侵犯均属于医疗侵权的损害后果。值得注意的是，《民法典》第1227条规定，医疗机构及其医务人员不得违反诊疗规范实施不必要的检查。该不必要的检查虽然可能不会造成患者人身损害，但会导致病人多支出医疗费等费用，这就侵犯了患者的财产权。从这个角度来说，医疗侵权并不完全限于对患者人身损害的侵害。可见，根据我国法律规定，医疗侵权损害后果具有多样性的特征，患者的生命权、身体权、健康权、知情同意权、隐私权、个人信息甚至财产权，都受到法律保护，均可列入损害后果的范围。

医疗侵权人身损害后果与原发伤病的关联性是医疗侵权区别于其他侵权损害的重要特征，这是由医疗损害后果的特殊形成原因所决定的。除纯美容性质的诊疗，患者接受治疗时并不处于健康状态，或病或伤，病人最终的人身损害结果是伤病情这一自然力与医疗行为的作用力相互作用所致。因此，对医疗损害结果要坚持全面客观判定的原则。其一，要以治疗终结时的人身损害结果为主，不能拘泥于一时的损害状况。有的医疗损害结果起初似乎很严重，但治疗后可逐渐痊愈，不留后遗症；有的损害当时并不重，但也可能难以治愈而形成更严重的结果。其二，损害结果应是客观上确实存在的，应有相应的症状、体征、辅助检查报告、司法鉴定意见等来证明，不能仅凭病人的自我感觉确定损害结果。

三 医疗侵权因果关系的复杂性

医疗侵权损害的因果关系，是违法违规医疗行为与医疗损害结果之间的因果关系。在一般的故意侵害或过失致伤案件中，致害因素是单一的，其因果关系单一、直观。但是，医疗损害结果的形成原因则比较复杂，就诊人接受诊疗时本身或病或伤，故医疗过程中发生的人身损害是伤病情的自然力和医疗行为的作用力共同作用或相互抗衡的合力所致。客观地观察，医疗行为或医疗措施的作用可大致分为无效、反效、有效、直接损伤人体四种。因此，医疗不良后果的形成也大致应分为四种情况进行考察，本书将专章研讨医疗侵权的因果关系问题。已经废止的《医疗事故处理办法》规定，医疗事故是指在诊疗护理过程中，由医务人员的诊疗护理过失，直接造成病员死亡、残废、组织器官损伤导致功能障碍。"直接造成"这一表述容易使人过窄地理解因果关系问题，易于把"直接造成"仅仅理解为医疗行为"直接损伤"人体，而"直接造成"的含义应该较"直接损伤"宽泛得多，包括前述四种情况。

四 医疗侵权责任通过专业化研判加以界定

医疗过错的本质是医疗方对医疗业务注意义务的违反，而医疗业务注意义务来源于法律（包括卫生法律）、卫生法规及规章、诊疗护理常规。有学者进一步将医疗过失分为违反一般注意义务（依医疗规章所规定的操作规程进行医疗的义务）的医疗过失和违反特殊注意义务（说明义务、转医义务、问诊义务）的医疗过失。[①]《民法典》第1221条规定，医务人员在诊疗活动中未尽到与当时的医疗水平相应的诊疗义务，造成患者损害

---

① 艾尔肯：《医疗损害赔偿研究》，中国法制出版社，2005，第97页。

的，医疗机构应当承担赔偿责任。这里的"与当时的医疗水平相应的诊疗义务"是对医疗过错判定标准的法律规定。但是，法律、卫生法规及规章对医疗义务的设定是高度概括的，因此，医疗过失责任的判断是一个相当复杂的问题，要由适格的裁判主体通过对医疗方履行医疗注意义务的具体过程进行医疗专业化研判与分析，对医疗过错、医疗损害因果关系、过错医疗行为对患者损害结果的责任比例或责任程度加以界定，而适格的裁判主体应当由法律、医疗、法医方面的专业人士联合组成，对此，本书相关章节将予以具体研讨。

第二节　医疗侵权的分类

依据不同的分类标准与分类方法，可对医疗侵权做出多种分类。

一　医疗技术侵权、医疗伦理侵权、医疗用品侵权

根据《民法典》第 7 编"侵权责任"第 6 章"医疗损害责任"的规定，并参照国内相关著述的观点以及医疗侵权发生的环节，可将医疗侵权划分为医疗技术侵权、医疗伦理侵权（包括侵犯患者知情同意权、侵犯患者隐私权与个人信息侵权）、医疗用品侵权。有学者根据医疗损害的不同归责原则，认为医疗损害责任的归责原则及体系主要由过错责任原则、过错推定原则和无过失责任构成，分别调整医疗技术损害责任、医疗伦理损害责任和医疗产品责任三种不同类型的医疗损害责任。[①]

医疗技术侵权是指医疗机构及其医务人员在医疗技术的运用、操作方面未尽到与当时的医疗水平相应的诊疗义务而造成就诊患者人身损害。医疗技术侵权可发生在检查、检验、诊断、治疗方法的选择与执行、病情观察、住院护理、出院医嘱等医疗环节。

医疗伦理侵权包括两种，一是医疗方侵犯患者知情同意权的医疗伦理损害，二是侵犯患者隐私权和个人信息权的医疗伦理损害。违反医疗职业伦理或良知是将其称为"医疗伦理损害"的理由。当然，鉴于医疗职业

---

① 杨立新：《论医疗损害责任的归责原则及体系》，《中国政法大学学报》2009 年第 2 期。

道德与医疗执业法律之间关系密切，遵守医疗职业道德在《医师法》等法律法规中被规定为医疗方的法定义务，因而"医疗伦理损害"这一称谓的准确性尚值得商榷。

医疗用品侵权是指医疗方对患者使用的医疗用品（药品、消毒产品、医疗器械等）存在缺陷，或者输入不合格的血液，造成患者损害的情形。对该类医疗侵权，学界也有人称之为医疗产品侵权，或医疗物品侵权。本人认为，这两种说法均不够妥当，因医疗产品侵权容易误解为"因医疗服务产生的产品而发生的侵权"，而医疗物品侵权显然没有医疗用品侵权更贴切。

二 过错医疗侵权与无过错医疗侵权

过错医疗侵权与无过错医疗侵权是根据承担医疗侵权责任是否以行为人存在主观医疗过错为要件所做的分类。过错医疗侵权又可根据主观过错性质的不同，划分为过失医疗侵权（医疗技术侵权、医疗伦理侵权）与故意医疗侵权（非法行医、非法实施节育手术等）。在此需要明确的是，民事侵权意义上的医疗侵权一般并不包括故意医疗侵权，但是，医疗过程中也存在故意侵犯患者权益的医疗侵权。例如，非法行医与非法实施节育手术主观上的过错均是故意而不是过失。另外，也不排除利用医疗时机故意伤害患者的情况，这也可归属为医疗侵权的范畴。

无过错医疗侵权限于医疗用品侵权。

三 医疗事故医疗侵权与非医疗事故医疗侵权

根据调整医疗侵权的法律法规依据的不同，可将医疗侵权划分为医疗事故医疗侵权与非医疗事故医疗侵权。我国现行规制、调整医疗活动的立法主要包括《民法典》、《刑法》、相关司法解释、《医疗事故处理条例》与《医疗纠纷预防和处理条例》等卫生行政法规。虽然《医疗事故处理条例》中"医疗事故赔偿"的规定因与民法规定相抵触而不再具备法律效力，但《医疗事故处理条例》的其他内容，包括医疗事故的概念、医疗事故的等级划分、医疗事故的技术鉴定、医疗事故的处理程序等规定，尚没有经法定程序废止，仍然是处理医疗事故的依据。

第三章
医疗侵权责任的归责原则

第一节　民事侵权归责原则概述

一　归责原则的概念与意义

归责原则是指某一损害发生后，责令造成该损害的行为人或物件所有人、管理人对该损害承担法律责任的依据与规则。归责原则是指在行为人由其行为和物件致他人损害的事实发生后，应以何种根据使之负责，此种根据体现了法律的价值判断，即法律应以行为人的过错还是应以已发生的损害结果为价值判断标准，抑或以公平等作为价值判断标准，而使行为人承担侵权责任。①

对已经发生的损害，究竟是由行为人承担责任，还是受害人自己负担损失，或者是行为人与受害人双方共同担责，或者采取其他救济措施，承担维护社会公平正义与社会基本秩序职能的法律应作出明确回应，这一回应一是要区别于损害发生的不同原因与情形，二是要基于对受害人利益、行为人利益以及社会公共利益的总体衡量与平衡保护的立场。在不同情形下，法律的导向与倾向会有所侧重。归责原则集中体现了法律上对侵权责任归属的价值判断，是法律导向的规则化，是侵权法价值功能的集中体现。

---

① 王利明：《侵权行为法研究》（上卷），中国人民大学出版社，2004，第193~194页。

归责原则是侵权法律规范适用的一般原则，是侵权法律规范的灵魂和核心，明确了令行为人承担法律责任的依据与基础，所有的侵权法律规范均要接受归责原则的统辖。归责原则决定着侵权行为的分类、侵权责任的构成要件与免责事由，不同的归责原则阐释了不同的归责理念，并由此形成侵权责任法的体系与结构。

二　民事侵权的归责原则体系

我国民事侵权责任的归责原则包括过错责任原则、无过错责任原则（严格责任原则）、公平责任原则。

（一）过错责任原则

1. 过错责任原则的概念

过错责任原则是指行为人主观上对损害结果的发生存在过错是责令其承担侵权责任的必要要件的责任认定准则。《民法典》第1165条规定，行为人因过错侵害他人民事权益造成损害的，应当承担侵权责任。这是对过错责任原则的具体规定。

根据过错责任原则，有过错才有责任，无过错则无责任。过错责任要求，既要依据过错的有无确定责任的有无，也要依据过错的大小确定责任的大小。

过错原则属于对民事侵权实行归责的一般原则，或者说是侵权行为的一般归责原则，凡是法律没有规定适用严格责任、公平责任的情况，都应当适用过错责任。

2. 过错责任原则的意义

社会关系各类主体间在交往中难免会产生利益碰撞与抵触，发生损害与妨害，但损害结果与损害事实并不足以直接导致法律责任的确立。使人负损害赔偿责任的，不是因为损害，而是因为有过失，其道理就如同化学上的原则使蜡烛燃烧的不是光而是氧一般的浅显明白。[①] 过错责任原则阐释了责令行为人承担法律责任的依据是因为其主观过错，这昭示了责任自

---

① 王泽鉴：《民法学说与判例》（第二册），台北，自版，1979，第150页。

负的理念。该原则的意义可概括为以下几个方面。

树立行为标准。法律上实行过错责任，意味着如果实施与法律所不允许的过错行为造成了损害结果应当依法负责，体现了对该类行为的否定性的价值评判。人们固然享有行为选择的自由，但是，按照过错原则的要求，行为人应对自己自主选择的存在过错的行为结果承担法律责任。过错责任原则体现了对过错行为的违法性、非道德性的否定性价值评断，同时也包含对无过错的合法行为的允许和鼓励，这样，通过对过错或非过错的迥异的法律评价，可以教育公民遵守法律和公共道德，树立社会行为准则与行为模式，通过行为指引把人们的行为引向正确轨道。

维护行为自由。只有充分发挥个人的主观能动性和创造精神，才能推动社会生活的发展进步，而个人的主观能动性和创造精神的发挥必须以行为主体享有一定的行为自由为前提。根据过错责任原则，有过错才应担责，没有过错就无须承担责任，这就解除了对人们行为的法律约束，为人们提供了不受法律和道德非难的行为自由范围，保障了正常的社会生活形态。因此，过错责任原则保障了人们正当的行为自由。

避免损害发生。过错责任体现了行为自由与法律责任的统一，通过对过错方法律责任的追究和对行为人的法律制裁，要求行为人尽到谨慎的注意义务，充分尊重他人的权益，努力避免由自身的过错导致损害结果和承担相应的法律责任，教育、警示本人及他人不再重蹈覆辙，从而预防和避免类似损害的再次发生，有效保护公民法人的合法权益，维护正常的社会秩序。

（二）无过错责任原则

1. 无过错责任原则的概念

无过错责任原则也称无过失责任原则，是指即使行为人对其造成的损害没有主观过错，依法也应承担责任的归责原则。《民法典》第 1166 条规定，行为人造成他人民事权益损害，不论行为人有无过错，法律规定应当承担侵权责任的，依照其规定。这是对无过错责任原则的具体规定。

无过错责任原则的适用有严格的限制，其仅适用于法律明确规定的特殊侵权行为的归责，法律之外的法规、规章等规范性法律文件均不能设立无过错侵权责任。同时，无过错责任原则必须在法律规定的范围内适用，不能以法官意志为转移，不能随意扩大或者缩小其适用范围。《民法典》规定的适用无过错责任的侵权责任包括缺陷产品的侵权责任、高度危险责任、环境污染和生态破坏责任、建筑物和物件损害责任、饲养动物损害责任。

2. 无过错责任原则的意义

同过错责任原则相比，严格责任原则仅仅是特殊的归责原则，它以制定法的明确规定作为前提。[①] 无过错责任原则是基于损害的发生和客观存在，基于行为人的活动及所管理的人或物的危险性质与所造成损害后果之间存在因果关系的事实，而由法律特别规定的责任，并不要求行为人对该损害的发生存在主观过错，学说上也称之为严格责任、危险责任，因而表达了强化对受害人保护的理念，以弥补适用过错责任对受害人保护的不足。同时，对适用无过错责任的特殊侵权行为的免责条件法律也有明确规定，不具备免责条件（受害人的故意、不可抗力等）的，不得免责，意在再次强调对受害人的保护。

无过错责任原则的确立是基于风险控制和风险分担理论，在使得受害人的损害更易于得到赔偿的同时加重了行为人的责任，可促使从事特定具有高度社会危险性的行为人本着对社会对他人高度负责的精神，严格管理，谨慎行事，改进技术和质量，保障他人人身、财产安全，以尽可能管控现代社会生活中存在的各类风险，维护正常的社会秩序。

（三）公平责任原则

1. 公平责任原则的概念与意义

对公平责任原则之概念，法学界的表达不完全相同，有代表性的观点认为，公平责任是指加害人和受害人都没有过错，在损害事实已经发生的情况下，以公平考虑作为价值判断的标准，根据实际情况和可能，由双方当事人公平地分担损失的归责原则。[②] 也有专家指出，公平责任原则，就

---

① 张民安、邓鹤主编《民法债权》，中山大学出版社，2002，第97页。
② 杨立新：《侵权法论》（上），吉林人民出版社，2000，第159页。

是在损害既非高度危险来源所致，加害人又无主观过错，导致受害人既不能根据过错责任原则，也不能根据无过错责任原则从加害人处获得赔偿，造成显失公平的局面时，授权法官基于公平的考虑，斟酌加害人与受害人双方的经济状况，判令加害人赔偿被害人一部或全部损失的法律规定。[1]

关于公平责任原则在侵权行为归责体系中是否独立的归责原则，主要有两种不同的认识：否定者认为，公平责任不是一种独立的归责责任，而只是分担损失的方法；肯定者认为，侵权行为的归责原则应当由过错原则、无过错原则和公平责任原则共同组成，公平责任是一种独立的归责责任。

无过错责任原则仅适用于法律有具体规定的特殊侵权行为，并没有包括过错责任以外的一切责任，那么，法律对社会关系的调整就出现了无论按照过错责任原则还是按照无过错责任原则均无法进行必要补偿的情形，此时，公平责任原则作为独立的归责原则进行"补位"，可弥补过错责任的僵硬与无过错责任的不足，在一定程度上起到利益平衡器的作用，促进社会公平正义目标的实现，由此也显示出该归责原则的现实意义与独特价值。

2. 公平责任原则的适用

既往在处理侵权案件中公平责任原则的适用前提和标准是"根据案件的具体情况由当事人分担民事责任"，这存在较大的模糊性，也赋予裁判者过大的自由裁量权，不仅会冲击、影响过错责任原则和无过错责任原则各自的价值与意义，更会造成行为人难以预料自己行为的法律后果，累及行为自由和正常社会秩序的维护。根据《民法典》第 1186 条的规定，公平责任原则的适用必须"依照法律的规定"由双方分担损失，这就对公平责任原则的适用进行了严格的限制。

（1）受害人和行为人双方对损害的发生都不存在主观过错。包括不能推定行为人有过错，不能找到有过错的当事人，不能确定双方或一方有过错。

（2）受害人和行为人的行为与损害的发生客观上存在因果关系，但

---

① 徐国栋：《民法基本原则解释》，中国政法大学出版社，1992，第 73 页。

又不属于适用无过错责任的法定情形。

（3）从损害结果方面看，受害人的损失比较大，该损失如果不由双方当事人合理分担，有违公平的民法理念。如何确定损失比较大并无统一的标准，只能在个案中根据损害对受害人身体和生活的影响程度加以权衡。是否属于有违公平的民法理念，则要结合双方当事人实际的经济承受能力，包括收入、日常支出等进行综合研判。

（4）从适用公平责任原则的法律条件看，必须属法律明确规定的特定情形，而不能由法官自主裁量、任意决定其适用范围。

《民法典》规定的可以适用公平责任原则的情况限于，第一种情形，紧急避险造成损害，危险是由自然原因引起，且避险人采取的措施又无不当的。见《民法典》第182条第2款、第3款。第二种情形，因保护他人民事权益使自己受到损害的见义勇为。见《民法典》第183条。第三种情形，无民事行为能力人、限制民事行为能力人致人损害，监护人已尽监护责任的。见《民法典》第1188条。监护人即使尽到监护责任也可能要分担部分损失，有财产的无民事行为能力人、限制民事行为能力人也要从本人财产中支付赔偿费用。第四种情形，暂时没有意识或者失去控制造成他人损害时对受害人的适当补偿。见《民法典》第1190条第1款。第五种情形，高空抛掷、坠落物品致人损害时可能加害的建筑物使用人的补偿责任。见《民法典》第1254条第1款。

由于社会生活复杂多变，《民法典》不可能穷尽所有适用公平责任原则的情况，故公平责任的适用也可经由其他法律来设定和完善。

（5）适用公平责任原则时应当从公平的理念出发，由双方分担损失。这显然不同于赔偿全部实际损失的民事责任承担原则。

第二节　医疗侵权的归责原则

根据《民法典》第7编第6章的相关规定，医疗侵权的归责原则以过错责任为一般归责原则，以无过错责任为补充，并排除公平责任原则的适用，即医疗技术类医疗侵权实行过错责任原则，医疗用品类医疗侵权实行无过错原则。

一　医疗技术类侵权适用过错责任原则

《民法典》第 1218 条规定，患者在诊疗活动中受到损害，医疗机构或者其医务人员有过错的，由医疗机构承担赔偿责任。上述规定确立了医疗技术侵权适用过错责任原则的归责原则。易言之，对由医疗技术的运用、操作不当而造成就诊患者人身损害的医疗侵权，适用过错责任原则。《民法典》做出这一规定与医疗风险具有密切关联。由于临床医疗风险的客观存在，医疗服务活动中发生人身损害的风险难以完全预见和避免，这就决定了医疗方即使尽其所能也不能做到确保疗效，确保不发生不理想的医疗结果。对临床医疗服务的法律管控必须遵从其管控对象的基本特征和发展规律。如果只要发生医疗不良结果或医疗损害就要求医疗方承担法律责任，显然有违临床医学的发展规律，违背科学理念和社会公平之价值观，就会从根本上阻滞护佑人类健康福祉的医疗卫生事业的发展。因此，法律设置的医疗注意义务的核心内容是"遵守有关法律、法规和医疗技术规范"，而不是"保证避免医疗损害发生"，成立医疗过失的前提是对医疗注意义务的违反，不违反医疗注意义务就不存在过失，即使发生医疗损害也不应承担法律责任。

对医疗技术侵权责任适用过错责任的归责原则，可以在医疗技术层面树立行为标准，赋予医疗方在符合法律、法规、规章、诊疗准则要求范围内的行医自由，保障正常医疗活动的展开。同时，对医疗技术侵权责任适用过错责任的归责原则，可提示医疗方谨慎行医，避免出现医疗过错和承担法律责任，从而防范、避免、减少不良医疗损害的发生。当然，这也要求调节医疗卫生服务活动的法律客观反映医疗服务的这一特征，建立起在全社会尤其在医患双方之间合理分配、分担医疗风险的法律制度，既维护医务人员正当的医疗活动和保护其积极性，又有效保障就医患者的基本安全，优化医疗服务的法律环境。

二　医疗用品侵权实行无过错责任原则

《民法典》第 1223 条规定了医疗用品侵权的归责原则，该条规定是《民法典》第 7 编第 4 章"产品责任"之第 1202 条、第 1203 条的规定在

"医疗损害责任"中的照应性规定。

通说认为，医疗产品责任适用产品责任之无过错责任原则。单纯就医疗机构对患者的赔偿责任看，患者方只要能够证明其受到的损害是由医方使用的存在缺陷的药品、消毒产品、医疗器械或者不合格血液所造成，即可要求医疗机构承担侵权责任，患者无须证明医疗机构存在过失，这的确适用的是无过错责任原则。但是，结合医疗机构赔偿后有权向负有责任的药品上市许可持有人、生产者、血液提供机构追偿的规定来看，医疗机构最终承担的仍然是过错责任，即如果患者的损害是负有责任的药品上市许可持有人、生产者、血液提供机构提供的医疗用品造成的，而医疗机构并没有过错（医疗机构采购该医疗用品的途径合法），医疗机构最终可向医疗用品供应者追偿，其本身并不会遭受损失，并没有承担赔偿责任。由此，也可以认为，医疗产品侵权应当区分医疗机构是否存在过错采取不同的归责原则，若医疗机构在采购或者使用这些医疗产品如血液、器皿、药剂时，存在过错，没有做到严格把关，导致不合格的产品进入诊疗活动，或者不能指明缺陷产品的生产者或者销售者，从而造成了对患者的损害，可以推定其存在过错，承担相应的责任，而若医疗机构在已经尽了注意义务仍然不能发现产品存在瑕疵的情况下，此时医疗机构可以免责。可见，此时适用的是过错责任原则。如果一概对医疗机构采用无过错责任，不符合平衡医患利益与实现社会公平的理念。至于医疗机构在患者请求其赔偿时，适用无过错责任原则，是为了便利受害人实现损害索赔权利而做出的制度设计。

就药品上市许可持有人、生产者、血液提供机构对患者的责任来看，则适用的是无过错责任原则，只要是药品、消毒产品、医疗器械的缺陷，或输入的血液不合格而造成患者损害的，不管药品上市许可持有人、生产者、血液提供机构是否存在过错，均应对患者承担赔偿责任。

应当强调的是，只有对医疗产品的损害责任才可适用无过错责任原则，而一般医疗行为采用过错责任原则，在医疗方充分履行医疗注意义务而不存在过错时，不承担民事责任。如果采取无过错责任，只要给患者造成损害，不论其有无过错，一律承担民事责任，势必加重执业医师的心理负担，工作瞻前顾后、谨小慎微，最终对患者不利，对医学卫生事业的发展不利。

三 医疗侵权责任排除公平责任原则的适用

由于临床医疗风险的客观存在，医疗方不能确保疗效和确保治愈伤病，医疗结果具有一定的不确定性，而医疗过程反而存在伤情、病情这一导致就诊人身体损害的原始自然力，如果只要发生医疗不良结果就要求医疗方按照公平责任原则分担患者的损失和承担一定的赔偿责任，显然会从根本上阻滞护佑人类健康福祉的医疗卫生事业的正常存续与发展。我国法律并没有规定公平责任原则可适用于医疗损害的分担，即医疗侵权责任不适用公平责任原则。

第四章
医疗过失

第一节　医疗过失概述

一　主观过错的概念与分类

法学上的过错是指行为主体主观上对其行为引起或可能引起的有害社会结果存在的应受法律责难的故意和过失的心态。

（一）故意

故意是指行为人明知自己的行为会发生侵害他人权益的结果，并且希望或者放任这种结果发生的主观心态。故意包括直接故意与间接故意两种形态，明知自己的行为会发生某种结果而仍然追求、希望该结果发生的属直接故意；明知自己的行为可能会引起某种危害结果，但仍实施这一行为，对该危害结果的发生持听之任之的放任心态的，属间接故意。

（二）过失

过失划分为过于自信与疏忽大意两种基本形态，过于自信的过失是指行为人已经预见到其实施的某一行为有引发不良结果的可能，但又自信凭借某些条件可以避免不良结果发生，但没有避免该结果发生；疏忽大意的过失是指行为人应当预见自己的行为会引发不良结果，但因疏忽大意而未能预见。

二　过失的分类

（一）　有认识的过失与无认识的过失

根据行为人对危害结果有无认识，可以将过失分为有认识的过失与无认识的过失。一般而言，过于自信的过失属有认识的过失，疏忽大意的过失属无认识的过失，但二者均存在对危害结果的预见义务；否则，就不存在过失，或过失不能成立。区分有认识的过失与无认识的过失有助于全面认识过失，并区别过失与故意，此外并无重要的实际意义。这种划分也被称为有意识的过失与无意识的过失。

（二）　一般过失与重大过失

法学理论上对判断是否属于重大过失的依据或标准存在多种不同的观点。一是稍微注意说，以对注意义务的违反程度为划分依据，重大过失是指只要稍微注意就能够避免结果发生的过失，一般过失是指需要高度注意才能避免损害结果的过失。二是重大结果说，根据由过失而形成的危害结果是否重大为划分依据，认为重大过失是指对于重大损害结果的发生行为人懈怠了注意义务，一般过失是指对一般危害结果的过失。三是综合说，认为应综合上述两种情况加以判断。四是有认识的过失说，根据事先有无认识为划分依据，认为有认识的过失是重大过失，无认识的过失是通常过失、一般过失。

综合说一定程度上贯彻了主客观相结合的理性思考，更适于对一般过失与重大过失的区分。对注意义务的法律设置往往与法律要保护的法益的重要性存在内在关联，保护重要法益并避免发生其被损害的后果往往被设立为社会成员的最基本的注意义务，所违背的注意义务的程度与危害结果的大小应作为并行适用的区分一般过失与重大过失的依据。从对注意义务的违反程度类来看，违反一般人的注意义务，即起码的注意义务都没有尽到，对非常容易避免的损害没能避免，属极为疏忽懈怠的重大过失；违反了法律要求的较高的注意义务而没有违反一般人的注意义务，即对需要高度注意才能避免的损害未能避免的，属于一般过失。同时，对过失责任的法律追究往往与危害结果的大小直接关联，因而危害结果是否重大也必须作为区分一般过失与重大过失的客观依据。

（三）普通过失与业务过失

这是根据行为人违反的注意义务的性质不同而做的分类。违反日常生活中的注意义务的过失是普通过失，违反业务上的特别注意义务所构成的过失是业务过失。所谓业务，是指行为人基于社会生活上的职业或地位而持续、反复从事的事务。

区分普通过失与业务过失的意义，至少表现为两点。其一，便于对两类过失具体认定。对普通过失，要从其违反哪些社会生活中的必要注意义务来认定；对业务过失，则要从其具体违背该业务领域的哪些行为规则、行为规范来认定。其二，普通过失与业务过失的法律责任主体与责任轻重有所区别。在民事责任上，普通过失往往是行为人自己担责，而业务过失是其隶属的单位担责，实行替代责任。在刑事责任方面，对业务过失犯罪则存在是否科以较之普通过失更重刑罚的争论，对此肯定说占据主导地位，认为从事某业务者与通常人相比应承担更高的注意义务，对业务范围内的危害结果的认识与预见能力更强，特定性质的业务对保护相应法益的重要性尤为重大，为了警示业务人员恪尽职守，对业务过失应加重刑罚。

三 医疗过失的基本特征

（一）医疗过失属业务过失

医疗过失是指医务人员在诊疗活动中违背医疗注意义务，对其诊疗行为造成病人身体损害结果的过错心态，该过失属于业务过失而不是普通过失。

（二）医疗过失判断标准的法定性

医疗过失的判断依据是医疗注意义务而不是日常生活中的注意义务，而对医疗注意义务的内容，有关医疗活动的法律、法规、规章及技术规则有基本的规定，《民法典》第1221条将医疗过失的判断依据规定为"与当时的医疗水平相应的诊疗义务"，体现出医疗过失判断标准的法定性特征。

（三）医疗过失认定的专业复合性

医疗过失的认定既需要以相关法律、医疗卫生管理法规、规章为依据，又要密切结合医疗技术规则和操作规范进行综合研判，需要贯彻法学与临床医学相结合的认定思路，其过失认定具有法学与医学相结合的专业复合性与复杂性。

第二节 医疗注意义务

违背医疗注意义务是构成医疗过失的前提，明确医疗注意义务才能搞清是否存在医疗过失。

一 医疗注意义务的来源

《最高人民法院关于审理医疗损害责任纠纷案件适用法律若干问题的解释》（以下简称《医疗损害解释》）第 16 条规定，对医疗机构及其医务人员的过错，应当依据法律、行政法规、规章以及其他有关诊疗规范进行认定。有学者认为，医疗注意义务主要来自以下四个方面：依据诊疗护理法律法规和规章产生，遵循诊疗护理习惯产生，尊重他人合法权益产生，依据医学文献与医疗水准产生。① 笔者认为，根据《民法典》、新《医师法》第 3 章对医师执业规则的规定以及《医疗损害解释》、其他医疗卫生行政管理法律、法规、规章，医疗注意义务的来源与依据包括民法基本原则，有关医疗行为的法律、法规、规章，医疗执业道德，临床医疗技术规范，医疗行业惯例，社会公序良俗等。

（一）民法基本原则

医疗服务和医患关系是平等主体间的民事关系，因而民法的平等自愿原则、公平诚信原则、公序良俗原则、节约资源原则等具有普遍指导意义

---

① 谢家斌：《论医疗事故罪的主观要件》，《中国刑事法杂志》1998 年第 4 期。

和约束功能的一般原则当然也适用于医疗服务合同的订立与履行，应作为确定医疗方业务注意义务的基本依据。

（二）医疗行为相关法律、法规、规章

医疗行为是一种技术性很强的职业行为、专业行为，我国各级立法机关、行政机关制定了大量的规范医疗行为的法律、法规、规章，其中不乏对医疗注意义务的大量规定。这些法律规范主要包括以下几个方面。

一是全国人民代表大会及其常务委员会制定的法律，如《民法典》《医师法》《母婴保健法》《传染病防治法》《卫生检疫法》《药品管理法》《献血法》等。

二是国务院发布的卫生行政法规，如《医疗机构管理条例》《医疗纠纷预防和处理条例》《医疗事故处理条例》《血液制品管理条例》等。

三是国家卫健委及各省级人民政府发布的规定、办法等行政规章，如《母婴保健法实施办法》《医疗机构管理条例实施细则》《护士管理办法》《医院工作制度》等。

四是国家药品监督管理局发布的规章、办法、规定。

这里要注意上述医疗行为规范的层级与效力。上述各类医疗行为规范，自第一类到第四类，其法律效力依次递减，下一层级的内容与上一层级的内容如有抵触，则以上一层级的规定为准；在不与上一层级的医疗行为规范内容相抵触的前提下，下一层级的医疗行为规范可对上一层级的行为规范中原则性的规定予以具体化。

另外，地方卫生行政机关制定的医疗卫生管理规范在不与上述四类规范抵触的前提下也可参酌适用。

（三）医疗职业道德

医疗职业道德并不具有法律强制约束力，道德规范一般不应成为法律注意义务的依据，但是，结合我国相关立法，医疗职业道德与医疗法律法规存在深度融合，前者是后者的重要伦理基础，甚至被纳入后者的基本范围，医疗职业道德实际上具有等同于医疗执业法律法规的规范价值，二者共同发挥规制医疗行为的作用，完全脱离医疗职业伦理道德的医疗法律法

规难以收到理想的社会效果。比如，2021 年修改后的《中华人民共和国医师法》第 3 条、第 23 条把"恪守职业道德"设定为医师执业的义务，《护士管理办法》第 23 条也把"遵守职业道德"设定为护士的义务。可见，医疗执业道德也成为医疗注意义务之来源与依据。

（四）临床诊疗指南与临床技术操作规范

临床诊疗与技术操作具有高度的专业性，医疗技术从研发到普遍推广运用要经历理论研究、动物实验、临床实验、推广使用等阶段，而临床诊疗指南与临床技术操作规范是历经各完整阶段的成熟的医疗技术规则，其安全性、有效性、经济可行性得到医疗界权威人士的认可，也往往得到卫生行政管理机关的批准。临床诊疗指南与技术操作规范是在现代医学技术发展水平基础上对临床诊疗规律的系统化总结与规范化呈现，是经过临床检验的维护医疗质量与医疗安全不可逾越的行为"红线"。法律具有树立行为准则、规范行为模式、引导行为方向的基本职能，既维护行为自由，又防范和惩治危害社会的行为。医疗业务活动是患者健康所系、性命相托的职业，把上述诊疗指南与临床技术操作规范设定为医疗执业的法定义务，可规范、引导医疗行为，为维护患者的生命健康安全及其他权益提供有力的法律保障。

临床诊疗指南与临床技术操作规范往往要通过一定的载体对社会公示，该载体主要包括医疗卫生管理行政机关推广的技术准则和规则，国家药典，各类各级医学教材、工具书，权威专家的专著，医学专业研究会的专家共识等。至于其他医学文献如学术论文、一般医学著作等所记载之技术观点，虽然体现了学术理论的探讨进展，但一般并不宜直接作为医疗行为注意义务之当然根据。

要注意的是，其一，医疗技术规范并不具有唯一性，因医学学派理论不同，对同一疾患之治疗方法，不能排除多种技术规则同时存在。临床医疗准则并无法涵盖所有医疗行为，且准则并非定于一元，不同机构发展之准则亦常见彼此冲突之情形。① 其二，临床医疗技术规范有时过于模糊、

---

① 曾淑瑜：《信赖原则在医疗过失中之适用》，《月旦法学》1997 年第 9 期。

抽象，要适应诊疗活动的复杂需求，根据病患个体之差异进行调整、适用。其三，临床医疗准则并非僵化、固定，要随着医学技术的发展进步而做出与时俱进的修正。

（五）医疗行业惯例

医疗惯例是指一般医生在临床上针对疾病之诊疗所惯常采取之措施。医疗惯例之标准为一般医生平均行为之合理性，具备在现实临床医疗上保证合理实现之可能性。[①] 由于临床医疗技术规范未必可以涵盖所有医疗行为的细节，具体医疗行为的实施细节不可能以详尽的技术描述来规制，而医疗惯例通常可作为对技术规则的必要补充而存在，并作为判断医疗过失的基础。

二 医疗注意义务的主要内容

医疗注意义务的内容可谓十分丰富，可从不同角度进行归纳概括。例如，有学者从刑法视角将医疗注意义务划分为"结果预见义务"与"结果回避义务"，并将结果预见义务细分为对医疗行为危害结果、行为与结果因果关系及行为违法可能性三个方面的认识；结果回避义务可以细分为主观上具备回避不利结果的认识、客观上实施必要且力所能及的回避行为或保持自身克制。[②] 还有学者将医疗过失分为违反一般注意义务（依医疗规章规定的操作规程进行医疗的义务）的医疗过失、违反特殊注意义务（说明义务、转医义务、问诊义务）的医疗过失。[③]

本文认为，医疗方的注意义务的核心内容可归纳为规范运用医学知识及临床经验，对患者实行尽可能妥当的诊疗、护理行为，以促使患者恢复身体健康。如果参照新修改的《中华人民共和国医师法》对医师执业义务的规定，可对医疗注意义务的主要内容概括为以下十个方面。

一是总体要求。树立敬业精神，恪守职业道德，履行医师职责，尽职

---

① 黄丁全：《医事法》，台北元照出版有限公司，2000，第516页。
② 李希慧、宋久华：《医疗事故罪之"严重不负责任"辨析》，《人民检察》2012年第21期。
③ 艾尔肯：《医疗损害赔偿研究》，中国法制出版社，2005，第97～108页。

尽责救治患者。

二是遵循临床诊疗指南，遵守临床技术操作规范和医学伦理规范，尽到与当时医疗水平相应之诊疗义务。诊疗指南包括诊疗方法、用药原则等。这是实现理想医疗效果、保障医疗安全的重要环节。

三是尊重、关心、爱护患者，依法保护患者知情同意权、隐私和个人信息；开展医学临床研究应依法通过伦理审查，取得书面知情同意。

四是更新知识，提高医学专业技术能力和水平，提升医疗卫生服务质量。

五是宣传推广健康科普知识，对公众进行健康教育和健康指导。

六是亲自诊查、调查，规范填写医学文书。

七是对需要紧急救治的患者采取紧急救治，遇有严重威胁人民生命健康的突发事件时服从政府的应急处置调遣。

八是对执业中发现的特定事项向本医疗机构或有关部门机构报告。这些特定事项包括医疗事故，药品与医疗器械有关的不良反应或者不良事件，发现假药劣药，发现患者涉嫌伤害事件或者非正常死亡以及法律法规规定的其他情形。

九是不得利用职务之便牟取不正当利益，不得实施不必要的检查、治疗。

十是法律、法规规定的其他义务。

三 医疗注意义务与医患约定

医疗服务是具有社会公益性的活动，医疗活动关涉患者的生命健康等人格权益，因而医疗方担负着适当诊疗的社会职能和义务，医疗服务关系的建立与终止、医疗服务的内容及其履行、医疗方法律责任的减轻或免除，并非完全任由医患双方自由约定和变更，而应受到国家法律的严格制约，即契约自由在医疗活动中受到相当限制。

（一）医疗注意义务受法律严格规制

1. 医疗服务关系建立的法律制约

医疗服务关系建立的法律制约包括两种情形：一是对于患者的诊疗请

求，医疗方无正当理由不得拒绝，负有"强制缔约义务"；二是对需要紧急救治的患者，不管是否缴纳医疗服务费用，医疗方均不得拒绝救治。新修订的《医师法》第27条规定，对需要紧急救治的患者，医师应当采取紧急措施进行诊治，不得拒绝急救处置。

2. 医疗服务的内容及其履行的法律制约

第一，医疗方案的规范性、适当性是由法律强制规定的，而不是任由医患双方来约定。医疗合同的基本内容是医疗方运用医学知识和技术对患者实施诊治，该行为具有医学专业性。但是，关于如何诊治即诊治的具体内容的确定，医患双方在信息与能力方面是严重不对等的，患者基于对医师的信赖，往往是被动听从医疗方的安排与指导，期待能得到规范、适当的诊疗，患者方难以就医疗方给出的方案进行对等的谈判、商榷。

第二，医疗方案的具体内容始终处于变动状态，医患之间难以事先明确约定，法律一般不会允许医患双方事先约定。诊疗是一个逐步展开的过程，要根据对患者病情的诊察、疗效观察逐步展开和不断调整，这往往与个体差异和疾病的复杂性程度相关联。如果从医疗服务合同缔结的角度看，医疗方接诊时医患双方之间建立医疗服务合同关系，但医疗服务合同的内容具有抽象性，可概括为医疗方根据诊疗常规实施诊疗，患方予以必要的配合。可见，医疗方案的内容存在不确定性，难以在建立医疗服务关系时由医患双方具体预定和约定。

第三，医疗服务的目标难以由医患双方事先约定，法律不会保护和支持对医疗目标的具体约定。鉴于医疗风险的客观存在，现代医学不能征服所有的疾病，难以保证疾病的完全治愈，作为医疗服务合同的医疗目标存在不确定性，即诊疗债务是实施适当医疗行为的"手段性债务"，而不是以特定结果为目的之"结果债务"。

3. 医疗服务关系终止的法律制约

医疗合同并非单纯财产上的合同，支付医疗费用与提供医疗服务并非对价关系，即使在患者未支付费用时，医师也不得主张同时履行抗辩权而不予继续治疗和终止医疗合同，这是法律为保护公民生命健康权益做出的强制性要求。可见，医疗服务关系的终止必须接受法律的制约，而不能由医患双方随意约定。

4. 医疗方法律责任的法律制约

医方在医疗过程中的业务注意义务是由法律、法规、规章、医疗操作规则等明确规定的，是一种具有强制性的法定义务，医疗方的过错责任是法定的法律责任，通过法律程序由法定的裁判机构裁决，不允许以任何方式变更或免除医疗方的过错责任，医方通过与患方签订协议免除法律责任的约定无效。

实践中涉及医疗方法律责任的医患合约有以下几种情况。其一，发生医疗纠纷后，医患双方签订的赔偿协议。这种诉讼外和解法律并不禁止，但应符合自愿、合法原则，其内容不得违反法律的有关规定，赔偿数额上不能显失公平，不得以这种方式规避行政法律责任、刑事法律责任，如医疗事故罪的刑事责任。

其二，医疗方以已经通过签订手术同意书、麻醉同意书告知患者方医疗风险为理由，主张免除告知范围内的医疗损害的责任。该"同意书"有两方面的意义，一是患方签字后，从程序意义上表明医疗行为合法。二是患方签字后，表明患方知晓该医疗措施的固有创伤及可能发生的医疗风险。但该"同意书"不能当然免除医疗方的过失责任。例如，医院为病人实施手术前由病人家属在手术同意书上签了字，该同意书上载明，如术中发生心脏骤停、大出血、神经损伤、麻醉意外等意外，院方不承担责任。在手术过程中病人发生心脏骤停，但麻醉师及主刀医师在五六分钟后才发现病人心跳停止，经抢救病人心脏复跳，但因大脑缺血缺氧时间长而遭受不可逆损害，病人不能清醒，呈植物人生存状态。医院方认为心搏骤停是医疗意外，对医疗意外造成的损害结果医方无责任；病人家属则认为医方医务人员在手术中未履行对病人生命体征的监测义务，未能及时发现心搏骤停，应承担过错赔偿责任。病人家属的意见最终得到法院支持。

其三，医方通过与患方签订协议免除法定义务。例如，患者因咽食时胸骨后疼痛在甲医院门诊部求治，初步诊断为①胃溃疡；②食道鳞癌，刷片未发现癌细胞。此后，患者到乙医院住院进一步检查治疗，该院未进行进一步的检查，即对宋某实施"食道中下段癌切除术"，开胸后检查食道未发现癌肿，只好结束手术。术后，胃镜检查的结果是"慢性食管炎并炎性增生"。患者以乙医院草率实施手术，主观上存在过错为由诉至法院，要求该医院赔偿损失，被告乙医院提出的答辩理由是，手术前原告家属在"同意手术记录单"上签了字，并特别在其上注明"手术后，万一和术前诊断不合，家属不埋怨"，据此认为医院不应承担赔偿责任。后法院判决，原告虽然在甲医院进行检查的结果为食道癌，但被告乙医院在对原告进行手术前仍应对原告的病情进行进一步的确诊，被告在没有确诊的情况下实施手术，在手术后才做本应在手术前实施的胃镜检查，存在过错。如术前行此检查，完全可以排除食道癌，就无必要再行手术，且术前甲医院的报告"刷片中未发现癌细胞"也已经提示原告可能并非食道癌，被告违反了《医院工作制度》中"手术前应尽量明确诊断"的规定，应承担过错赔偿责任。

（二）特定情形下医疗注意义务的医患约定

合同自由在医疗活动中不应被绝对排除，在以下几种情况下法律应允许医患双方对医疗注意义务进行约定。

1. 患者方拒绝医疗方提出的合理诊疗方案而修正医疗方的注意义务

虽然医疗行为具有高度专业性，医师具有医疗裁量权，但对患者的决定权予以尊重是医疗活动顺利展开和构建和谐医患关系的客观需要。临床诊疗关乎患者的生命、身体健康，完全忽略患者的自主决定权是难以被人接受的，医疗方在实施医疗行为之前向患者进行详细的说明，并取得患者的同意或承诺下的医疗行为才具有合法性。当然，患者也有权选择诊疗方案，只要该方案不违背技术规则和伦理原则，医疗方有义务加以实施，这实际上是对医疗注意义务的适当调整与改变。

例如，医师建议患者输血，但患者拒绝，医疗方不再承担输血的注意义务，或医师建议手术治疗，但患者拒绝，医疗方不再承担实施手术的注意义务，并且医疗方不承担未输血、未手术的相应后果。患方基于自身各种因素而自行决定终止治疗的，其法律后果同上。这实际上是患者方自愿承受可能的不利后果，本质上符合合同自由的原则。

2. 以医疗特别约定设定医疗注意义务

医疗行为的内容随着医学科技的发展、社会医疗需求的演进而变化，医疗目的从单纯的疾病诊疗、康复疗养发展为疾病预防、优生保健、美容整形、身心调理等多元化需求，甚至与休闲、娱乐相融合而具有商业化色彩，此时，医患之间往往特别约定以实现某一医疗成果为医疗目标，除非约定之内容违反法律法规、违反公序良俗，其约定应当视为对医疗方具备约束力，即约定可成为医疗行为注意义务之来源。

例如，美容、整形的医疗行为，往往特别约定以实现外观形象改变为医疗成果，医疗行为人要承担该医疗成果的担保责任，医疗方为实现该医疗目标而实施特别医疗注意义务应为合法。

3. 医疗注意义务基于医患双方的合意而终止

医方承担的是手段债务而非结果债务，医疗合同的目的是对疾病的规范治疗，并不以是否治愈疾病为标准，治疗目标往往可由医患双方直接协商确定。比如，达到何种程度就可出院，此时，只要医方按约定提供了医疗服务，医疗合同的目的视为实现。易言之，医疗过程中医疗方往往需要尊重患者方是否接受继续治疗的决定权，如果后者不再接受继续诊疗，医疗方将不再承担继续诊疗的注意义务。

4. 医患合约对医疗注意义务的补充价值

对一些非典型的医疗活动，或某些特殊的医疗环节，在难以从上述民法基本原则、有关医疗行为的法律法规与规章、医疗职业道德、临床医疗技术规范、医疗行业惯例中找到明确的法律依据时，在不违背医疗常规和医学伦理的前提下，允许医患双方当事人通过合约来约定双方的权利义务，包括约定医疗注意义务，有助于弥补医疗规则的僵化和不足，实现患者方的特别医疗需求，维护双方的正当权益。

第三节　医疗过失的判断标准

医疗注意义务是判断医疗过失的依据，作为业务过失的医疗过失，必然既接受法律的规制，又具有专业属性，因而在明确医疗注意义务的内容后确立医疗过失的判断标准，才能科学公正地判定医疗过失的有无。

一　过失判断标准学说评述

有无医疗过失取决于医疗注意义务的判断标准，并以此为据评判医务人员的医疗行为是否尽到了注意义务。对此，法学理论界有四种观点。

（一）主观说（个人标准说）

主观说主张应以行为人实际认识能力大小为标准来判断有无过失，根据本人的注意能力，对一定的事实能够认识、应当认识而竟未认识，产生了违法后果，就确定为违反注意义务。这种观点的实质是标准因人而异，实质上近似于无一定标准，难以确立客观外在的评判标准，缺乏可行性，不足取。

（二）结合说

结合说认为应贯彻主客观相结合原则，把人的主观能力与外在的认识条件结合起来进行综合分析，只有两者兼备，才可认为有注意能力。这种观点由个人标准说演化而来，主张判断过失既要考虑行为人的认识能力，又要考虑当时的认识条件来判定有无过失的思路是正确的，但并没有解决对行为人的"认识能力"的判断标准。

（三）客观说

客观说又称一般标准说、抽象说，该种观点认为应该以社会普通人员通常的、平均的认识能力来确定行为人的认识能力，能否预见和避免不良后果应看行为人是否发挥普通人的注意能力和注意水平。这种观点的优点是可操作性、适用性较强，注意到划定外在的评判尺度，但"以社会普通人的认识能力为标准"显然不适宜对专业性较强的医疗过失的判断。有论者指出，客观说便于判断，但过于机械，特别是在我国医疗发展严重不均衡的现状下。①

（四）折中说

折中说主张兼采主观标准与客观标准来确立相应注意能力的标准。有论者认为，主观说考虑个体差异性，但影响判断效率，折中说即主客观统

---

① 周伟：《医疗过失行为与医疗事故罪之主观要件研究》，《人民检察》2005 年第 2 期。

一说，是最为理想的一种判断标准。①

二 医疗过失判断标准是"应达到的"医疗技术水平

（一） 有无医疗过失的关键是"应否预见"

过失是指行为人应该预见到自己行为会发生危害社会的结果但因为疏忽大意而没有预见，或虽然已经预见但轻信可以避免，以致发生危害社会的结果，应该预见而没能预见是疏忽大意，已经预见但没能避免是过于自信。发生医疗损害结果后，行为人往往出于规避法律责任的本能有意贬低自己的认识能力，但法官显然不应以行为人自身的辩解为医疗过失的判断标准，而必须以客观、公正的外在标准来判断医疗方是否应该预见、是否已经预见，其核心是应否预见，而应否预见取决于两方面的因素：一是外在的认识条件，包括认识对象本身的复杂程度（疾病的临床表现是否典型、是否复杂等）、当时的认识环境（病情是否急迫、医疗辅助检查设备是否到位、其他医务人员的协助是否有力）等；二是行为人应当具备的认识能力，该认识能力由技术职称等级、临床从业资历与经验所决定。可见，在法律规范设定的具有高度概括性的医疗义务下，判断是否存在违背注意义务的医疗过失的关键是确立行为人"应当具备"的医疗注意能力的标准。

（二） 确立医疗注意能力标准的事实基础与法律依据

行为个体的实际注意能力并非法律层面应树立的注意能力判断标准。必须承认，社会一般成员由于年龄、智力发展水平、学历、社会经验、工作经验不同而认识能力参差不齐，故判断普通过失有无的标准取"主观说"基本符合过失的法律含义，而"结合说"改良了"主观说"，可以保证不枉不纵，更为可取。论及业务过失的判断，虽然从事同一专业的技术人员的认识能力也各有千秋，但却不能以主观说之"个人标准"作为判

---

① 孙昌军、庄慧鑫：《论医疗事故罪的主观过错》，《湖南医科大学学报》（社会科学版）2003 年第 4 期。

断有无过失的标准。就医务人员医疗过失判断标准的确立而言，由于医疗活动关系患者的生命健康安全，医疗行业是具有强烈技术性、规范性要求的神圣职业，法律对执业者的业务能力有特别严格的要求。简言之，对医疗技术人员是实行"等级管理"的，一是医疗技术人员均要参加技术职称评审，二是各级技术职称医务人员的岗位职责各不相同。医务人员的专业技术职称自高至低依次为主任医师、副主任医师、主治医师、住院医师，根据现行人事管理制度，评聘某种技术职称对申报条件、评审条件都有相应的要求，"申报条件"主要是学历及任职时间的限制，而"评审条件"则主要侧重于从专业基础理论、临床工作经验、技术能力、业绩诸方面考察申报人的医疗业务能力。据此可以认为，相同专业、相同技术职称的医务人员的技术水平有一个最低要求和大致的范围。也就是说，其专业技术上的认识能力即业务注意能力大致相同，这不仅是法律法规的要求，也是既成事实。有论者指出，注意能力与注意义务并非同时具备，具备注意能力不一定具备注意义务。① 注意义务与注意能力、过失判断标准的关系的确值得探讨。社会生活中既存在具备注意能力却不负有注意义务的情形，也可能存在承担注意义务但不具备注意能力的情形。进而言之，我们虽然承认相同职称者的实际业务能力难以整齐划一，但是，医疗过失的本质是对医疗业务注意义务的违反，在管理方面则必须以强制的、统一的、客观的标准进行法律规制，将必须具备一定的医疗注意能力确定为医疗注意义务。有著述认为，将过失判断标准称为合理人的标准，以"合理医师行为"作为医疗侵权过失判断的标准，因为"合理医师行为"具有法律所要求的合理性。② 这一见解比较中肯。对医务工作而言，"努力钻研业务，更新知识，提高专业技术水平"是《医师法》《医疗机构管理条例》《护士管理办法》等法律、法规、规章对医务人员医疗注意义务的基本要求，这无疑为我们以客观统一的医疗注意能力为医疗过失的判断标准增添了法律依据。

　　综上，医务人员应当具备的医疗注意能力标准是判断医疗过错的法律

---

① 李希慧、宋久华：《医疗事故罪之"严重不负责任"辨析》，《人民检察》2012年第21期。

② 夏芸：《医疗事故赔偿法——来自日本法的启示》，法律出版社，2007，第107页。

标准，而该标准可具体化为医务人员"依法应达到的医疗技术水平"。

三　医疗注意能力判断标准的基本特征

为了准确认定医疗过失，公平处理医疗侵权纠纷，有必要对医疗注意能力判断标准的基本特征加以探讨。

（一）医疗注意能力判断标准的客观性

该标准的直接依据和来源应是医疗技术职称评聘的条件、取得医师执业资格和评聘技术职称的基本条件、医院分级的基本标准以及基本的医疗常识和技术操作规范，本科教材的内容、中华医学会发布的诊疗技术标准，都具有客观性的特征，易于掌控，这明显区别于上述"主观说"中所称"行为人个人的实际注意能力"。

（二）医疗注意能力判断标准的层次性

我国医院分为三级十等，自高至低依次为三级特等、三级甲等、三级乙等、三级丙等，二级甲等、二级乙等、二级丙等，一级甲等、一级乙等、一级丙等，不同级别医院的技术设备、技术水平、业务开展范围存在差别，同时，不同技术职称的医务人员的业务水平存在差异，不同级别医院里有相同技术职称者之间的业务水平也存在差异。比如，一个乡级医院的副主任医师的水平，未必就高于省级医院的主治医师。有论者指出，医疗水准的应用应当考虑地域差异和专业差异，尤其是紧急医疗条件下，医疗水准应予以减让。① 这一见解符合我国医疗资源分布不均匀的实际情况。因此，对不同级别的医院、不同级别的医师当适用不同的医疗过失标准。《最高人民法院关于审理医疗损害责任纠纷案件适用法律若干问题的解释》第 16 条规定，对医疗机构及其医务人员的过错，可以考虑当地的医疗水平、医疗机构与医务人员资质等因素。可见，对于医疗过错的判断，要注意医疗过失判断标准的层次性，该层次性包括医疗机构等级的层

---

① 谢雄伟、张敏：《医疗水准与医疗事故罪中的注意义务研究——以日本相关判解为例》，《武汉理工大学学报》（社会科学版）2005 年第 6 期。

次性、医务人员技术职称等级的层次性以及执业地域差别或层次性。

要注意的是，当地的医疗水平是指医疗技术的普及水平。医疗技术水平和医学发展水平是有区别的，前者是医务人员已经掌握或应当掌握的技术水平，也可称之为实践水平、经验水平，不同技术职称、不同级别的医院之间在技术水平上存在层次性的差异；后者实际上是理论水平、学术水平，而不是实践中已推而广之、已普及的水平。或者说，前者是现在已经在一定范围和不同层次上普及的程度，后者是将来才可能实现的目标。医疗水准（医疗水平）特别是实践中的水准或临床医疗水平可以作为判断医疗注意义务履行情况的标准。① 认定医疗过失时，不能以医学发展水平为标准来判断医疗过失之有无；否则，就会责及无辜，导致"客观归责"。实践中，医疗过失的有无是由鉴定专家认定的，专家应力戒把鉴定会开成学术研讨会，不要以自己的认识标准和医学理论发展水平来判断涉案医疗机构与医务人员有无医疗过失。

（三）医疗注意能力判断标准的整体性

整体性是指在同一级别医疗机构担任相同专业技术职称者，应适用大致统一的标准确定其认识能力，医院级别、技术职称、工作年限相同者适用同一标准；同时，与患者建立医疗服务合同关系的是医院，不是医师个人，故医疗水平当是指以医务人员的个人水平为基础的医疗机构的整体水平。医务人员应当具备的诊疗技术水平以技术职称评定标准为主要参照，《综合医院分级管理标准（试行草案）》依据医院的综合水平，将我国的医院分为三级十等，故医院应当具备的诊疗技术水平当以医院等级为参照。虽然不能不承认这一群体间在医疗技术水平上也多少存在差异，有的水平高一点，有的水平低一点，但不断提高医疗技术水平是医疗方的基本义务，技术落后是不思进取的结果，不能成为无过错的理由。

（四）医疗注意能力判断标准的动态性

医疗注意能力判断标准的动态性是指该标准应随着医学科学和医疗技

---

① 臧冬斌：《日本刑法中的医疗水准论》，《环球法律评论》2008年第3期。

术的发展、新技术的推广普及而不断提高。推进医学科学和医疗技术的不断进步符合人类的根本健康利益，医疗机构与医务人员在保护人民健康、实现健康中国建设中具有不可替代的重要作用，医学的进步日新月异，医务人员不仅在执业中应当尽职尽责，而且应努力钻研业务，更新知识，提高专业技术水平，这对增进人类健康福祉有着重大意义。医疗注意义务包含不断提高业务能力的要求，业务能力应随着医疗科学技术的进步不断提高，对新技术的无知和技术落后于时代本身就属于违背医疗注意义务。根据《民法典》，未尽到"与当时的医疗水平相应的诊疗义务"造成患者损害的，医疗方应承担赔偿责任；新修订的《医师法》第23条规定，执业医师应努力钻研业务，更新知识，提高医学专业技术能力和水平，提升医疗卫生服务质量。显然，《医师法》对医师执业规则与义务的设定与《民法典》的该规定是相对应的。

四 医疗过失判断的"标准困惑"与医疗新技术的临床准入

医疗过失判断标准在专业技术层面以医疗技术标准为重要依据。然而，临床医学在理论与技术操作方面保持着高度的专业性与隐蔽性，医疗技术标准的制定与执行一定程度上成为医疗界的"关门游戏"，导致以外在监督、事后监督形式展开的医疗行为规范性、合法性研判或医疗过错责任认定面临着"事实存疑"与"标准困惑"两大难题。"事实疑问"或"事实存疑"是指医疗方通常不会自认其医疗过错，也不会自觉主动地在病历中记载其医疗过错，即使在医疗责任鉴定中也面临着鉴定人对同行进行庇护的风险而使得可能的事实真相难以得到充分揭示。"标准困惑"是指作为判定医疗过错责任依据的医疗技术标准是由医疗界自身制定的，该标准存在专业垄断，对社会大众而言不仅晦涩难懂，而且缺乏透明度，造成对医疗侵权责任法律认定的困难。因此，要实现对医疗活动的有效法律规制，实现法律规则与医疗规则的无缝对接，这两个问题必须着力解决。对事实存疑问题，主要从两方面来解决：一是将患者的住院病历这一医疗事实的基本载体完全对患者方公开、开放，《医疗纠纷预防和处理条例》已经作出了允许患者复印全部病历的新规定；二是完善重塑既往医疗事实过程、判断医疗过失责任的法律规则。解决医疗过失判断的"标准困惑"问题，要贯彻"以公开促公正"的原则，并区分成熟医疗技术与医疗新技术，分别采取相应对策。对成熟的医疗技术，医学教科书、权威医学论著等医学文献中有明确的记载，这些可实现"以公开促公正"，而对医疗新技术的临床准入，则值得深入研究。

（一）加强医疗新技术的临床准入的意义

医疗技术准入管理是医疗卫生行政部门对医疗技术作出准许使用、鼓励使用、停止使用或禁止使用等规定、通知或命令等行为，包括准入管理和应用管理两部分。[①] 在当今的后工业时期，功利主义的伦理学大行其道，而强调人的行为必须以道德原则为基础，以意图与动机作为判断人类行为善恶之标准的道义论却声势微弱。[②] 同时，在这个背景下，医院生态有进一步恶化的可能，高新医学技术商业化看来也将成为不可避免的趋势。[③] 目前，全球医学新技术呈现出发展进步迅速与商业化趋势加快的双重加速之特征。市场经济下医疗新技术的商业驱动则有可能使得医学新技术的运用偏离增进人类健康福祉的轨道，而异化为医疗方及其背后的利益集团谋取经济利益的堂而皇之的理由。医疗方为拓展业务、发展事业和获得经济利益，对引进、拓展新医疗技术趋之若鹜，但这也成为医疗事故纠纷的诱发因素。目前医疗新技术在医疗市场中的应用已经表现出盲目引进、无序竞争、争抢病源、罔顾医疗效果等恶性后果，人们似乎习惯了这一医疗市场的游戏规则和成长动因，因此，加强医疗新技术准入管理十分必要，其意义主要体现在下述几个方面。

1. 保障医疗安全，维护患者生命健康权益

医疗措施与患者的生命健康安全具有密切关联，医疗措施对患者身体造成的损害结果不可逆转和恢复，如果"新技术"的疗效与安全性无法保证，一旦直接应用于临床医疗，就会严重危害广大就诊患者的生命健康

① 刘鑫：《医事法学》，中国人民大学出版社，2015，第 125 页。
② 李大平：《医疗技术准入的法律功能分析》，《中国卫生事业管理》2006 年第 5 期。
③ 宋咏堂、项红：《完善医学新技术评估的思考》，《中华全科医师杂志》2003 年第 3 期。

安全。维护和实现人类的幸福是任何政府及其法律的基本任务，身患伤病需要救治的患者相对于医疗方在技术与专业信息方面均处于弱势地位，对社会生活中弱势群体的保护程度是衡量上述职能是否履行、研判其法律体系是否健全的基本标准。在增进人类福利的根本目标统摄下，医疗技术的发展不得侵犯和牺牲患者利益，故医疗技术准入制度具有保护患者权益的重要职能。

2. 协调医疗技术发展与患者权益保护

现代医疗技术的发展对传统的伦理观念造成冲击，但医疗技术的发展与应用必须在人类道德可接受的范围之内，避免给人类的道德、伦理带来危机。对科学发现和伦理道德的同等重视标志着人类的理性成熟。科学是中性的，但科学研究的方向、方法、成果及其运用应当始终掌控在理性的人类的手中，始终围绕着造福人类的目标而展开，即使不能完全脱离商业运行模式，也要接受社会公共伦理的道德约束和必要的法律规制与管控。医疗技术准入制度以合理配置卫生资源，提高资源利用的质量和效率，为患者提供优良的医疗卫生保健服务为宗旨，因此必然要在禁止医疗服务市场的无序竞争的前提下推动医学技术的进步与发展。

协调平衡医疗技术的更新发展与患者权利保护的另一体现是赋予医疗风险一定的法律许可。现代医疗在消除风险的同时又在不断创造风险。不仅医疗技术的研发存在难以预见的挫折与失败的风险，其成功有时甚至带有运气、意外的因素，而且即使经过准入的医疗新技术在运用中也并非绝对安全，只不过这种风险经由临床准入的过滤后应当降低到一种适当、可控的范围，以尽可能地维护患者的生命健康利益。具体来讲，医疗新技术准入实际上也担当着明确相关医疗技术的操作规范、确立医疗行为是否违规的客观判断标准的职能，在发生医疗纠纷的情形下，有利于公正处理纠纷，维护医患双方的正当权益，妥当解决医患矛盾与冲突。

3. 控制医疗费用过快增长，保障医疗服务可及性

我国推行的医保制度实质上是国家、社会与患者个人共同负担医疗费用，无论是医保支付或者是患者个人支付，均涉及医疗费用和成本的考虑。如果牟利取代了医疗服务成为医院或医师的首要目标，医疗行为的规

范性难免受到掣肘，容易出现以职业独立性来掩盖经济动机的情况。① 医疗新技术的临床应用为医疗方带来了可观的经济收益，由此也导致新技术的滥用，有的医疗机构不顾自身技术能力和设备条件盲目开展医疗新技术，实为追逐经济利益，但却致使国家、社会与患者为此付出不菲的医疗费用。因此，医疗技术准入评估不能回避对医疗成本的考量。对新开展的诊疗项目进行适应证、有效性、安全性和经济学方面的综合评价，实行医疗技术准入制度，可从源头上控制医疗费用的过快增长，保障医疗服务的可及性与公益性，确保医疗卫生事业朝着维护全人类健康福祉的目标前行。

（二）医疗新技术临床准入制度的基本架构

医疗技术准入制度，是用循证医学方法对新的医疗技术的安全性、有效性、经济性和社会伦理适应性进行评估，以决定是否准许其从临床试验阶段转变为在临床实践中推广应用的常态技术，以及对既往应用的医疗技术进行相应评估后要求其退出临床应用的制度，具有专业性、规范性、强制性等特征。医疗服务市场由医疗服务的提供者（医疗机构和医务人员）、医疗服务的接受者（患者）、医疗服务的管理者（政府机构）三方面主体构成，而管理者有效履行监管职能是保障医疗技术规范运用，保护患者生命健康安全的关键环节，2009 年 3 月卫生部发布的《医疗技术临床应用管理办法》标志着我国医疗技术准入制度的进步。我国医疗技术准入立法与管理的趋势是，对限制性医疗技术的使用实行行政许可，控制探索性医疗技术和限制性医疗技术的伦理风险，注重对拟实施新技术的主体开展准入培训。架构医疗新技术临床准入制度，需要从以下四个方面加强制度建设。

1. 完善医疗技术临床准入的审查主体

医学在现代社会得到了迅猛发展，极大地提高了所有阶层的预期寿命，促进了人口的增长，在很大程度上满足了人们的健康需求。但是，医

---

① 杨彪：《公共政策、医疗行为与责任配置——关于医疗损害责任制度绩效的观察和评论》，《现代法学》2011 年第 5 期。

学的发展也给社会带来了新的挑战和风险，医学科学研究出现了假借技术创新与行业垄断的"通行证"摆脱公众外部监督的强烈趋势。随着人类大规模建制型科技成果的出现，科技伦理越来越需要刚性的法律规制，否则，科技非但不能向善，反而可能给人类带来无穷的灾难。① 2022 年 3 月中共中央办公厅、国务院办公厅印发了《关于加强科技伦理治理的意见》，要求提高科技伦理治理法治化水平，加强生命科学、医学等领域的科技伦理立法。医学伦理及其法治化应当为增进人类健康福祉提供更多的智慧指引和制度贡献。可见，如果医疗技术临床准入的审查主体主要由临床医生和药学专家组成，则不符合医学伦理法治化的要求，为完善和强化对医疗行为的法律监管，关于医疗技术临床准入的审查主体，除了卫生行政管理人员与医疗界的权威专家参与外，必须加大法律界、伦理界专家的参与力度。

2. 医疗新技术有效性、安全性、社会适应性的技术评估与审查

医疗技术基本内容的准入是指对医疗技术与方法的内容的评估，是指由相关专业的权威专家组成论证团对新医疗技术在临床前期科学试验的过程与结果进行客观、科学、全面的评估，审查该医疗技术本身的有效性、安全性、社会适应性，根据《纽伦堡法案》（Nuremberg Code）和《赫尔辛基宣言》（Declaration of Helsinki），要审查新医疗技术是否遵守医疗技术临床试验的基本原则，包括知情同意原则、保密原则、尊重原则、自主原则、有益原则、公正原则，这是医疗技术准入制度的主要任务和基本内容，其核心是对医疗技术的特性、临床安全、有效性、经济学特性、社会适应性的全面评价。

3. 医疗新技术实施主体的准入

医疗技术主体的准入是指设置实施该医疗新技术的医疗机构和医务人员的资质、资格之门槛，要求实施医疗新技术的医疗方具有相关的技术水平与实践经验，这是保护患者医疗安全的重要环节。对实施主体的审查与批准着重于对拟实施新医疗技术的医院及其相关医务人员的技术设备、技术水平与能力的评估，符合相应要求的方准许开展此项医疗技术。对医疗

---

① 印波：《提高科技伦理治理法治化水平》，《法治日报》2022 年 4 月 20 日。

机构的准入，既要注重实施该新技术的基础设施与设备，又要考虑在发生医疗意外时的综合配套的抢救条件。对于医务人员的准入，一般包括两个方面，一是专业技术职称的级别，二是接受必要的培训，以保持对新医疗技术附带风险的妥当应对。同时，监管体制和再评价、淘汰机制也是主体准入的组成部分，对于出现严重医疗事故纠纷的要取消已经获得的准入资格。

4. 医疗新技术的临床适用范围的审查

该项准入是指明确该医疗新技术的适应证与禁忌证，划定接受该技术的病患的范围，避免该技术在临床上的滥用。该项准入实际上可归属于前述第一项准入的范围，但为了强调医疗安全，有必要另行审查。医疗技术临床准入是在入门关口从医学理论上审查该技术的适用范围，在临床医疗过程中对特定患者和特定病情进行评价以决定是否实施该技术，则由临床医师决定。

对医疗技术的监控贯彻于临床应用的全过程。随着临床应用的扩大和医疗水平的提高，医疗技术与方法的缺点会逐渐显现，要通过必要的反馈机制对发现的新问题进行不断的重新评估，将落后的、不安全的医疗技术淘汰，从根本上保障人民的生命健康安全。易言之，医疗技术临床准入制度由准入机制与退出机制两部分组成，两者共同构成法律管控的完整内容。

第四节　（被）容许的危险理论与医疗过失的研判

法律规范及其运行与法律意识之间只有形成协调统一，才能实现调控社会关系、维持良好社会秩序的目标。医疗服务法律所处的医学科技环境显示，由于现代医学科学知识的局限和临床医疗活动的探索性、风险性，医疗服务活动中发生人身损害的风险仍然存在且难以完全避免，这就要求调节医疗服务活动的法律客观反映医疗服务的这一特征，在医患双方和全社会普及合理界定医疗过失的法治理念。

一　（被）容许的危险理论概述

传统过失理论认为，行为人预见到其行为造成危害社会结果的可能性而仍实施该行为并发生危害社会结果的，行为人应承担过失责任。易言之，行为人应负有危害结果预见义务，并且既然有预见，就不应实施该行为。但是，发达的科技活动必然伴随、附带难以完全避免的风险，有些行业、职业虽然有一定的造成利益损害的危险性，但却是社会生活中不可或缺的，或曰是现代社会生活的重要内容和标志。比如，高速交通运输、矿山开采、科学实验、医疗活动、体育竞技等。如果一概以传统的"违反预见义务就有过失"的理论加以禁止，无异于禁锢文明的进步，遏制社会发展需求。对医务人员而言，即使预见发生不良结果的可能性，仍需实施医疗活动，如果以医生违反不良结果"预见"义务而以过失加以责难将造成医生无所适从，如果医疗方借口"防止不良结果"而拒绝实施医疗救治显然属于渎职而成立过失。对此，（被）容许的危险理论应运而生。该理论认为，对于伴随一定危险性的行为，根据该行为对社会生活的有益性及必要性，法律应该容许其在一定限度之内产生一定的不良结果甚至有害社会的结果，对此结果不应以过失论，即主张限制业务过失的范围。该理论的功用是把注意义务的内容限定在合理范围之内，意在制止过于苛刻地追究过失责任，由此，孕育了新过失论的基本框架。新过失论认为，过失并非单指得以非难之心理状态，对于过失的心理状态应从违法性层次评价其无价值性，必须考虑行为在客观上是否违背了注意义务来确定其过失的有无，该注意义务是指，行为人应该在客观上采取适当的措施来回避该结果的发生，注意义务的标准应由传统的"预见可能性"转变为对于危害结果的"回避可能性"，即使对结果的发生有预见可能性，但只要行为人以一定的措施以回避结果的发生，即已尽到结果回避义务而不成立过失，只有在行为人怠于采取适当措施回避危害结果时方可认为违反注意义务而成立过失。

二 （被）容许的危险理论与医疗风险的分担

以医疗过失责任为争议核心的医患纠纷不仅仅是医患双方利益的冲突，更深层次的问题是医疗卫生事业的持续发展与医患双方现实利益、社会公共利益与医患个体利益之间的调适。现代医学发展给人类的生命健康和生活质量带来巨大利益，但医学是在实践探索中发展的学科，离不开经验的积累，甚至是经历一次次失败与挫折才得以进步，2005 年诺贝尔生理学或医学奖获得者之一、澳大利亚科学家巴里·马歇尔为挑战传统医学理论和证明胃溃疡病是由幽门螺旋杆菌引起，用自己的身体做实验，服用培养的螺旋杆菌致自己患上此病，才印证了自己的研究结论。因此，医疗风险需要全社会的理解并由法律对该风险的承担进行公平分配，与此密切关联的是医疗过失的法律界定问题。（被）容许的危险理论对伴随一定危险性但有益于社会的行为之过失研判做出了理论指引，对社会整体发展需要与个人利益抵触时的价值取向做出理论指引，容许为了社会发展的需要对个人利益有一定程度的侵害或危险。该理论为社会整体利益或曰社会发展需要与个人利益发生抵触时的价值取向做出指引，在医学的发展与绝对保证患者的生命健康难以两全的情况下，该理论为在一定范围内排除医疗过失提供了理论依据，对医疗过失的界定与医疗风险的分担分配有指导意义。由医疗行为的高风险性及医疗活动与患者利益的密切关联性决定，（被）容许的危险理论对医疗行为过失具有更大的适用空间。我们主张在处理医疗纠纷和认定医疗过失责任时引入（被）容许的危险理论的目的，就是要调和与平衡患者个人利益与整体社会利益的矛盾与冲突。保护个人利益固然为法的重要功能，但是社会整体是由每一个体所构成，如果社会发展阻滞不前，社会个体的利益必难以得到实现。医患纠纷之所以长期成为社会难点问题，除了事实认定的困难和法律裁决体制上尚有缺陷外，从法理层面上看，是由于对（被）容许的危险理论之于医疗过失判定的指导意义发掘不够。

对容许的危险要从行为界限与结果界限进行严格审慎的双重界定，这可称为（被）容许的危险理论之"容许"的两层含义。其一，行为界限是指该危险行为是否容许实施。（被）容许的危险理论本质上是利害权衡的考量，利害权衡是人类生活的基本原则，该利害权衡原则下的行为界限的确定，要求把实施危险行为的有用性、必要性与可能发生的危险性进行利益比对与衡量，在有用性、必要性大于发生法益损害的危险性时，方得适用（被）容许的危险理论。行为的有用性是指行为目的之正当性，危险行为所能实现或维护的利益的重要性应按生命、健康、自由、财产的顺序排列。比如，为挽救宝贵的生命可以不惜投入，医疗方不能担心医疗费用损失而拒绝急救。行为的必要性是指实施危险行为的迫切程度，行为人所实行的危险行为对社会生活具有的价值越高、越紧迫，其被容许的程度就越高。如果实施该行为的危险性很大但价值不高，则难以认为是被容许的危险。医疗过失判定中的"利害权衡"一般在两个层面展开：一是惠及全人类的医学发展的需要与对患者个体医疗风险之间的权衡，二是康复的希望与医疗风险、医疗的价值与医疗成本之间的权衡。详言之，某医疗行为是否为法律所容许而不为过失，要从以下几个方面进行考量：医疗措施是否符合行为时医学理论上公认的方法和手段，是否合乎医疗常规；医疗措施是否必要、急迫，其中，医方应客观介绍治疗手段的信息，并征询患方的明确同意。这是容许危险的"行为界限"。同时，（被）容许的危险理论所谓"容许"有"结果界限"的限定，易言之，并非容许危险行为所引发的所有权益受损结果都可以被容许，如果超越被容许的界限，仍当以过失论之。当然，行为界限与结果界限密切关联，当进行一体化研判。

三 （被）容许的危险理论运用于医疗过失认定的相关问题

（一）（被）容许的危险理论适用于正当医疗执业

只有对正当的医疗执业行为才能适用（被）容许的危险理论减免医疗过失责任，这里的正当医疗执业是指取得合法执业许可的医疗活动。详言之，正当医疗行为应具备的条件是，第一，行为主体是取得法定执业资格（医师资格证、医师执业证等）的医疗专业人员。具备合格执业资质是避免医疗风险的医疗技术前提。没有合法医疗机构执业许可证和医师、护士资质而行医并造成患者身体损伤的，属于非法行医，其责任性质比过失责任更为严重，不适用（被）容许的危险理论减免其法律责任。第二，医疗行为发生在合法的医疗场所。只有在正规医疗场所行医，才具备避免医疗危险的客观条件。第三，行为人主观上必须有医疗的目的。医疗行为是指以治疗或预防疾病为目的所实行之行为，在医疗场所和医疗过程中假托"医疗"名义而实施的出于实验甚至故意伤害目的之行为，非正当医疗行为。第四，医疗措施合乎医疗常规，即符合行为时医学理论公认的方法或手段。要强调的是，医疗措施合乎医疗常规，意味着即使存在医疗风险，但仍在被容许的范围之内，在医疗行为本身具有正当性的前提下发生危险结果时，才考虑是否为（被）容许的危险理论所接纳和支持。反之，没有实施更为安全与合规的医疗行为，而违规实施人身损害风险较大的高度危险的医疗行为的，其行为缺乏正当性。第五，患者同意实施该医疗措施。医疗行为与患者的生命健康利益息息相关，强调患者的同意为判定医疗行为正当的必要条件，意味着患者能理解医疗风险并接受该医疗方案，从而为（被）容许的危险理论预留适用空间。

（二）法律容许与患方同意的关系

运用（被）容许的危险理论对医疗过失进行判断，必须正确认识法律的容许与患方的同意或容许的关系。

首先，该理论之所谓容许，是法律的容许。质言之，容许的危险限于"法律容许分配的医疗风险"，而并非指患者方的同意和容许，经由患方同意但为法律所不容许的行为，仍属于违规行为，仍然不能排除医疗过失。对医疗方而言，医疗措施的选择与实施，必须严格遵守医疗常规、医学原理，施行手术、特殊检查、特殊治疗还应取得患者方的同意和容许，这都是医疗方的法定义务。但患者的同意并不意味着对医疗措施造成的任何危险结果都当然可以排除医疗过失责任。如果征得患者的同意就意味着对医疗措施造成的任何危险结果都当然可以免除医方的责任，一则从逻辑上无异于医师只要取得患者同意就对任何不良结果免责，就可为所欲为，甚至不守医疗规则，就会形成对患者的生命健康安全的极大威胁；二则恐怕"患者之同意"更难以取得，医疗措施难以开展，因为对该危险结果，即使专业的医疗技术人员尚且不能完全预测和排除，却要求患者对该危险结果发表意见，等于令患者签订"生死状"，患者将很难接受。可见，患者的同意只能理解为对医方遵守医疗规则范围内的危险结果不承担过失责任。例如，某县医院在为产妇实施剖宫产时，产妇子宫收缩乏力，出现产后大出血，用纱布填塞止血并观察半小时仍出血不止，此时依医疗常规应结扎子宫动脉和切除子宫以保全产妇生命，而医方却向家属讲，该产妇年轻，应保留子宫，保持生育能力，家属表示同意，医方仅采取填塞纱布的手段止血，并关腹结束手术，结果产妇持续出血过多，发生 DIC（弥漫性血管内凝血），来不及再次手术抢救而死亡。该案例中，医院采取的止血手段与关腹结束手术的措施违反医疗常规，虽征得患者同意，但仍然被认定为一级甲等医疗事故。在医疗纠纷处理实践中经常见到医疗方主张以"已经签订麻醉同意书和手术同意书并告知医疗风险"为免除医疗责任的理由。该理由是不能当然成立的。法律不容许医方通过医患协议转移、削减法定医疗注意义务，即使已经告知医疗风险，如签订了麻醉同意书和手术同意书，也只能证明手术的实施从程序上合法，丝毫不能改变医方依规则开展医疗的注意义务，患者的同意只能视为对医方遵守医疗行为规则下对容许范围内的危险结果医方不承担过失责任，患者即使同意，也不等于一定会得到法律的容许，不等于就可以当然适用（被）容许的危险理论免除医疗过失责任。在个案中医疗注意义务究竟如何，是（被）容许的危险理论主张的价值判断的核心。

其次，法律的容许高于患者的容许。只要法律上、法理上容许，即使患方家属不容许、不同意，或无法取得患者意见，仍然不构成医疗过失。这实际是对患者同意和容许的一定限制。《医疗机构管理条例》第 33 条规定，医疗机构施行手术、特殊检查，或者特殊治疗而无法取得患者意见又无家属或者关系人在场，或者遇到特殊情况时，经治医师应当提出医疗处置方案，在取得医疗机构负责人或者被授权负责人员的批准后实施。该规定实质上就包含着"法律的容许高于患者的容许"的立法导向。目前，患者依法维权意识增强给医疗方作出医疗处置带来了巨大的心理压力，医务活动中出现一些不正常倾向。比如，过于迁就患方对医疗措施的要求，甚至偏离医疗常规而完全根据患方的意见、意愿实施医疗。应当认为，医疗方的法定义务丝毫不能因患者的主观愿望或提出特殊要求而改变，即使医疗方出于善良动机，并征得患方的同意，违反医疗注意义务仍然构成过失。又如，出于对患者方"知情同意权"的"尊重"而认为医疗措施都要征得患方同意后才能实施，在无法取得患方同意的情况下，无所适从。2007 年 12 月，北京朝阳医院发生了产妇家属肖某某拒绝剖宫产，医院不敢手术，导致产妇和胎儿死亡的悲剧。该案件中，就显然属于《医疗机构管理条例》第33条规定的"特殊情况"，家属不同意剖宫产，但剖宫产是挽救产妇生命、争取胎儿存活的唯一措施，根据《医疗机构管理条例》第33条规定的"遇到特殊情况时，经治医师应当提出医疗处置方案，在取得医疗机构负责人或者被授权负责人员的批准后实施"的规定，医院可以实施剖宫产，而不必担心承担过失责任。"遇到特殊情况时，经治医师应当提出医疗处置方案，在取得医疗机构负责人或者被授权负责人员的批准后实施"，蕴含着"法律的容许高于患者的容许"的精神实质，遗憾的是医疗方对该规定的理解出现了偏差，未能避免该悲剧发生。当然，如果医方的医疗措施或建议符合医疗原理和医疗常规，患方确实不同意，但又不属于《医疗机构管理条例》第33条规定的"特殊情况"的，医疗方以取得患方的同意为实施医疗行为的前提当不为过。《医疗事故处理条例》规定，在紧急情况下为挽救垂危患者生命而采取紧急医学措施造成不良后果的，在现有医学科学技术条件下发生无法预料或者不能防范的不良后果的，不属于医疗事故。这一规定直接昭示了"法律的容许高于患者的同意"的法理精神。

（被）容许的危险理论为处理医疗纠纷、认定医疗过失时平衡医患利益冲突提供了理论依据，在医学发展需要与绝对保证患者的生命、健康安全难以两全的利益冲突下，社会要能够理解医疗风险，能够为了人类医学整体的发展需要而认可和接受谨慎的医疗探索，这是古今中外医学科学发展的基本规律，也是医学科学对现代法治的期待。医患双方如果都能接受（被）容许的危险理论的理论内涵，就能合理认识医疗过失，解决法律与医患双方法律意识脱节的问题，在法律诉求上趋于一致，进而实现医患和谐。

这里要顺便提及的是，最高人民法院2008年4月29日以专门的司法解释再次明确了属于非法行医的五种情形。非法行医行为本身就是为法律所不容许的行为，对其没有适用（被）容许的危险理论以判断有无医疗过失的必要，非法行医者一概应对所造成的不良医疗结果承担民事责任甚至刑事责任。

第五节　研判医疗过失的常见问题

一　误诊误治与医疗过失

误诊是指医疗方对某种疾病先后形成两个以上的诊断，后作出的诊断证明先前作出的诊断错误。

误诊必然引起误治，误治很可能引起患者不同程度的人身损害，或支出不必要的更多的医疗费用，往往引起医疗纠纷，故误诊是一个值得认真探讨的问题。

在临床医疗实践中，误诊并不罕见。据统计，以临床诊断与病理诊断相对照，即使在条件最好的现代化医院，误诊的发生率也不低于20%。发生误诊的主要原因既有客观原因，也有主观原因。客观方面的原因是，病情的发展变化是一个渐进式展示其特异性表现的过程，早期表现不典型，且这种表现往往为多种不同疾病所共有。例如，发烧就可能是多种疾病最初的表现，咳嗽可能是上呼吸道感染、气管炎、肺炎、肺部肿瘤、心脏病等多种疾病的症状，这样就使得医务人员在早期难以确诊，尤其是在辅助检查资料不全的情况下。因此，根据既有临床资料作出初步诊断，并根据进一步检查的结果、疾病的变化修正既往诊断，一般属于正常的临床思维模式，符合诊疗规律。

发生误诊的主观原因与作出诊断的医务人员的责任心与业务水平有关。同样条件下，尽到医疗注意义务，可能不会误诊，没有尽到医疗注意义务，就可能误诊；低水平的医生会误诊，而高水平的专家就不会误诊。因此，误诊应区分为有过失的误诊和无过失的误诊两大类，误诊不一定必然存在医疗过失，仅仅是"可能"存在医疗过失。

例如，患儿刘某，男，5岁，在与邻居家小伙伴朱某一起玩耍时不慎磕伤头顶，出血少许，经包扎后止住出血，刘某的家长担心孩子颅内出血，要求邻居一起带刘某去县医院行颅CT检查，检查费由朱某家长承担。拍颅CT片后，放射科技师经认真阅片后认为颅内无出血灶形成，遂作出读片报告：颅内无异常发现。三个月后，儿童刘某突然对其父母说左眼看不清东西，急去县医院检查，医生怀疑是视神经萎缩，嘱其去省人民医院找专家进一步确诊，省人民医院检查后怀疑是颅内肿瘤，拍颅螺旋CT后确诊为颅咽管瘤。后刘某在南方某部队医院接受手术，切除颅内肿瘤，但留下尿崩症、肥胖症及左眼视力丧失的后遗症。刘某家长持在县医院所做颅CT片让省医院专家读片，专家看后认为读片上能显示有颅内咽管瘤病灶，刘某家长遂以县医院放射科医生"工作不负责任、不认真履行诊断义务、疏忽大意造成误诊致使错过治疗时机"为由诉至法院，要求县医院承担医疗过失赔偿责任。

这个案件中，县医院即使存在误诊或漏诊，也不宜认为该医院存在医疗过失，理由主要有两点。其一，县医院放射科在拍CT片时，病人刘某并未出现，更未向医方陈述与颅咽管瘤有关的症状、病史，医方只知道患儿有颅外伤史，这些资料会直接影响放射科大夫的临床思维，使其自然把检查的重点置于有无颅内血肿方面。其二，根据案情，放射科技师拍片、读片时是认真负责的，主观上已尽其所能，由于业务认识能力的层次性差别，即使其确实没能发觉三个月后省级医院专家从CT片上发现的颅咽管瘤病灶，也应认为是因技术水平、业务水平有限不能作出正确诊断。

二 并发症与医疗过失

并发症是在原发疾病基础上继发的一种或多种病症，从因果关系上看，并发症是原发病的病理演变所致。在现代医学发展水平下一般可以预见其发生的可能性和高度盖然性，且医学著作对某一疾病会发生哪些并发症一般有比较明确的阐述。比如，胃溃疡可并发胃穿孔、胃出血，恶性变为胃癌、幽门梗阻四种并发症，糖尿病患者可继发冠心病、高血压等多种并发症，产妇分娩过程中可能会发生子宫破裂、产后出血、胎膜早破、脐带异常、羊水栓塞、胎儿窘迫等多种并发症。因此，并发症往往有医学科学的理论基础，不能在没有医学依据的前提下随意扩大并发症的范围，也不能随意以并发症作为否定医疗过错的借口。

并发症的归责当然应采用过错责任原则。对并发症的发生有无医疗过失不能一概而论，应区别具体情况加以考量。从医学理论上讲，医务人员可以预见到发生并发症的可能性，但这最多只是一种高度盖然性的不确定的认识，医务人员不可能精确地预见到并发症何时会发生、会发生哪种并发症，而从主观过错看，并发症并非完全不可避免，有的可以避免，有的难以避免。比如，糖尿病并发冠心病、高血压、视力损害往往是难以避免的，对糖尿病进行积极妥当的诊疗可以延缓、推迟并发症的出现；产妇分娩过程中发生子宫破裂则往往有其临床先兆，如果及时采取干预措施则有可能避免子宫破裂的发生。易言之，对原发病进行规范处理，在出现发生并发症的先兆时及时处置，是排除医疗过失的主要依据。如果医方对原发病的诊断、治疗并无不当，通常应当认为医务人员对并发症的出现及其引起的病人身体损害结果没有医疗过失。具体来看，可从以下几个环节考察并发症的医疗过错问题。

第一，医务人员是否尽到风险预见义务、告知义务、回避义务。一般情况下并发症是可以预见的，如食管癌切除与食管胃吻合术后可能会发生吻合口瘘，甲状腺手术可能会损伤喉返神经等。先有预见，才能有告知，并主动采取措施避免风险结果的出现，如果应当预见而未能预见到并发症的发生，则难以尽到风险告知义务和风险结果回避责任，应当认定为存在医疗过失。有的并发症具有相对可避免性，此时采取相应的诊疗措施以尽可能避免并发症发生是医务人员的医疗注意义务。例如，手术中发现甲状腺肿物与周围神经粘连严重，则在切除肿物时就要小心操作，尽量避免损伤神经；在剖宫产手术中容易发生输尿管损伤的并发症，手术医生应注意谨慎操作。

第二，医务人员是否尽到对并发症的及时诊治义务。并发症发生后医务人员应采取积极治疗措施防止损害后果的扩大，如果没有及时发现，或处理不当，则存在医疗过失并承担相应过错责任。

第三，虽然医务人员对并发症予以充分注意并按照技术规范采取预防措施，但仍难以避免出现并发症及相关不良后果的，不能认为医疗方存在过失。

三　特异体质与医疗过失

《最高人民法院关于审理医疗损害责任纠纷案件适用法律若干问题的解释》第16条规定，对医疗机构及其医务人员的过错，可以综合考虑患者个体差异等因素。考虑个体差异，是指在诊疗和判断医疗过失时要根据患者年龄、体重、身高、既往病史、体质等特殊情形做出合理的结论，不能生搬硬套医疗技术规则。

特异体质是个体差异的极端表现和特别的病理状态，一般多是指由先天性和遗传因素造成的具有明显个体差异的病变状态和体质，它包括先天性、遗传性的生理缺陷，先天性、遗传性疾病，过敏反应，原发性免疫缺陷等。[①] 极个别人由于生理上、解剖上的特殊性而形成特异体质，包括渗出性体质、实质性脏器脂肪变性、肝脏功能低下症、胸腺淋巴体质等，患者对某些平常的外来刺激往往产生异常剧烈的病理反应，并迅速诱发严重的人身损害结果，这种敏感性、易感性特异性体质发生率很低，实践中常常是在特异体质的基础上发生了人身损害或伤亡后通过专家鉴定或尸检才确认病人是这种体质，但通过正常的病史调查、体格检查难以发现。因此，医务人员对于就诊人是特异性体质难以预见，对由此体质引发的结果在客观上难以避免，故不存在医疗过失，如果能够确定医疗过程中发生的不良结果是特异体质所致，则医疗方不应承担赔偿责任。

四 药物副作用与医疗过失

按照用药的意图不同，药物作用可分为治疗作用和副作用（或称不良反应）两类，药物针对治疗的要求而发生的作用为主作用或治疗作用，但并非为治疗所要求的作用称为副作用，而副作用中又包括药物的毒性反应、过敏反应、二重感染等。[②]

药物一方面可以产生有利于疾病痊愈的治疗作用，另一方面也能产生人体不利反应甚至损害身体。药物的副作用可称为药品本身固有的、除主要的积极的治疗疾病的作用之外，对人体的不良刺激和在人体内产生的不良反应。如果副作用不太显著，可不影响治疗作用，若副作用比较严重，则会妨碍药物的治疗作用，不利于实现临床治疗目标。

一般而言，药物的副作用在药物投入临床应用时已经被生产者所认识

---

① 王琦主编《中医体质学》，中国医药科技出版社，1995，第159～161页。
② 陈巍：《常用药物的副作用及其处理》，山东科学技术出版社，1981，第1～2页。

并在使用说明书中有明确提示，由于药物的适用具有选择的余地，这种情况下医务人员应避免选用副作用严重的药物，尤其是该副作用会对患者既有疾患不利的情况下要避免使用该药物，在别无选择的情况下应告知患方药物的毒副作用。如果医务人员选用药物不当或疏于履行告知义务致患方不知及时停用该药造成不可逆的人体损害，则应认定医疗方存在医疗过失。临床诊疗中，仔细询问患者既往的药物过敏史，是避免该类损害的重要路径。

要注意的是，"药品的缺陷"与药物副作用并非同义。任何药物都有副作用，因而不能把有副作用的药品均称为"有缺陷的药品"；否则，任何药品都成缺陷药品了。"药品的缺陷"应当是指没有发现的、在明示的副作用之外的治疗作用方面的缺陷和不足。根据《民法典》第1223条的规定，由药品的缺陷造成患者损害的，患者可以向药品上市许可持有人、生产者、医疗机构请求赔偿。应当注意的是，缺陷药品的损害赔偿对上市许可持有人、生产者实行严格责任，对使用缺陷药品的医疗方而言，如果其药品进货渠道合法，即视为不存在过失，其即使先对患者承担了赔偿责任，但此后有权向负有责任的药品上市许可持有人、生产者追偿，因此其承担的仍然是过错责任。当然，如果药物的毒副作用在药物投入使用时尚未被发现，在药品使用说明中并无提及，尔后被认定为药品缺陷的，则对该副作用所致人身损害，医疗方不存在过失。

五 医师实施紧急救助与医疗过失的研判

《民法典》第184条规定，因自愿实施紧急救助行为造成受助人损害的，救助人不承担民事责任。该规定对紧急救助者给予免责的法律保护，以避免出现"英雄流血又流泪"的背离见义勇为社会公德的现象。但是，对专业医师是否适用该免责规定向来存在争议。有一种观点认为，医师具有专业医疗救治知识，如果救助措施不当造成患者损害的，应当承担相应赔偿责任。这一观点显然并不符合上述《民法典》鼓励紧急救助的立法本意。社会生活中发生的紧急医疗救助需求具有突发性、随机性，而普通民众普遍缺乏急救技能，因此，医师是能够提供专业化紧急医疗救助的主体力量。2021年新修订的《医师法》第27条第3款规定，国家鼓励医师积极参与公共交通工具等公共场所急救服务，医师因自愿实施急救造成受助人损害的，不承担民事责任。这一规定实现了与《民法典》上述规定的衔接，使医师免除院外急救的后顾之忧，倡导、鼓励医师实施院外急救，将会使更多突发疾病的患者获得有效救治，架构起对民众生命健康安全的立体化、全方位保护，意义深远。医师院外急救免责，意味着这里既不适用过错责任原则，也不适用公平责任原则，而是"无责原则"。同时，医师院外实施急救，不受医师执业范围限制，也无须取得家属同意；否则，将削弱医师院外急救免责的立法价值。对医师实施院外急救或公共场所急救实行免责的另一个方面的原因是，院外急救普遍存在紧迫性与随机性，往往根本无从了解患者的既往病史，没有条件做系统的检查，又缺乏必要的医疗器材，故做出诊疗判断的临床资料不完善，但又必须立即实行救治，急救效果难以保证，发生被救助者人身损伤的风险相对较大。另外，从心理学上看，由于医疗方精神高度紧张，会使医疗技术的发挥、运用受到制约，这种情况下适用通常标准判断有无过失就过于严苛，不尽合理，故应适用较宽松的标准。也许一种伤病在正常的诊治过程中很容易得到正确诊治，但是在公共场所紧急救治时就可能难以正确诊治，如果用正常状态下的过失衡量标准来判断紧急救助时的医师有无过失，显然不妥，违背了过失的基本法理。

当然，这里要区别医师院外急救与医疗场所内的急救，在医疗场所内的急救要遵循诊疗规范，并非当然免责。《民法典》第1224条规定，患者在诊疗活动中虽然受到损害，但医务人员在抢救生命垂危的患者等紧急情况下已经尽到合理诊疗义务的，医疗机构不承担赔偿责任。这就是说，该情形下要适用"合理诊疗义务"的医疗过失研判标准。

应当注意的是，《医师法》第27条第1款规定，对需要紧急救治的患者，医师应当采取紧急措施进行诊治，不得拒绝急救处置。那么，该规定是否适用于医师院外急救？易言之，院外急救是否属于医师的法律义务？法学界既往有两种观点的争论：一种观点认为，院外急救是医师的职业方面的道德义务；另一观点认为，院外急救是医师的法定义务。笔者认为，有法律义务必有法律责任，既然《医师法》规定医师院外急救免责，那么，合乎法律逻辑的结论就应当是，院外急救并非医师的法定义务。同时，如果认为院外急救是医师的职业道德义务，也难以实现逻辑自洽，因为《医师法》第23条已将恪守职业道德设定为医师的执业义务。应当认为，《医师法》第27条第1款是对医师执业活动的规范，属于该第3章"执业规则"的范畴，适用于在医师执业时间、执业场所的执业活动，并不适用于医师实施院外急救的情形。总之，实施院外急救并不能理解为医师的法定义务，如果医师实施院外急救中造成受助人损害，医师不承担民事责任；如果医师没有实施院外急救，也不能追究医师的法律责任。

急救法律责任立法的完善是依法治国的要求，也是完善我国卫生法治的需要。① 如果认为对作为旁观者的非医务人员设定医疗救助义务缺乏充分依据，但医师在院外拒绝急救则与《医师法》第3条"医师应当坚持人民至上、生命至上，发扬人道主义精神，弘扬敬佑生命、救死扶伤、甘于奉献、大爱无疆的崇高职业精神"的规定相违背。由此，尽管赋予医师院外急救免责权是保护公民生命健康权益立法的一大进步，但不无进一步完善的必要，即对医师明确设定院外急救义务会更利于加强对民众生命健康安全法律保护的力度，只不过这里需要对义务与责任的对应关系作出调整，仍然对院外急救医师实行免责的法律宽宥。

六 疗效与医疗过失

疗效是指医疗行为对于控制病情、治疗疾病的客观作用或治疗效果，疗效存在有效、无效、反效三种情形：疾病好转、症状减轻属于有效；病情不见好转，但也没有发展和恶化属于无效；病越治越重，或"治出了新病"，属于反效。医疗纠纷往往是由反效、无效医疗行为引起，但不能认为凡是反效、无效的医疗行为就一定是有过错的医疗行为，因为判断医疗行为是否存在过错的依据是医疗行为是否规范，而不是治疗效果。导致诊疗反效、无效可能有其客观原因，如病情复杂、时间紧迫等，而医务人员的医疗处置并无过错。客观上有效的医疗行为不易酿成纠纷，但不一定就不存在医疗过失。

---

① 郭飞飞：《美国急救医疗法律责任及其对我国的启示》，《中国卫生法制》2017年第1期。

七　患方医疗诉求与医疗过失判定

医疗过程中实行医患沟通是必要的，医疗方要依法维护患者的知情同意权。医疗方对患方的医疗诉求要区别对待。其一，病人找医生给自己看病，实际上就是对医生依照病情、根据医学理论进行医疗处置的许可和同意，至于怎么治疗，在多种方案可供选择的情况下，医生应征求病人的意见，如果该患方的医疗诉求符合诊疗技术规范且不违背伦理道德，医疗方据此实施诊疗，不存在医疗过失。

其二，如果医疗方实施了病人要求的违背诊疗技术规范和伦理道德的医疗诉求，仍然构成医疗过错，因为医方有依法行医的义务，但绝无违反医学原理（实质上肯定违法）施治的权利，对患方提出的不合乎诊疗规范的要求，医方应予以拒绝，不应出于一时心软或碍于情面迁就患方的不当要求。例如，患者脚趾受伤后感染，自带青霉素让个体诊所的护士注射，并以一周前打过青霉素没事为由拒绝护士的皮试要求，护士未做皮试注射了青霉素，注射一分钟后病人出现青霉素过敏反应，抢救无效死亡。本例中护士未坚持做皮试，存在医疗过失，虽有患方的恳求，但难辞法律责任。更值得注意的是，对身患绝症、极其痛苦的病人施行"安乐死"或帮助其自杀在我国司法实践中按故意杀人罪定性处理，即使病人或家属提出该类要求，医护人员也应坚决拒绝。

八　医疗过失与医疗中的故意侵害

区分医疗行为人对医疗损害结果的主观过错究竟是过失还是故意，主要看其对医疗损害结果的心态，前者是由疏忽大意或过于自信造成医疗损害，后者则是明知其违规医疗行为会造成医疗损害结果，但仍然希望或放任该结果发生。医疗损害赔偿一般是指由医务人员的医疗过失行为造成就诊人的健康损害，即医疗方的主观过错属于过失而不是故意，但是，医疗过程中也发生过医务人员借行医之机恶意、故意损害病人身体的行为，这种性质恶劣的故意侵害行为可能触犯刑事法律构成故意犯罪。例如，中学生李某因左小腿骨折住院手术，手术前主管医生暗示病人家属送"红包"，但家属没有满足该要求，该医生遂扬言"老子不出血就让他儿子成个拐子"，手术后骨折部位形成畸形，此时该医生仍然不予及时纠正，而家属既没有发现骨折部位异常，也没"领会"该医生索要红包的意图，拖延时日良久，致使该病人留下终身残疾。后查明，在手术中该医生故意不给患者正确复位，存在直接伤害的故意，且手术后对骨折部位畸形采取听之任之的放任不管的间接故意心态，属于故意伤害行为。又如，医疗方明知患者并没有某种疾患，或没有手术指征，却诱骗患者并对其实施手术治疗，则属于典型的故意侵害。

九　作为型医疗过失与不作为型医疗过失

法学上的违法行为分为两大类型：一是作为，一是不作为。

（一）作为型医疗过失

所谓作为，是指行为人以积极的外部动作去实施为法律所禁止的有害社会的行为，即不该为而为之、不该这样做却这样做。所谓作为型医疗过失，是指医务人员实施违规医疗作为所表现出的主观过失，包括开错刀、发错药、输错血、打错针等。

（二）不作为型医疗过失

法学上的不作为是指行为人有义务实施某一行为，但却消极地不去实施，从而导致某种不良后果。通俗地讲，不作为是应为、该为而不为。行为人的作为义务的根据或来源有以下四种：一是法律规定的特定义务，如《民法典》规定夫妻有相互扶养的义务；二是职业与职务决定的实施职务范围内的行为的义务，如汽车司机有保证其所驾驶汽车无安全隐患的义务；三是因实施特定法律行为而产生的义务，如自愿收养孤儿而对被收养人的监护义务，自愿受雇当保姆而产生的看护小孩使其免受意外伤害之义务；四是因行为人实施的行为使某种法益处于危险状态时，该行为人应承担的防止损害结果发生的义务，如驾驶机动车撞伤行人而产生的救助伤者的义务。

医务人员的作为义务来源于法定的职业注意义务。不作为型医疗过失是指医务人员消极地不予履行其应当实行的医疗行为造成病人身体损害所表现出的过失。

常见的不作为型医疗过失有值班时擅自离岗，使就诊病人失去及时诊治时机；不按规定询问病史、检查病人身体导致漏诊；病人病情变化时不予诊治、处理；违背技术操作规则省略必要的操作步骤，如手术中切除病变组织时不进行必要的探查、分离而损伤周围器官；对急、危、重症病人可以确诊或已经确诊，但借故拒绝收治，或接诊后未做必要处理径行转院，致使病人丧失抢救时机；等等。

当然，具体医疗损害案件中医务人员可能既存在违规作为的医疗过失，又存在违规不作为的医疗过失。

十　过于自信的医疗过失与疏忽大意的医疗过失示例

医疗注意义务以预见义务为前提，以损害结果避免义务为重心。已经预见到自己的违规医疗行为可能会引发病人身体损害结果，但相信凭借自己的技术、经验能够避免该结果发生却未能避免的，是过于自信的医疗过失。应当能预见到自己实施的违规医疗行为会引发医疗损害结果，因疏忽大意未能预见而致使发生损害结果的，属疏忽大意的医疗过失。

（一）过于自信的医疗过失

例如，普外科副主任医师拟对肝血管瘤患者实施右半肝切除手术，手术前，家属询问是否要备血，该医师认为不用备血，在全麻下行右半肝切除手术的过程中，切除肝实质前，在场的上级医师提示该主刀医师应先阻断肝门，主刀医师认为根据其在上级医院学习的新技术，做这种手术可不用阻断肝门，在未阻断肝门的情况下切除肝实质时切口发生大出血，止不住，慌忙让家属临时买血，又重新阻断肝门，此过程费时较长，致使病人出血3500毫升左右，最后病人因脑缺血、缺氧时间长，大脑遭受严重损害。在这个病例中，主刀大夫的过错就是典型的过于自信的过失，轻信病人不会大出血，认为术前不用备血，轻信切肝前不用阻断肝门就可顺利完成切肝的操作，结果事与愿违，发生了大出血和比较严重的医疗后果。

（二）疏忽大意的医疗过失

例如，某医院产科给产妇实施剖宫产，手术过程顺利，母子平安，依次缝合子宫壁、腹膜、腹肌，在缝合腹膜前按操作常规应由器械士清点纱布、缝合针等手术器械、用品，但主刀大夫认为手术中使用过的物品都随时拿出，孕妇腹腔内并无遗留物，让器械护士不用清点，抓紧时间去清洗手术器械，后面还有手术，主刀大夫与器械护士都忽略、疏忽了手术过程中缝合针使用的具体数目，没有仔细清点。产妇住院期间，手术部位一直隐隐作痛，经消炎、止痛处理，效果欠佳，腹痛时隐时现、时轻时重，一直持续数年之久，经多方诊治未能根治，病人为此支出数十万元医疗、交通费用，遭受巨大痛苦，并因夫妻生活障碍致夫妻感情危机。后经 CT 拍片检查，发现盆腔内有一细小、弧形高密度异物，经剖腹探查取出一缝合针。本病例中，主刀大夫及器械护士应该预见到，在关腹前不按操作规则清点手术用品，可能会遗留手术用品于病人体内，但却没有预见到，是疏忽大意的过失。

十一　过度医疗的医疗过错研判

（一）过度医疗的概念及立法演变

过度医疗是指不必要的诊断和治疗，是医疗方通过自己的优势地位以及社会对医方的依赖而对患者的诊疗过程进行过多的控制而发生的医疗行为。在医疗保险覆盖范围内的过度医疗会侵蚀医保基金，造成医保基金这一有限医疗资源的浪费，妨碍健康中国战略的推行，同时也会造成患者自费医疗费用的增加，并可因其对诊疗常规的违反而损害患者的健康权益。

自 2020 年 6 月 1 日起施行的《中华人民共和国基本医疗卫生与健康促进法》第 54 条规定，医疗卫生人员应当遵循医学科学规律，遵守有关临床诊疗技术规范和各项操作规范以及医学伦理规范，使用适宜技术和药物，合理诊疗，因病施治，不得对患者实施过度医疗。2021 年 1 月开始实施的《民法典》第 1227 条规定，医疗机构及其医务人员不得违反诊疗规范实施不必要的检查。这里没有对过度检查之外的其他过度医疗（过度用药、过度手术等）予以明确禁止。但是，自 2022 年 3 月 1 日开始实施的新修订的《医师法》第 31 条规定，医师不得利用职务之便，索要、非法收受财物或者牟取其他不正当利益，不得对患者实施不必要的检查、治疗。可见，我国对过度医疗的立法禁止日益明确。

（二）过度医疗的判断标准

属于过度医疗范围的过度检查被规定在《民法典》第7编侵权责任编之医疗损害责任一章中，这为以侵权责任而不是以违约责任来确定过度医疗的责任提供了法律依据。可以认为，医疗过错可分为医疗不到位的过错与医疗越位、医疗过度的过错。那么，随之就产生了过度医疗的判断标准或过度医疗的过错认定标准问题。

较之其他医疗过错的认定标准，过度医疗的过错认定标准可能具有更多的弹性，前者主要以具有刚性约束力的诊疗规范为依据，后者则应较多地、适当地考量患者的具体求医需求。根据《健康促进法》第54条的规定，"合理诊疗、因病施治"是衡量医疗是否过度的原则性要求，而《民法典》第1227条、《医师法》第31条显然着重从"不必要"的角度界定医疗是否过度。可见，必要性、合理性应当是探讨医疗是否过度的基础。从医疗服务的一般过程来看，诊疗是围绕患者方的医疗需求而展开的，患者方的医疗需求取决于病情、医保支付政策、医疗费用自行承担能力等因素，其中也包含着患者的特殊医疗要求。面对同样的疾患，不同职业、不同年龄、不同文化层次的患者的医疗诉求会存在较大差异。例如，医疗美容的求美者的医疗要求各不相同，舞蹈演员对肢体的形态与功能的康复要求更高，钢琴家对手指功能的要求更高，歌唱家对嗓音的恢复要求较高。具体医疗措施的决定与实施，要通过医患双方的充分沟通来决定，在医患沟通过程中，医疗方应当遵照《民法典》第1219条的规定向患者方说明病情、医疗措施、医疗风险、替代医疗方案等情况，并取得明确同意，在这一沟通过程中医疗方当然也要遵守诊疗常规，如实告知患者方医疗措施的安全性与风险、医疗预期效果与医疗费用，医疗方要充任患者方生命健康安全的"把关者""守护人"的职责，既要尽到《民法典》第1221条规定的"与当时的医疗水平相应的诊疗义务"，又不能违背《民法典》第1227条的规定实施违反诊疗规范的不必要的检查，当然也不得违反《健康促进法》《医师法》实施不合理、不必要的诊疗。易言之，患者医疗费用支付能力的差异、病情的多样性与复杂性、可供选择的医疗方案的多样性、各医疗机构整体诊疗水平的差距、施治医师专业习惯与经验的倾向，都是影响医疗决策的客观因素，很难制定统一、通用的判定过度检查与过度医疗的"诊疗规范"。医患共同决策（shared decision - making，SDM）是一种鼓励医生与患者共同参与的新兴决策模式，是指将患者纳入医疗决策过程中，医生与患者就某一医疗决策之多种选择的利弊进行充分沟通，结合患者个人喜好、社会与文化背景以及教育与经济水平等多方面因素，最终医患双方做出共同决策，这种新兴决策模式对于提高医疗质量、增加医患互信、改善患者治疗依从性和满意度具有重要价值。① 疾病应当如何诊治，既受限于刚性的医疗技术规范与医保政策，也受限于柔性的患者需求，允许医患约定，但是否过度医疗，医患沟通与约定是基本依据。因此，应当认为，应当以弹性的标准判断是否过度医疗以及是否有医疗过失，在符合最基本的诊疗技术常规的基础上，允许医患双方通过医患沟通协商确定医疗行为的介入程度和范围，超越双方商定的医疗介入程度和范围的，属于过度检查、过度医疗。

总之，对过度检查、过度医疗及其医疗过错的研判，要区别不同情形对待并特别审慎。

值得注意的是，过度医疗行为人对患者的身体损害的主观过错并不一定局限于过失，《民法典》第1218条中的"过错"并非限于"过失"。例如，医方为谋取经济利益虚构疾病或夸大疾病的严重程度而实施过度医疗的，对过度医疗造成患者身体损害的显然属于故意侵害。与此相关联的问题是，在医方垄断信息优势且患者因医保而对医疗费用敏感度下降的情况下，寄希望于患者以个体消费者身份去限制供方（医疗方）的行为是远远不够的，完善的医疗保险制度一定程度上掩盖了部分过度医疗的事实。

---

① 史文松、胡玉缀、常国涛等：《临床指南和个体化治疗辩证应用》，《医学与哲学》2021年第18期。

第五章
医疗侵权的因果关系

第一节　因果关系的基本理论

一　哲学上因果关系的基本理论

哲学作为世界观和方法论，对具体的自然科学和社会科学研究具有重要指导意义。因果关系是哲学上的一个重要范畴。从哲学上来说，任何事物或现象都由其他事物或现象引起，同时，它自己也必然引起另一些事物或现象，事物或现象之间的这种引起与被引起的关系，就是因果关系。①一种现象在一定条件下引起另一种现象，引起其他现象的现象是原因，被引起的现象是结果，前者与后者的联系，就是因果关系。

哲学上把因果关系划分为必然因果关系与偶然因果关系。必然性是指事物联系和发展中一定要发生的、不可避免的趋势，一现象和另一现象之间的联系是固定不变和有规律性的，属必然性因果关系。偶然性是指事物联系和发展中不确定的趋向，一现象和另一现象之间的联系是随机的、无规律的，则属于偶然性因果关系。内因外因理论认为，内因是事物变化的原因和根据，外因是变化的条件。该理论是哲学上研究事物发展变化的因果规律所使用的概念和范畴，是在客观上的事实联系及事实因果关系的基础上对因果关系所做的两种不同性质的划分。

----

① 吴倬：《马克思主义哲学导论》，当代中国出版社，2002，第137页。

哲学上的必然与偶然因果关系其实是对立统一的辩证关系。必然与偶然是事物发展的两种不同趋向，其产生的原因及在事物发展中的作用不同，因而是对立的，而其统一则表现为，必然性总是通过大量的偶然性表现出来，没有脱离偶然性的纯粹必然性，偶然性是必然性的表现形式和必要补充，偶然性背后隐藏着必然性并受其制约，没有脱离必然性的纯粹偶然性；必然性和偶然性可以在一定条件下互相转化。

对"外因是变化的条件，内因是变化的根据"不能作绝对化、模式化的理解，内因外因的作用只有在特定情形、时空范围和角度下才能恰当定位，无论内因的作用还是外因的作用、决定的还是非决定的作用，没有简单的和固定不变的模式。内因是变化的根据，但变化走向何处，则不是单纯由内因能够决定的，它取决于内外因的互动，其中外因有一定的作用空间。可以说，外因的价值至少体现为，其一，它是不可或缺的必要条件；其二，其有时可以决定事物发展的进程与结果。内因奠定发展变化的可能性，外因提供发展变化的现实性。根据"具体情况具体分析"的辩证唯物主义的基本观点，原因和条件确有区别，而条件也划分为伴随条件和必要条件，前者对事件的发生无直接影响，如时间、地点等；后者是某种事件的发生不可缺少的条件，没有它，事件就不会发生。同时，原因和条件的区别是相对的，其区别只有在具体场合才有意义。凡加入事物的发展过程而成为促使某种现象发生的必要条件均是原因。

二　法学因果关系与哲学因果关系的区别

任何一门学科都不可能也无必要研究所有的因果关系，而只能根据自己的研究对象与任务确定自己所要研究的因果关系。法学上研究因果关系，关注的原因是某一行为，关注的结果是某种不良结果，即研究某一行为与某一不良结果间的因果关系，目的是为判定法律责任提供客观根据，避免毫无限度地进行法律追究。

对法学因果关系是否划分为必然性因果关系与偶然性因果关系、法学意义上的原因是否划分为内因和外因，学界多有争论。首先，哲学与具体学科间是普遍性和特殊性的关系，从接受哲学因果关系对法学因果关系指导的角度看，显然不能否定偶然性因果关系及外因与结果间的因果关系在法学上存在的合理性与必然性。其次，在法学上对因果关系进行必然与偶然、原因与条件（或内因与外因）的区分，有可能偏离研究法学因果关系之基本目的。法学上因果关系是对哲学上的事实联系或事实因果关系加以借鉴基础上的灵活运用。

哲学上的事实的联系、事实的因果关系是一种纯客观的、自然的联系。出于明确法律上的行为与结果的关联性的需要，法学上的因果关系要依据一定的标准，在造成某一结果的诸多关联事实中确定具有法律意义的因果关系，要纳入评判视野的对象主要是行为人的行为和特定结果之间的联系。因此，法学上的因果关系本身是对事实联系和事实因果关系进行价值判断基础上的法律上的联系。双层因果关系理论把法学上的因果关系划分为事实因果关系和法律因果关系，事实因果关系的评价须确定行为与结果之间存在必要条件关系，以"有 A 才有 B"的公式进行认定。法律上确定因果关系是为了奠定法律责任的客观根据，它既是行为与结果之间的一种客观存在的事实因果关系，又是为法律所要求的法律因果关系，是事实因果关系与法律因果关系的统一，事实因果关系是法律因果关系的基础，法律因果关系则是事实因果关系的价值体现。在事实因果关系的基础上，违法行为与损害结果存在"必要条件关系"的联系，即被认为存在法律上的因果关系，但法律因果关系并不关注行为人的该行为与危害结果的生成之间的联系是否符合规律、是否具有普遍性，只要某一行为在逻辑与事实上与危害结果存在"必要条件"联系，无论距离远近、作用大小，都应将其作为事实原因而纳入法律因果关系之"因"的范围，因为不管是以必然还是偶然的方式实现，不管该行为是内因还是外因，"已经的实然"已证明了其间因果关系的客观存在，已经可以满足法律禁止危害社会行为的实施和在社会危害结果发生后追究行为人责任的需要，此时，再进行必然与偶然、原因与条件、内因与外因的区分已无法律价值和必要。在这一点上，法律因果关系与自然科学中的"必然性因果法则"具有显著的差异和不同，后者研究的是内在的、必然的、规律性的因果联系，而法律因果关系则具有条件性、具体性的特征，未必具有规律性，或者说，根本没有规律性。有论著指出，在刑事案件中，危害行为能引起什么样的危害后果，没有一个固定不变的模式，因此，查明因果关系时，一定要从实施危害行为的时间、地点、条件等具体情况出发作具体分析。① 还有著述认为，在理论和实践中研究行为与危害结果的因果关系，必须认真研究行为本身的实际性质、行为时的具体条件以及对危害结果之发生所起的作用。② 可见，法律因果关系与自然科学的"必然性因果法则"具有本质差别。生活常识告诉我们，因由不同的事实因素（环境、背景等），同样的危害行为也许会引起某一危害结果，也许会引起另一危害结果，也许不会引起任何危害结果，但一定要认为只有其间的"必然性因果法则"性的联系才是法律上的因果关系，显然难以令人信服和接受。法律中的因果关系只能是必然性和偶然性的统一，没有离开偶然性的纯粹必然性，也没有离开必然性的纯粹偶然性。可见，在法律因果关系上划分必然性、偶然性及内因、外因，必然导致不能全面完整地认识法律上的某一行为与某一结果的因果关系，不能对行为与结果的原因力加以正确的判断。比如，常人打人一拳一般不会致人死亡，但假如被打击者患有严重的心脏疾病而死亡，则打人一拳的行为与死亡之间就存在因果关系，在偶然性中体现着必然性，或曰这里的必然性以偶然性的范式表现出来。又如，医师对患者使用的药品本身并不会致人死亡，但在急救患者时该药品使用不及时，没有起到应有的作用，结果患者因病情没有得到及时控制而死亡，则可认为用药不及时的医疗过错行为是患者死亡结果的决定性因素和原因，决定了救治的最终进程和结果，而原发疾患则成为条件。某一危害行为一般情况下不会导致某危害后果，但在特定条件下（如实际案件中）其导致某危害结果则属必然。因此，摒弃对法律因果关系之必然与偶然、内因与外因之争，才能全面把握医疗侵权的因果关系。

在司法实践中处理具体案件时，则有必要根据具体事实，判定危害行为与危害结果间的因果关系及其原因力大小。

必然性和偶然性以及内因和外因的争论，是机械性地把哲学上因果关系理论套用在法律因果关系上，没有把法律因果关系和事实联系以及事实因果关系区别对待，完全根据事实因果关系的特点和性质来说明法律因果

---

① 王作富、黄京平：《刑法》（21 世纪法学系列教材），中国人民大学出版社，2011，第 55 页。

② 高铭暄主编《刑法学原理》（第一卷），中国人民大学出版社，1993，第 574 页。

关系，将造成认识上的局限，会导致不能全面完整认识危害行为与危害结果的因果关系，或者不能对危害行为与危害结果的原因力加以正确判断，导致法律适用的困惑和混乱。如果一定要在法律上对内因、外因加以区分，则可以认为驱动违规行为人的主观意志是法律因果关系原因上的内因，而在主观过错支配下被利用的"事实联系或事实因果关系"则是条件和外因。行为人主动积极地利用事实因果关系，或放任事实因果关系的发展，成就了行为与结果之间的因果关系，行为人的主观意志通过对外部的事实联系及事实因果关系的支配而使行为与危害结果之间具有法律上的意义。在这个意义上，如果没有行为人主观意志这一内因的驱动，只有事实的联系或因果关系，行为人的行为便不会被纳入法律评价的范围。

那么，进一步的问题就是以什么为标准和依据认为行为与危害结果之间具有法律的因果关系。随着理论的推演和进化，逐渐形成了"相当因果关系说"。该理论中的"相当性"的确定依据是其核心，围绕"相当性"，出现了主观相当因果关系说、客观相当因果关系说、折中的相当因果关系说。主观说认为对因果关系的判断，以行为人主观上能否认识行为与危害结果之相当性为依据；而客观说则以社会一般人的经验考察行为人的行为与危害结果之相当性；折中说主张立法者及司法者应立于社会一般人的经验以及个人的特殊情况进行评判。法律因果关系的意义和特征表现为，它是以客观存在的事实为评判的基础并贯彻主客观相统一的原则，依据一定的划一的标准来确定因果关系的"相当性"，立法者和司法者均不能对法律因果关系加以随意的主观判断，应当权衡考虑社会的法益保护和行为人的权利保障问题，往往要考察社会一般人的经验，又结合行为人个人的利益，进行因果关系的判断。法律因果关系"相当性"问题，首先由立法者加以主观界定，然后通过司法者的再次主观判定来完成和实现。

第二节 医疗侵权的因果关系

探讨医疗损害因果关系，不应从病理学、法医学的角度去寻找导致病人人身损害的原因，而应当把原因集中在违规医疗行为上，病理学、法医学上的原因仅仅是判断医疗损害因果关系的医学基础。

一　从医疗损害结果的形成机制全面把握其因果关系

医疗侵权损害结果可通过四种机制形成。

(一)　过错医疗行为直接损害人体

手术中操作粗暴损害周围脏器,手术部位错误误切健康组织均属于这类情况。该种情况下的因果关系比较直观,容易认定。

(二)　"反效"医疗行为与原发病形成合力共同致人体损害

在误诊的情况下,医疗行为与治疗需要相反而加重病情,医疗行为与原发病共同造成某人身损害结果。譬如,病人是冠心病、心肌梗死致心力衰竭和心源性休克,医务人员却采取增加血容量、使用增强心肌收缩力的药物,导致病情迅速恶化而心力衰竭死亡。在这种情况下,不能以损害结果与病人本身疾患有关而否认医疗行为与损害结果间存在法律上的因果关系。

(三)　过错医疗行为没有发挥控制疾病的作用,致使原发病发展产生人体损害

这是指医疗行为无效,没有起到应有的作用,致病情自然演变、持续发展和恶化,最终形成就诊人身体损害。值班医务人员脱岗而没有及时诊治患者,诊断偏差致用药无效,均属于该情形。例如,把肺癌误诊为上呼吸道感染,致使患者失去救治时机;又如,急诊室值夜班大夫擅自脱岗,导致脑外伤病人没有得到及时救治而死亡。在这种情况下,医务人员的医疗行为未能起到应有的作用,但不能因为就诊人的身体损害是其本身的病、伤所致而否定无效的医疗行为与病人身体损害间的因果关系。在这类案件中,要结合具体情况具体分析医疗行为对人身损害结果的作用力大小。

(四)　过错医疗行为的效用不力,致使原发病造成患者损害

这是指过错医疗行为对患者原发疾患起到一定的积极效果,但力度和

效用不足以与病情相抗衡，致使原发病没有得到控制而产生人体损害。例如，抢救服毒患者时，没有洗胃以排除毒物，造成患者死亡。对感染患者运用抗生素的种类不对、剂量不够，造成感染中毒性休克等。

在过错医疗行为与原发伤病共同造成医疗人身损害的情况下，过错医疗行为只要是人体损害的必要条件即存在因果关系，在法律上没有必要区分内因与外因，尤其是不能因为人身损害与原发病有关，就否定过错医疗行为之于损害结果的因果关系，其中，第四种情况下容易忽视因果关系的存在。

已经废止的《医疗事故处理办法》第2条规定，本办法所称医疗事故，是指在诊疗护理过程中，因医务人员的诊疗护理过失，直接造成病员死亡、残废、组织器官损伤导致功能障碍。此处的"直接造成"意在强调，只有在过失医护行为与病员人身损害之间存在因果关系时，才能认定为医疗事故，但是，不能把"直接造成"解读为"直接损伤"，以免过于狭隘地理解医疗损害因果关系，前述四种医疗损害形成机制均属于"直接造成"的范围，而"直接损伤"仅属其中的一种。可以认为，这里的"直接造成"的另一层意思是，应把医疗行为介入时已经形成的损害排除在外，把医疗行为介入后由于医学发展水平所限及医务人员技术水平所限而不能避免的必然损害结果也排除在外，以免无限制扩大医务人员的责任范围。《医疗事故处理条例》对因果关系的描述以"过失造成"取代"直接造成"，相比而言显得更为妥当。

二 医疗损害因果关系的偶然性与疫学因果关系理论

必然性总是通过大量的偶然性表现出来，没有脱离偶然性的纯粹必然性；偶然性是必然性的表现形式和必要补充，偶然性背后隐藏着必然性并受其制约，没有脱离必然性的纯粹偶然性。过错医疗行为导致人体损害可以是第一种，医疗手段直接导致人体损害，这属于必然、典型的因果关系，但更多的情况下是其余三种情况下的贻误治疗、加重病情或放纵病情自然发展而产生患者身体损害，这是以无规律的、不确定的（甚至是隐蔽的）方式导致人体损害。因此，医疗人身损害多以偶然性因果关系的形式呈现，但其因果关系却同样是客观存在的，对该种情形下因果关系的认定，疫学因果关系理论提供了一定的理论依据。

疫学因果关系理论是出于惩治公害犯罪的刑事政策需要，应对因果过程具有隐蔽性、危害结果具有多因性、因果关系认定难以用已有的科学法则予以证明的公害案件的因果关系的证明而产生的对因果关系进行推定的理论。[①] 在某些领域中，由于人们认识的局限性，难以作出科学意义上的因果判断，但可以盖然性为标准，判断因果关系之存在。疫学的因果关系理论虽然不是通过科学法则直接认定因果关系，但却要求根据疫学上的统计、观察和一系列的判断标准，能够说明该行为对危害结果的发生具有高度的盖然性。因此，该理论适用于在因果关系方面具有多因性、可能性、不确定性的医疗损害因果关系的认定。当然，这要求以一定的医学、药理学、证据学方面的客观依据为基本支撑。

三 医疗损害因果关系中的"多因一果"

医疗损害因果关系总体上可分为一因一果、一因多果、多因一果的因果关系。一因一果、一因多果的因果关系都不难判定，因其不涉及多个原因之间具体责任的划分，比较复杂的是多因一果的因果关系。所谓多因一果，是指多个医务人员先后或同时对同一病人施行了医疗行为，这些医疗行为最终造成了病人的人身损害，可划分为先后介入、同时介入的多因一果。

（一）先后介入型多因一果因果关系

这种情况是指病人先就诊于一个医疗机构或医生，因其医疗行为不当，不仅没治好原发病，反而酿成新的伤病；病人为治疗新的伤病与原发病，又就诊于另一医疗机构、医生，而后者的医疗行为同样存在不当，酿成最终的损害结果。前一不当医疗行为与其直接造成的损害结果间存在因果关系，后一不当医疗行为与最终人身损害之间存在直接因果关系。当然，这里另外涉及先后介入的医疗行为对最终损害结果的原因力大小及各自主观过错的界定。

---

① 庄劲：《论传染病犯罪因果关系的认定——疫学因果关系理论的倡导》，《政法论丛》2003 年第 6 期。

（二）同时介入型多因一果关系

这种情况是指两个或两个以上医务人员在同时给病人进行治疗时都存在过错医疗行为，共同造成病员死亡、伤残等不良后果，两个或多个医疗行为均与损害结果之间存在直接因果关系。这种情况又可称为复合因果关系，区分哪个是主要原因、哪个是次要原因比较困难。例如，产妇周某足月双胎妊娠住某县医院待产，因胎儿偏大，试行自然分娩失败，产妇产道出血较多，急改行剖宫产，取血样交化验室检定血型拟输血。化验室有两名检验师值班，检验师甲亲自操作一遍后，认为血型是 B 型，问另一检验师乙是否再检验一遍以免出错，乙凭经验认为不会把血型检错，就说"就算 B 型吧"，没再检验。产妇输入 B 型全血 400 毫升后出现严重溶血反应，导致急性肾功能衰竭；双胞胎女婴虽然保住了，但产妇则因抢救无效于两个婴儿降生后 7 小时死亡。后法医取死者头发与指甲鉴定其血型是A 型。《医院工作制度》第 28 条"查对制度"规定，血型鉴定和交叉配血试验，两人工作时要"双查双签"，一人工作时要重做一次。在这个事故中，二检验师违反了"双查双签"的规定，致使错定血型，该两名检验师的行为都与产妇死亡的结果之间存在因果关系。

四　医疗不作为的因果关系

在医疗纠纷中常见到医疗方这样抗辩就诊人一方的指责：病人的身体损害不是医务人员的医疗行为造成的，而是其本身固有的原发病造成的，医疗措施与损害结果间不存在因果关系，故医疗方不承担责任。这种说法不能成立。这涉及对不作为行为因果关系的理解问题。

首先应当明确，我们这里所说"因果关系"中的"因"是指违法的、不当的医疗行为，而不是病理学上或法医学上所关注的致病、致残、致死原因，如果把二者混淆了，则可能得出"病人的身体损伤并非医疗行为或医疗措施直接所致、二者之间不存在因果关系"的错误结论。

按照马克思主义哲学的观点，因果性是自然界和社会中现象之间相互联系的一种形式，任何现象的产生都必然有其一定的原因，任何现象同时又都能产生一定的结果。不作为与作为是行为的两种不同方式，都是人的意志的外在表现，都处在客观事物的普遍联系之中，因而既是他因之果，又是他果之因，只不过其在因果关系的特点上存在较大差别而已。在作为的情况下，行为人的积极的行动（借助于某种工具和手段）直接改变客观事物的现状而促使某种结果产生，而在不作为的情况下，则是因为行为人没有实施其应当实施的行为而由其他力量如伤病情的自然力直接引起某种结果出现，如果行为人正当地以作为之方式履行其职责，则该结果是可以被阻止和避免的，故不作为与该结果间存在因果关系。

更进一步看，为什么我们认为不作为同样有原因力？对此，不能从纯物理的角度来观察，而应从社会关系的观点来思考和解释。社会不是由单个人构成的，而是这些个人彼此发生的那些联系和关系的总和。为了保证社会的良性运行和协调发展，必须通过法律和道德等约束力量来规范和调整个人与社会的关系，使每个人的行动都能符合社会良性发展的要求，这就要求人们不仅不能以作为的方式破坏社会关系，也不能以不作为的方式拒不履行法定义务或职务义务。一旦在具体的社会关系中需要某人履行某种作为义务而不履行时，事物就会朝向产生不良结果的方向发展，在这种情况下，不作为无疑是放纵不良结果发生的决定性因素和力量，因为不作为是一种扼制力量，但未能实际发挥其应有的作用，因此，应认定不作为本身就是一种内在的"原因力"。具体到不作为型医疗行为与病人身体损害间的因果关系问题，当然只能作同样的理解。在具体认定违法不作为的医疗行为与人身损害结果间的因果关系时，还应结合病情严重程度、当时的客观条件（病情是否危重、是否有充足的医疗救护设施等）判定不作为的医疗行为究竟有多大原因力。换句话说，就是要弄清楚，如果正当作为，能避免损害的可能性大小。如果不加分析、不加区别，把全部不良结果都归因于医疗方的不作为，也有失公允。

此外，关于医疗损害结果的认定，要注意的是，该损害结果应是通过症状、体征、辅助检查报告等共同证明的客观存在，而不能仅凭病人的自我感觉来确定损害结果，同时评定医疗损害结果一般应当根据治疗终结所形成的结果为准，有的医疗损伤起初似乎很严重，但治疗后可逐渐痊愈，不留后遗症；有的损害当时并不重，但病情迁延难以治愈终致严重的人身损害结果。

第六章
医疗侵权方的责任程度

医疗侵权纠纷的妥当解决，不仅要确定医疗侵权责任的有无，而且要具体界定医疗侵权方责任的大小，医疗侵权方责任的大小又被称为医疗侵权方的责任程度或责任比例，该责任程度不仅决定了民事赔偿的数额而成为医疗侵权纠纷中医患双方争议的焦点之一，而且还可决定医疗侵权方应承担的法律责任的性质。例如，如果医务人员严重不负责任造成就诊人死亡或者严重损害就诊人身体健康，且该医务人员对就诊人死亡或对就诊人身体严重损害承担完全责任、主要责任的，医务人员就涉嫌构成医疗事故罪而被追究刑事责任，但如果医务人员承担次要责任程度以下的责任，一般不会追究其刑事责任。因此，对医疗侵权方的责任程度问题需要专门研究。在医疗侵权因果关系一章之外以专章研究医疗侵权方的责任程度的另一原因是，医疗侵权方的责任程度虽与医疗侵权因果关系存在关联，但其具有不同于因果关系的特定法律含义。

第一节　医疗侵权方责任程度的立法演变述评

近年来，我国先后制定、发布的多个相关规范性文件（司法解释、行政法规、行政规章、行业规则等）对医疗方的责任程度作出了多种规定与表述。

一 《医疗事故处理条例》：在原有疾病外考虑责任程度

2002 年 2 月国务院公布并于 2002 年 9 月 1 日开始施行的《医疗事故处理条例》第 49 条规定，医疗事故赔偿，应当考虑下列三个因素确定赔偿数额：医疗事故等级、医疗过失行为在医疗事故损害后果中的责任程度、医疗事故损害后果与患者原有疾病状况之间的关系。根据该规定，医疗事故等级（由医疗损害后果的严重程度决定）、医疗过失行为在医疗事故损害后果中的责任程度、医疗事故损害后果与患者原有疾病状况之间的关系三者都与赔偿数额有关，但彼此是各自独立和并列的关系，其中，判定医疗过失行为在医疗事故损害后果中的责任程度时显然并不考量患者原有疾病状况对医疗方责任程度的影响，这就严重偏离了医疗损害结果是医疗行为与原有疾病交互作用而形成，是双因一果或多因一果这一医疗损害因果关系的基本特点，同时，该规定忽视了主观过错因素对责任程度的影响。实际上，患者原有疾病状况既关乎客观方面医疗行为与医疗损害结果之间的因果关系或原因力的大小，也与主观上医疗过错的判断相关联。

二 《医疗事故鉴定暂行办法》：从客观方面界定责任程度

2002 年 7 月 19 日卫生部发布并于 2002 年 9 月 1 日实施的《医疗事故鉴定暂行办法》第 35 条规定，医疗事故技术鉴定书应当包括下列主要内容，"……（四）医疗行为是否违反医疗卫生管理法律、行政法规、部门规章和诊疗护理规范、常规；（五）医疗过失行为与人身损害后果之间是否存在因果关系；（六）医疗过失行为在医疗事故损害后果中的责任程度；（七）医疗事故等级……"。《医疗事故鉴定暂行办法》第 36 条规定，专家鉴定组应当综合分析医疗事故过失行为在导致事故损害后果中的作用、患者原有疾病状况等因素，判定医疗过失行为的责任程度。《医疗事故鉴定暂行办法》的上述规定与《医疗事故处理条例》第 49 条的规定明显不同的是，把"医疗过失行为的责任程度"设置为"医疗过失行为在导致事故损害后果中的作用"的上位概念，在判定医疗过失行为的责任程度时既应当考虑医疗过失行为在导致损害后果中的作用，也应考虑患者原有疾病状况等因素，这一规定符合医疗损害因果关系的基本特点，但不难发现，无论是医疗过失行为在导致事故损害后果中的作用，还是患者原有疾病状况，均系客观方面的因素。可见，《医疗事故鉴定暂行办法》显然仍然拘泥于从客观方面来界定医疗过失行为的责任程度，没有考量主观过错因素对医疗过失行为责任程度的影响。

三 《医疗损害解释》：以原因力指代责任程度

2017年12月14日实施的《最高人民法院关于审理医疗损害责任纠纷案件适用法律若干问题的解释》（以下简称《医疗损害解释》）第11条规定，医疗损害鉴定的事项包括"（一）实施诊疗行为有无过错；（二）诊疗行为与损害后果之间是否存在因果关系以及原因力大小；（三）医疗机构是否尽到了说明义务、取得患者或者患者近亲属书面同意的义务；（四）医疗产品是否有缺陷、该缺陷与损害后果之间是否存在因果关系以及原因力的大小；（五）患者损伤残疾程度；（六）患者的护理期、休息期、营养期；（七）其他专门性问题"。全面研读上述《医疗损害解释》可以发现，其中并未在"诊疗行为与损害后果之间是否存在因果关系以及原因力大小"之外要求对"医疗过错在医疗损害中的责任程度"进行鉴定，在医患纠纷法律处理实务中，则随之以"诊疗行为对损害后果的原因力大小"替代"医疗过错在医疗损害中的责任程度"。可见，《医疗损害解释》也是从诊疗行为与损害后果之间原因力大小这一客观方面来界定医疗过错在医疗损害中的责任程度。

四 《医疗纠纷预防和处理条例》：以法律含义不明的"责任程度"取代"原因力"

2018年10月1日实施的国务院颁布的《医疗纠纷预防和处理条例》第36条规定，"医学会、司法鉴定机构作出的医疗损害鉴定意见应当载明并详细论述下列内容：（一）是否存在医疗损害以及损害程度；（二）是否存在医疗过错；（三）医疗过错与医疗损害是否存在因果关系；（四）医疗过错在医疗损害中的责任程度"。上述四方面的内容分别指代损害结果、主观过错、客观因果关系、责任程度，可见，该条例把"医疗过错在医疗损害中的责任程度"列为与医疗过错、医疗损害因果关系之外应另行鉴定的事项，那么，责任程度的含义显然既不同于主观上的医疗过错，也不同于客观上的因果关系，并不再使用"诊疗行为与损害后果之间原因力大小"的立法表述，但并没有明确责任程度是否系对主观医疗过错与客观因果关系进行一体化全面考量的结论。因此，责任程度的法律含义仍然不够明确。

五　中华医学会《医疗损害鉴定规则》：从客观方面界定原因力

中华医学会2021年2月25日印发、自2021年4月1日起施行的《医学会医疗损害鉴定规则（试行）》（以下简称《医疗鉴定规则》）第26条规定，"医疗过错行为造成损害后果的原因力大小可以按照以下几种情形表述：（一）全部原因，即损害后果完全由医疗过错行为造成；（二）主要原因，即损害后果主要由医疗过错行为造成，其他因素起次要作用；（三）同等原因，即损害后果的造成，医疗过错行为和其他因素的作用难以确定主次；（四）次要原因，即损害后果主要由其他因素造成，医疗过错行为起次要作用；（五）轻微原因，即损害后果绝大部分由其他因素造成，医疗过错行为起轻微作用；（六）无因果关系，即损害后果与医疗过错行为无关"。《医疗鉴定规则》偏重于从医疗过错行为与其他因素对医疗损害后果的作用力之比对的角度界定过错医疗行为的原因力，显然也属于单纯从客观方面界定医疗方的责任程度。

总之，前述五个规范性文件对医疗侵权方责任程度的规定与表述各有不同，法律含义也不尽统一，立法上的含糊或歧义会造成认识上的混乱和执法司法上的偏差，不利于医疗方责任程度的科学界定和医疗侵权纠纷的公正处理。

第二节　医疗侵权方责任程度的判定规则

一　过错责任原则下的责任程度当贯彻主客观相统一原则

医疗损害责任划分为三种基本类型，即医疗伦理损害赔偿、医疗技术损害赔偿、医疗用品损害赔偿，其中，医疗用品损害赔偿实行无过错责任或严格责任，而医疗技术损害赔偿与医疗伦理损害赔偿实行过错责任原则。实行无过错责任原则的医疗用品责任的构成并不要求行为人主观上存在过错，缺陷医疗用品与患者损害后果之间存在因果关系即可成为侵权责任，因而缺陷医疗用品对患者损害后果的原因力的大小等同于缺陷医疗用品责任方的责任之大小，从这个角度看，我们可以把《医疗损害解释》第11条之（四）中的"医疗产品缺陷与损害后果之间原因力的大小"理解为医疗用品责任方的责任之大小。《医疗损害解释》对实行严格责任的医疗用品责任以医疗用品缺陷与损害后果之间原因力的大小替代责任程度的大小是没有问题的，但对诊疗过错行为的责任程度与医疗用品责任不加区别地使用相同的表述，明显忽略了后者适用的归责原则是严格责任，前者适用的归责原则是过错责任。根据《民法典》及侵权损害赔偿的基本理论，责令医疗方承担医疗技术损害责任和医疗伦理损害责任的必要条件是，医疗方主观上对医疗损害结果的发生存在医疗过错，医疗过错行为与患者受到的损害结果之间存在因果关系，即贯彻主客观相统一原则确定医疗侵权方的责任，医疗方对其应该或能够预见和避免的损害结果承担责任，医疗方对与其医疗过失行为存在法律上因果关系的损害结果承担责任，二者必须兼备，且二者涵摄的范围必须一致，才能据以确定侵权责任。显然，对实行过错责任原则的医疗技术损害赔偿与医疗伦理损害赔偿，尤其是医疗技术损害责任，医疗行为与患者损害后果存在因果关系尚不能确定医疗方应承担责任，还要求该医疗方对患者的损害结果存在主观过错。同理，医疗行为对损害后果的原因力大小也并不能直接等同于医疗方的责任程度，因为主客观相结合的原则既适用于责任有无的判断，也当然适用于责任程度大小或范围的界定。进而言之，在这种情形下，医疗方责任程度的研判，不仅要关注医疗行为之于损害结果的原因力大小，也要关注行为人对该损害结果主观上是否存在医疗过错，以及该医疗过错本身的强弱程度的差别。

二 因果关系的范围与主观过错的范围并不总是一致

与行为人的过失行为存在因果关系的损害范围与行为人应当或能够预

见和避免的损害结果范围（行为人主观过错所及的损害结果范围）二者可能并不一致，只有过错所及范围与存在因果关系的范围相重叠的部分才是行为人应承担过错责任的范围。比如，医生给患者所开药品的剂量超出了允许剂量，该剂量的药物只会引起较严重的胃肠道不良反应，但不足以致人死亡，但患者却在医生不知的情况下另外又擅自加大服用剂量，结果中毒死亡，那么，从主观过错上看，该医生不可能预见到该患者会私自加大服用剂量和造成患者死亡，其主观过错范围只限于胃肠道反应，患者死亡超出医生的预见范围，即过错所及范围并不包括患者的死亡，不能让该医生对死亡结果承担过错责任。

三　主观过错本身存在大小、强弱的差别

人的主观认知能力的发挥离不开特定的条件，当时的环境、行为主体的身心状态都是制约行为人作出准确判断和正确处置的因素。比如，患者的病情紧急会增加医疗方在短时间内做出正确诊断处理的难度，疑难复杂病例会使医疗方难以作出精准的医疗处置，疲劳会使得医生的应急处理能力下降等。《医疗损害解释》第 16 条规定，对医疗机构及其医务人员的过错，应当依据法律、行政法规、规章以及其他有关诊疗规范进行认定，可以综合考虑患者病情的紧急程度、患者个体差异、当地的医疗水平、医疗机构与医务人员资质等因素。可见，如果患者病情紧急难以获取充分的临床资料，或者患者的病情存在个体差异而超出一般临床思维的范围，接诊医院或医务人员的医疗技术水平有限难以对少见或疑难病症做出正确、及时的诊治，就应当酌情降低医疗过错的程度，甚至应判断为没有明显过错。可见，在医疗过错赔偿中，除了同时存在患者的过错（不遵守医嘱、不配合诊治）而可能以混合过错为由减轻医疗方责任程度的情况之外，医疗方过错程度较弱、较小也是降低其责任比例的正当理由，在确定医疗方责任程度时不能仅仅考量客观因果关系与原因力的大小而置主观过错程度于不顾。

四　医疗行为的原因力不同于医疗方的责任程度

有一种观点认为，过错参与度是对患者全部损失的比例化界定，是被

诉过错行为在损害结果发生中介入的程度或原因力大小，应当以原因力作为过错参与度的确立途径，《医疗损害解释》显然奉行了这一认识，其第11条规定，医疗损害鉴定的事项包括诊疗行为与损害后果之间是否存在因果关系以及原因力大小。除此之外，并未明确要求鉴定"医疗过错在医疗损害中的责任程度"。显然，这里是以原因力大小替代或指代医疗过错在医疗损害中的责任程度。客观方面的原因力与主客观结合下的责任程度存在本质区别。上述规定显然没有区别对待实行过错责任的医疗技术类损害与实行无过错责任的医疗产品损害的责任程度，且违背了医疗方责任程度的判断要遵守主客观相统一的原则。

将原因力视为医疗方的责任程度，用"参与度"进行原因力评定的观点源于日本的"事故寄与度"或"损伤参与度"理论。但是，医疗过错的参与度与事故参与度有明显区别，前者不能机械地照搬后者，理由是交通事故类损害中外来事故因素是直接损伤人体的自然力，但诊疗手段并不一定是损伤人体的自然力。医疗损害因果关系的特殊性表现为，就医者本身都患有疾病，医疗损害结果的产生表现为"多因一果"，是医疗手段对患者疾病的干预与疾病的相互作用的合力共同引起不良结果，医疗手段对患者人体或疾病的干预效果包括无效、反效、有效、直接损伤人体等多种，医疗损害结果的形成机理也相应地分为四种。因此，应当根据该四种情况具体分析过错医疗行为之于医疗损害结果的参与度或责任程度，只有在诊疗手段直接损伤人体的情况下，诊疗手段才是损伤人体的自然力。同时，根据唯物辩证法，内因是事物变化的根本原因和依据，外因是事物变化的条件，外因对于事物的变化永远不会起主导作用，但在原发病与医疗行为二者之间区分内因与外因、根据与条件，应具体问题具体分析，不能一概而论。在医疗侵权纠纷中，因每一个患者都身患疾病，如果把自身本来就患有的疾病理解为导致医疗不良结果的内因或主导因素，把医疗行为一律视为"外因"或"条件"，就会把医疗方责任程度的认定引入歧途。因此，属于客观上原因力范畴的事故寄与度或损伤参与度不能替代主客观统一基础上的责任程度，"交通事故寄与度"理论不宜适用于医疗方责任程度的判断。

五　医疗方责任程度的核心是"避免医疗损害的可能性"

医疗最终结果与医疗损害结果是原发病与医疗行为相互作用的结果，医疗损害赔偿本质上是对医疗过错的介入致使患者失去生存或治愈机会的补偿，原有机会与残留机会的差额才是医疗过错责任的范围，而医疗过错方对该范围内的损失的责任比例或程度，取决于避免该损失的可能性或概率，这才是解决医疗过错方责任程度的核心问题，这需要对当时"实施正当医疗行为"的可能性，以及"正当医疗行为介入的情况下患者康复可能性或康复机会的概率"进行双重考察，才能得出医疗方责任比例的正确结论。诊疗当时"实施正当医疗行为"的可能性，既取决于病情是否复杂、是否紧急这一外在认识条件，也取决于医疗方的技术水平这一内在认知能力，从这个角度也可以得出责任程度是主客观相结合的综合判断的结论。患者的原发病是客观存在的事实，在当时的医疗条件下的预期疗效可以评估，当时实施正当医疗行为（做出正确诊断与治疗、护理）的可能性也可以评估，故避免不良医疗结果的可能性是可以评估的。显然，从医疗手段与原发疾病对患者人体的作用的比对之视角来考量医疗方的责任程度，必然走入认识误区。例如，中华医学会印发的《医疗损害鉴定规则》以医疗过错行为造成损害后果的原因力指代医疗方的责任程度，并以医疗过错行为对损害后果所起的作用为依据来确定原因力，可能脱离医疗损害赔偿的本质。医疗过错行为对损害后果的原因力可以从医学上、病理上或法医学上进行判断，该分析结论可作为评判医疗责任程度的客观基础，但不能直接将其视为医疗方的责任程度。同时，从这个立场出发来研判医疗损害的因果关系，也难以覆盖医疗损害因果关系的多种类型。例如，在医疗方漏诊、误诊、脱岗的情况下，是由原发伤病的自然力造成损害后果，医疗行为并不是造成损害后果的自然原因力，如果从客观的自然力的作用来评说，该过错医疗行为对患者身体损害的自然力为零，由此难道可以把过错医疗行为对医疗损害结果的责任程度评定为零，认定医疗行为与损害无因果关系吗？回答显然是否定的。医疗机构和医务人员的法定职责是治疗伤病，社会对医务人员的基本期待是医方提供的医护服务符合医学原理和诊疗规范，发挥其遏制疾病、促使人体康复的基本作用，假如过错医疗行为没有起到该作用，却任由病情继续恶化，过错医疗方当然难辞过错法律责任。例如，患者因交通事故撞击腹部到医院就诊，因没有外伤痕迹，医院让留院观察，夜间值班护士以患者睡眠为由没有按照常规测量患者血压，次日医师查房发现患者昏迷不醒，紧急测量血压已经测量不出，患者经抢救无效死亡，经法医尸体检验，死亡原因是脾脏破裂出血、出血性休克、多脏器衰竭。该案例中，该医院遵照诊疗常规给予血压检测、发现腹腔内出血、实施脾脏切除手术以止血均并不困难。易言之，该情况下患者得到就诊和保全生命的可能性在目前诊疗技术水平下几乎是百分之百，但医疗方没有严密观察，没有及时发现病情的变化，没能采取干预措施，致使患者死亡。从自然原因力来看，患者是原发创伤致脾脏破裂出血而死亡，过错医疗行为对患者身体损害的自然力为零，但如果由此把过错医疗行为对医疗损害结果的责任程度评定为零，则显然是错误的。该案件中，从"实施正当医疗行为的难度或可能性"，以及"实施该正当医疗行为避免患者死亡的可能性"方面考量，过错医疗行为对该不良结果的"责任程度"应判定为全部责任或完全责任。

总体上看，衡量医疗过错方的责任比例应区别以下三种情况。其一，原发伤病并不存在导致某损害结果的可能性的情况下，衡量医疗过错方的责任比例要避免仅从原因力方面着眼而加重医疗方的责任程度。其二，在原发伤病存在导致某损害结果可能性的情况下，衡量医疗过错方的责任比例，要避免因该原发伤病的原因力因素而无端减轻医疗方的责任程度。其三，如果单独的原因事实（原发病和医疗过失行为）均不能使损害后果发生，医疗过失行为与原有疾病形成协同作用致使损害后果发生的，容易不区别二者的原因力大小一律认定医方承担"同等责任"。总之，牢牢掌握"避免医疗损害的可能性"这一原则，才能对医疗侵权方的责任程度或比例做出科学合理的判断。

第三节　医疗责任保险与医疗侵权责任程度

一　医疗责任保险对责任程度判断的意义

医疗责任保险是指投保人（医疗机构或医务人员）向保险人（保险

公司）交纳保险费，发生被保险人（医疗机构及医务人员）因诊疗护理过失依法应对受害患者承担赔偿责任的保险事故时，该保险公司替代投保人向受害患者支付相应赔偿款项或一并承担相关法律费用的责任保险合同。临床医学在探索中发展，医学发展的过程是不断产生错误、发现错误、纠正错误的过程，临床医疗行为存在特殊的造成就诊人人身损害的风险，这种医疗风险是难以完全避免的客观存在，因此，通过医疗责任保险制度来合理转移与分担医疗风险，对排除外来干扰，公正确定医疗方责任程度和妥善处理医患纠纷具有重要意义。

（一）责任保险促使医患双方理性面对责任程度

面对医疗风险及其引发的医疗损害，医患双方往往存在法律诉求的抵触，医疗方主张医疗风险的客观存在及难以避免而减免赔偿责任，患者方要求依法给予足额赔偿。近年来我国医疗损害索赔额度越来越高，根据对裁判文书网上 2020 年全国法院医疗损害责任纠纷案件的大数据分析，涉案标的额在 100 万元至 500 万元的案件有 687 件，涉案标的额在 500 万元至 1000 万元的案件有 22 件，有 6 个案件的涉案标的额高达 1000 万元以上。① 这势必造成医疗责任主体承担较大的经济压力与工作压力，为此，又产生了医疗方为规避自身可能承担的风险采取过度检查等防御性医疗行为，浪费有限的医疗资源。我国一度通过《医疗事故处理条例》对医疗事故实行"窄范围、低标准"的特殊政策，同时，医疗纠纷的鉴定与裁判机构在确定医疗侵权方责任比例时也往往以医疗风险为由降低该责任比例，试图以此体现对医疗方的宽容，本质上医疗风险由患者方负担，但这种政策思路不利于对不负责任的医务人员和医疗机构的警示与惩戒，不足以敦促医务人员增强责任心和提高诊疗水平，不利于提高医疗服务质量和维护医疗安全。同时，缺乏正当理由压低医疗侵权方责任比例的做法也难以被患者方接受，容易由此引发医患利益冲突。

统筹兼顾医患双方利益，才能实现社会公平正义，才符合社会主义法

---

① 《2021 年全国医疗损害责任纠纷案件大数据报告》，医法汇（微信公众号），2022 年 2 月 7 日。

治的基本价值导向。医患纠纷归根结底要通过适当的赔偿来解决。临床医学作为一门科学，并非只有得到法律的额外宽容和照顾才能生存和发展，也并非只靠牺牲患者的应得赔偿才能实现社会公平，即医疗风险与保护医患正当权益之间的矛盾并非无法解决，而是完全可以通过发挥法律的社会利益平衡器的功能来调整医患关系、平衡医患利益。临床诊疗的高风险与高速交通工具的高风险均是难以完全避免的客观存在，应采取类似于交强险的风险分担法律机制。通过医疗责任保险由保险人依照保险合同支付患者应得到的赔偿款，建立起医疗风险的社会化分担机制，可减轻医疗方的经济压力与工作压力，降低医务人员的职业风险，也使患者的正当赔偿诉求得以保障和实现，以缓解医患因医疗风险产生的法律诉求的对立，医患双方就会以客观理性的态度面对医疗侵权赔偿，为公正确定医疗方责任程度奠定基础，为临床医学创造宽松的法律环境。

(二) 保险监督促进医疗方规范行医

责任保险既有社会救助功能，又具有社会管理功能。医疗责任保险的施行实质上引入了保险公司对医疗活动流程的监督，为了达到经营效益最大化的目标，保险公司将着力推动医疗活动的规范化，通过预先风险提示和法律法规教育，增强医疗机构与医务人员的风险意识，提升风险防控水平，督促医疗主体采取合理的措施预防医疗过错的产生，减少医疗过失行为发生的概率与风险。保险公司为评估风险而对医疗人员的专业资格、医疗操作规程、各项医疗条件进行查验，可以促使医疗主体纠正医疗活动的缺陷与不足。保险公司对被保险人在医疗损害发生后申请赔偿行为的审核构成环节约束，倒逼医疗主体保持医疗活动的规范化。

二 医疗责任保险的推行

医疗责任保险产生于 20 世纪的英国，是基于一系列医疗损害赔偿后的应对反应，1885 年医方专业人士成立医疗抗辩工会，在此基础上于1896 年正式设立第一个商业职业责任保险。20 世纪 60 年代以后，美国的医疗责任赔偿请求剧增，医疗过失赔偿获得更为普遍的法庭支持，出现"医疗过失危机"，1975 年《医疗损害赔偿改革法》颁布，推出了医疗责任保险作为消除危机的措施，此后，美国的自保信托与医疗责任保险占据了大部分的市场份额，构成主流保险形式。我国医疗责任保险试点从 20世纪 90 年代末就已经开始，当前人保、太保、平安、天安等多家保险公司推出了医疗责任保险。我国医疗责任保险的顺利推行，需要从以下多个方面全面发力。

（一）加大医疗责任保险的宣传力度

广大医疗机构、医务人员以及社会大众对医疗责任保险还存在一定程度的模糊认识与错误理解，医疗机构虽然认同设立医疗责任保险的必要性，但又会心存"赔付金额可能低于保险成本"的心态；有的认为该保险消灭了医院和医生的责任，医疗赔偿完全由保险公司负担，医疗主体不用承担任何风险；或认为参保医疗责任保险是医疗水平不高的表现。纠正这些错误观念，就要求加强法规与政策宣传，增强医疗风险及其分担意识，促使医疗主体正确全面领会医疗责任保险转移、分担医疗风险的作用。

（二）规范与完善医疗责任保险条款

既往保险公司对保险市场的状况缺少深入全面的了解，没有对市场做出精细的划分，医疗责任保险在具体条款的设计上存在欠缺，成为阻碍推行的原因。医疗损害风险责任保险的科学设计，要从多方面着手。

一是强化医疗侵权责任保险的数据支撑，克服医疗侵权不确定性较大、医疗侵权风险承保难度大等困难，完善医疗责任保险产品设计，准确估算被保险人的医疗风险，丰富保险险种类别，确定公平合理的赔付率和赔偿额度，使其更好兼顾医、患、保险三方的利益，并构建索赔受理、资质审核、调查处理等环节的标准化流程。

二是制定适用于不同地区、不同级别医院、不同科室的差别化保险费率，防止损害赔偿额、保险费用以及医疗费用之间的连锁膨胀效应与恶性循环。如果保险赔偿与经确认的损害赔偿数额差距大，将无法调动起医疗主体的参保热情，而全额支付赔偿额有培植医疗主体惰性的可能，而且保险公司难以接受。美国在 20 世纪末高昂的医疗索赔金额得到陪审团的普遍认定，导致众多保险公司破产，保险公司纷纷大幅提高医疗责任保险费致使医疗费用高涨，一些医疗机构不得不裁减高风险的医疗服务项目，造成医疗资源的紧张。这些教训值得吸取。

三是调整扩大医疗责任保险赔付范围。保险理赔对象应与医疗侵权民事赔偿相适应，覆盖全部医疗侵权事件，不应限于医疗事故。医疗责任保险支付不仅应包括医疗费、误工费、护理费、精神损害抚慰金，也应涵盖诉讼费、鉴定费、律师法律服务费等纠纷处理成本费用。

四是拓展保险费筹集、交纳渠道。由医务人员个人投保是医疗责任保险的国际通行做法。基于我国国情，以医疗机构交纳保费为主的"机构投保、医师个人受益"的责任保险模式并非畅通无阻，应调动医疗机构与医务人员个人各自的投保积极性，鼓励医务人员个人自愿投保，实行医疗机构与医务人员个人两者相结合的保费交纳体制。

（三）提升保险公司处理医疗责任保险的能力

医疗责任保险的专业化程度高，涉及保险、法律、经济、医疗管理等众多学科领域，据以推行保险的相关数据、精算工具以及医学支持匮乏，既精通保险业务又熟悉医疗市场与医疗责任保险领域的专业核保与理赔人员缺乏。对此，应当大力培育精通保险、医疗、法律等专业领域的复合型人才，培育专业的保险开发、核保与理赔队伍，形成了解医疗服务市场、熟练处理医疗损害索赔的专业人力资源。

（四）依法强制推行医疗责任保险

医疗侵权风险具有随机性与偶然性，且其赔偿数额有逐渐增加的倾向，仅仅通过侵权责任主体自愿选择责任保险及投保金额，尚不足以使受害人的权益得到充分保障。根据保险原理中的"大数法则"，只有投保人多，保费才能降低，才能扩大保险的风险负担基础，才能实现分散风险的目的，使患者的权益与医院的正常活动获得更稳固的保障。实践证明，医疗责任保险的费用与成本依然过高，参保率较低，制约医疗责任保险的规模，而依赖市场机制和商业化运作，难以普遍推行医疗责任保险。政府在保障公民健康方面的职能和责任，除了表现为推进医疗体制改革、建立人人享有的基本医疗服务制度外，还应表现为对医疗责任保险的鼎力推进，实现全行业入险。

为应对临床医疗的风险属性，新《医师法》采取既治"标"又治"本"的策略。治本措施可防控医疗风险及其造成的医疗损害，主要包括打造高质量医师队伍、规范医师执业行为、维护患者方对医疗风险的知情权。治标措施是依法妥当处置由医疗风险造成的医疗损害纠纷，主要包括医疗卫生机构应当完善安全保卫措施，及时主动化解医疗纠纷，保障医师执业安全；将医疗纠纷预防和处理工作纳入社会治安综合治理体系，禁止任何组织或者个人阻碍医师依法执业，依法打击涉医违法犯罪行为；新闻媒体要引导公众理性对待医疗卫生风险。上述措施与制度有助于保障医患双方的正当权益，优化医疗服务的法律环境，而建立医疗风险分担制度，则可谓"标本兼治"的策略。2020 年 6 月 1 日起开始实施的《基本医疗卫生与健康促进法》规定，国家完善医疗风险分担机制，"鼓励"医疗机构参加医疗责任保险或者建立医疗风险基金，新修订的《医师法》在应对医疗风险上的重大立法突破和亮点是，规定医疗机构"应当"参加医疗责任保险或者建立、参加医疗风险基金。将"鼓励"改成"应当"，意味着要强制推行医疗责任保险或建立医疗风险基金。该规定对在全社会范围内建立分担医疗风险的法律机制，营造医师执业的宽松环境意义重大。

（五）建立医疗风险转移与道德风险防范的平衡

责任保险的不断发展给侵权风险带来的负面反馈主要表现为，放松了部分被保险人对侵权风险的警惕，削弱了侵权风险事故赔偿的惩戒作用，扭曲了侵权风险案件审判机制。[①] 医疗侵权主体与民事赔偿责任承担主体分离，产生了削弱法律对医疗侵权行为人的威慑机能的弊端，不利于保持医疗主体对医疗风险的警惕，这些不利因素与负面影响显然与维护医疗安全的立法本意相背离。侵权风险是责任保险产生的基础，法律的健全是责任保险制度建立的前提条件。[②] 这就需要克服责任保险弱化对侵权主体法

---

① 张瑞纲、吴叶莹:《责任保险与侵权风险的关系研究》,《金融理论与实践》2021 年第 2 期。

② 霍鹏宇:《关于责任保险与侵权责任关系的思考：基于对〈责任的世纪〉的评述》,《中财法律评论》2013 年第 5 期。

律威慑的弊端，完善医疗责任保险配套制度，建立医疗风险转移、道德风险防范、督促谨慎行医之间的平衡。具体来讲，要着重从下列三个方面着手。

一是优化责任保险保费结构，运用保险费率、免赔额、共保额等工具，提高投保人的医疗侵权成本，形成奖惩机制，调动被保险人防范风险的积极性，强化医疗侵权的事前预防。

二是保证与强化医疗侵权风险的事后惩戒，杜绝医疗侵权主体与民事法律责任承担主体分离造成的侵权法律责任对医师的威慑机能被削弱的现象，使得医疗侵权方难以置身事外和规避应承担的法律责任，保持对法律的敬畏。

三是规范医疗损害责任的专业化、法律化认定，使医疗责任保险赔付建立在坚实、公正的医疗损害责任基础之上。

第七章

医患关系的属性
与化解医患矛盾的法律进路

维护患者的医疗安全与保护医务人员工作积极性、保持医疗卫生事业发展的矛盾，医疗需求的多元化与过度检查过度治疗标准的模糊性的矛盾，医疗方的经济利益与患者健康利益之间的矛盾，患者的知情同意权与医师医疗自由裁量权的矛盾，是医患纠纷法律处理中必须客观面对的基本矛盾。医患关系是医疗服务过程中以医生为主的医疗群体（医方）与以患者为中心的就医群体（患方）之间建立的关系，在具体的诊疗活动中，医患关系是指医生与患者及其家属之间的关系。只有深入认识医患关系的多重属性，分析医患双方在医疗目标、观念、期望值等方面的分歧，才能明确医患矛盾冲突的形成原因，找到化解医患矛盾的法律路径与对策。

第一节　医患关系的多重属性与医患双方的认知差异

一　医疗服务的风险属性与医患双方的认知差异

（一）医疗服务的风险属性

在医疗服务的过程中，医患双方并不存在隶属关系，双方在法律地位上平等。同时，患者就医和医疗方接诊是双方自主自愿的行为。① 因此，医疗服务关系在法理上当归属为民事合同关系，这也是法学界的主流观点。有学者认为，医患关系实质上属于合同关系，应受合同法调整。② 我国既往民事立法，包括新近颁布的《民法典》第3编"合同"编，均没有设置"医疗服务合同"这一合同类型，因而医疗服务合同属无名合同。医疗服务合同是指就诊方与医疗机构达成的，由医疗机构向就诊方提供医疗服务，而由就诊方支付医疗费的合同，是广义服务合同的一种。③ 对法律没有明文规定的合同，可在适用合同法一般原理的基础上参照适用最相类似的合同的相关规定，这是法学通说，在《民法典》中也有相应规定。④ 与医疗服务最近似的当属技术服务合同。技术服务合同是当事人一方以技术知识为对方解决特定技术问题所订立的合同，其中，委托人的主要义务是按照约定提供工作条件、完成配合事项、接受工作成果并支付报酬，受托人的主要义务是按照约定解决技术问题，保证工作质量，传授解决技术问题的知识。比照技术服务合同，在医疗服务合同中的患者相当于委托人，其主要义务是配合诊疗，包括如实陈述病史、提交既往病历资料、遵守医嘱、支付报酬等，医疗方相当于受托人，但医疗服务与其他技术服务合同的显著区别是，医疗方的义务是提供符合医疗规范的医疗服务，而不是向对方承诺疗效与医疗结果，不能"保证工作质量、按照约定完成服务项目"，这是由医疗服务合同的风险属性所决定的。

医学技术的运用本身具有高风险性。⑤ 临床医疗活动具有"理论的有限发展难以满足医疗实践的无限要求、规范性与探索性并存"的基本特征，由此决定其风险属性。临床医学是融合了多门类自然科学与社会科学成分的复杂学科，尚存在一定的未知领域与变数，受生命科学和医疗技术

---

① 患者就诊多是自愿，仅除外意识丧失时的急救移送，而法定职能和社会分工决定医疗方不能拒绝患者的诊治要求，因而自医疗方开诊时即视为自愿接诊患者。

② 徐国栋主编《绿色民法典草案》，社会科学文献出版社，2004，第587～589页。

③ 屈茂辉、彭赛红：《论医疗服务合同》，《中南工业大学学报》（社会科学版）1999年第3期。

④ 《民法典》第467条规定，本法或者其他法律没有明文规定的合同，适用本编通则的规定，并可以参照适用本编或者其他法律最相类似合同的规定。

⑤ 宁德斌：《从医学的社会性探讨医患关系的内涵》，《医学与社会》2004年第4期。

发展水平的制约以及伤病情况、患者特异体质的影响，医疗方只能在通行的医学原理指导下提供力所能及的医疗服务，尽力促使患者的伤病向好转和康复的方向发展，事先难以准确预料医疗效果，难以确保治愈，因而医患双方难以约定具体的医疗效果。医疗产品或医疗服务结果的不确定性通常被称为医疗风险。医疗风险也可归属为技术风险的范畴，但该技术风险在技术服务合同中一般并不存在，而存在于技术开发合同中。在医疗服务合同的履行中，有的医疗风险可以预见，有的难以预见，但不管能否预见，往往难以完全避免潜在的医疗危险演化为人身损害结果。

（二）医患双方对医疗风险的认知差异

社会心理学研究表明，与角色相应的态度及价值观差异会导致认知偏差。医患双方对医疗服务的关注重心与视角不同。其一，在医疗服务合同的履行过程中，患者关注的重心是医疗结果，不仅追求医疗过程的顺利，更在意医疗结果的安全与满意；而医疗方关注的重心是医疗过程，希望践行符合专业标准的医疗行为完成救死扶伤的任务，但治疗效果究竟如何则并非一己之力可以把控。其二，面对有争议的诊疗结果，因为存在归因的认识性与动机性偏差，基于患方的角色意识产生的主导思维往往是，不良结果是否为医方诊疗失误所致，医疗方是否有责任，自身权益是否受损，怎样获得赔偿；而医疗方的主导思维往往是，从专业标准角度该结果是否归因于疾病的自然演化，或者是在现有医疗技术水平下难以避免的正常现象，强调医疗结果的不确定性。其三，医疗过程中患者的普遍心态是试图修正医生提出的治疗方案，本能地对医生提供的信息和治疗方案提出质疑并寻求解释，而医疗方面对患者修改治疗方案的要求，习惯于行使医学威胁和知识压倒。可见，医患双方对医疗风险的认知差异及对不良医疗结果的不同归因倾向，成为诱发医患矛盾与纠纷的原因之一。

二 医患双方不平等与医患矛盾隐患

（一）医患双方实质上不平等的属性

民事合同的核心内容是当事双方权利义务的设置。在一般情况下，合同双方当事人之间地位平等、能力均衡，当事双方可以在不违反法律原则的前提下自由协商确定合同的核心内容，公平约定双方的权利义务。医疗服务合同的核心内容是诊治决策及其实施，双方的权利义务围绕诊疗活动而展开。由于医疗方是医学专家，并掌握病情、诊疗措施、病历资料等基本医疗信息，而患方不仅缺乏医学知识，而且基本医疗信息也被动依赖医疗方的告知，即患者方对医疗合同相对方的特有技术与信息存在双重依赖，尤其对隐蔽性的医疗行为如手术操作、麻醉操作以及病历的制作，患者方的被动依赖性尤为显著。因此，医患双方之间医疗知识严重不对等、医疗信息严重不对称，患方明显处于弱势地位，医患关系存在实质上不平等的属性。

（二）医患不平等产生医患矛盾隐患

基于社会分工或行业垄断，患者方必须委托医方作为自己的"生命健康代理人"，希望通过医方的行为实现自己的健康利益，这在一定程度上是"被动授信"，信任医疗方会适当履行医疗注意义务。这种关系近似于信托合同中委托人、受益人与受托人之间的关系。在信托关系中，委托方在专业知识与经验方面依赖受托人，当事人之间的实力明显不对等，但委托人又必须信任受托方，且受托人的行为对受益人或委托人产生拘束力。鉴于医疗行为关乎患者的生命健康安全，医疗行为造成的结果大多不可挽回，而身处被动地位的患者方显然难以有效监督相对方的医疗行为。那么，这里就存在一个不能回避的敏感问题：期待医疗方严格自律和实现患方利益最大化存在相当大的道德风险，医疗风险和医疗结果的不确定性通常会被医疗方当作开脱过错责任的理由，而身处被动地位的患者方即使不接受医疗方的解释，但一则缺乏与医疗方辩驳的专业知识，二则对关键性的医疗环节（如手术过程、麻醉过程等）无从进行有效监督，从而难以拿出有力证据和理由进行对抗，这会使其疑窦丛生，激发其维权本能。可见，医患双方实质上不平等的属性留下医患矛盾的隐患。

三 医患利益不易相容诱发医患矛盾

（一）医患关系中利益不易相容的属性

医疗活动的顺利开展和理想医疗效果的取得需要医患双方相互信任与

密切配合。由于病人的脆弱性，必须信任医生，医生也必须以自己的行动获得病人信任，这样才能维护正常的医患关系，医疗工作才能顺利进行。① 如果医患之间存在利益冲突，彼此的互信关系就会面临挑战，或者难以维系。一般认为，医疗卫生服务具有一定的社会公益性，政府承担着给公民提供医疗服务公共产品的基本职能。但是，就目前的情势来讲，这一职能尚且难以完全到位。由于卫生事业财政投入不足，卫生资源分配不均，医疗服务的公益性弱化，医疗费用的社会共济职能不足，在医保支付范围之外患者要自费承担一定比例的医疗费用。卫生资源分配的公平与公益矛盾加速医患关系的复杂化。② 同时，随着医疗技术的发展和人们健康观念的变化，在基本医疗服务的基础上产生出个性化的特需医疗服务，这部分医疗费用要由患者个人负担，并通过市场机制来满足。可见，在医疗服务合同关系建立的同时，医患之间也建立起经济利益关系。医患关系作为医疗实践活动中医与患之间的交往关系，也必然地以经济关系为基础，离不开经济关系，这是由人类社会生产的一般规律所决定的。③ 在医疗过程中，患者希望支付尽可能少的医疗费用得到满意的医疗服务，维护其健康利益，而医务人员则希望用自己掌握的技术解除患者的病痛，获得相应的经济收益，医患双方利益不易相容，由此产生医患之间的经济利益矛盾，以及医疗方利益同患者的健康风险与其经济承受能力之间的矛盾。

（二）医患利益博弈催生医患矛盾

在利益不易相容的医患关系属性下，医疗方登临垄断地位的态势与经济利益驱动下医疗方对患者的医疗消费诱导无疑会加剧医患之间的利益博弈，医患平等的基础被动摇，医患信任关系被利益抵触所扭曲和破坏，难以融洽相处，医患矛盾被激活和放大。有论者认为，医患之间存在双方不相容的可能性，如果不加调控和管制，将会导致服务质量下降或是出现价格上升以及诱导需求等一系列问题。④ 总之，医患关系中双方利益不易相

---

① 邱仁宗：《医患关系严重恶化的症结在哪里》，《医学与哲学》2005 年第 11 期。

② 彭红、李永国：《中国医患关系的历史嬗变与伦理思考》，《中州学刊》2007 年第 6 期。

③ 郑大喜：《构建和谐医患关系的多维视角》，《中国卫生事业管理》2006 年第 6 期。

④ 徐渊洪：《信息不对称下医患信任的重构》，《中华医院管理杂志》2004 年第 3 期。

容的属性及由此引发的利益博弈导致医患矛盾凸显，医患纠纷频发。

四　医患关系模式的多变属性与医患矛盾

医患关系呈现为在某一医患模式下的医患互动，从医患关系模式入手有助于进一步探寻医患矛盾的原因。

（一）医患关系的三种基本模式

20世纪70年代，美国医生托马斯·萨斯和马克·荷伦德在实际工作中发现患者症状的严重程度和可治愈性是影响医患互动的关键因素，并根据患者的病症将医患关系分为三种可能的模式，这就是后来广为人知的萨斯—霍伦德医患三模式，即主动—被动模式、指导—合作模式、共同参与模式。①

其一，主动—被动模式的医患关系是医方主动、患方被动的医患关系，相当于父母与无助婴儿之间的关系，医患之间不平等是该模式的重要特征。该模式存在于参与意识淡薄或毫无医学知识的患者，以及不能主动表述的急重症患者。该模式可发挥医方的主导作用和能动性，但不利于全面深入了解患者的病情，也不利于患者对医疗过程的监督，易导致误诊、漏诊。

其二，在指导—合作医患关系模式下，患者可主动为医生提供必要的信息（如症状和病史），并可以在医疗方的指导下进行医患合作。此模式中的医患关系类似于父母与孩子（儿童及少年）之间的关系，其特征是患者仍然按照医生的决定行事，医疗决定权仍然在医疗方，其存在于患者有能力判断疾病的治疗过程的情况。

其三，共同参与模式是医患双方共同合作来控制疾病的模式，医生利用其掌握的医疗知识为患者提供不同的治疗方案，并告知每一种方案的利弊，患者不仅会主动配合医疗，还会进一步深入参与医生的工作。该模式下的医患关系类似于成人与成人之间的关系，其特征是最终的治疗选择权

---

① 〔美〕T. S. 萨斯、M. H. 荷伦德：《医生—病人关系的基本模型》，《医学与哲学》1980年第3期。

side: 第七章　医患关系的属性与化解医患矛盾的法律进路

掌握在患者手里。存在于慢性疾病的诊疗、预防保健及有一定医学常识的患者。

另有论者认为，根据医疗方与患者的地位、主动性的大小，医患关系模式分为三种类型：其一，权威型，医师处于主动地位，病患处于被动接受地位；其二，协作型，医师主动性与病患主动性大致持平，任何医疗决定由双方协商产生，病患可在医师指导下承担部分或全部医疗任务；其三，消费型，病患主动性大于医师，医师按病患的意志实行医疗行为。①这一观点从另一角度概括了医患关系的三种类型，与上述医患三模式并无实质上的不同。

（二）医患关系模式运用困难引发医患矛盾

虽然医患关系模式可划分为上述三种类型，但医患关系模式在临床中的实际运用则存在多变的属性和变异可能，其恰当运用存在诸多困难。

其一，随着医疗知识的普及和民众法律意识的提升，共同参与模式可以实现医患双方的充分、畅达沟通，因而是实现医患合作与和谐的最佳模式，但由于绝大多数患者并不具备足够的医疗知识，使得该模式难以具有普遍适应性。

其二，指导—合作模式顺应了医患双方在医学专业知识上存在差异的客观状况，应当具有较为宽广的适用范围。但遗憾的是，利益冲突与利益博弈导致医患之间的互信缺失，医疗方谋求专业利益的冲动往往会将指导—合作模式异化为主动—被动模式，从而使得后者更为盛行。

其三，医疗服务中的医患关系是一种动态关系，在医疗过程中的某一阶段，可能适用不同的医患关系模式。比如，对同一病人，在急诊急救阶段适用主动—被动模式，在病情得到控制的病情稳定阶段适用指导—合作模式，在康复阶段则适用共同参与模式。

其四，实施不同的医疗措施时，可能需要适用不同的医患关系模式。例如，常规的用药可适用指导—合作模式，而技术含量高的手术操作则既不可能采取指导—合作模式，也不可能采取共同参与模式，只能运用

---

① 黄丁全：《医事法》，中国政法大学出版社，2003，第230页。

主动—被动模式。

其五，即使如前文所述，患者所处的社会阶层、疾患轻重、疾患类型等因素都可影响医患关系模式的选择，较低社会阶层的患者倾向于将医生看作权威人物，乐于被动接受医疗服务，对其可适用主动—被动模式，处于较高阶层的患者倾向于积极与医生协商互动，将自己作为合作者参与到医疗决策中，可适用共同参与模式或指导—合作模式。但是，上述因素与医患关系模式之间也绝非直接对应关系，往往是患者有各自的诉求，而医者有自己的专业考量。因此，上述三种医患关系模式在现代医疗服务中仍然各有其适用空间。迄今为止，尚没有任何诊疗常规和法律法规对医患关系模式的运用作出明示和规制，医患关系模式适用存在法律调控的困境与空白，这也给医疗方预留了较大的自主裁量余地。如果医疗方对医患关系模式运用不当，不能为患者方接纳，就必然引发医患矛盾与纠纷。

第二节　医患沟通与医患矛盾的化解

前文简要阐述了产生医患矛盾的四个原因。我们认为，加强医患沟通是减少、缓和医患矛盾，消除引发医患矛盾冲突的隐患，并避免该矛盾发展为医患纠纷与冲突的重要举措和基本路径。

一　在医患沟通中取得医疗风险分担的医患共识

对医疗风险的认识所反映的深层次问题是医疗卫生事业持续发展与维护患者生命健康安全和保护医务人员工作主动性的矛盾，是社会公共利益与医患个体利益之间的冲突。临床医学需要在探索中不断发展和积累经验，甚至是历经挫折才逐步完善，这是医学科学发展的基本规律，医学在给人类带来健康福音的同时，也存在"医疗结果不确定"的风险。把治疗的权利误认为治愈的权利，这是一个严重的误解。[①] 医疗过失标准过宽不利于维护患者的生命健康安全，医疗过失标准过严则易于挫伤医务人员

---

① 《中国卫生法学会副会长：不能把治疗权利等同治愈权利，医院决不允许屠刀的存在》，央视网，http://m.news.cctv.com/2019/12/30/ARTIyS5mk3jpVQvNeN9eVlU81 91230.shtml？spm=C96370.PsikHJQ1ICOX.Em32AuyOHUeL.5。

的工作主动性，不利于医疗探索和医学进步。医疗方常以医疗风险抗辩医疗过错责任的追究，而患者则往往将医疗失败归因于医疗方的失职。可见，医患双方截然不同的医疗风险观是导致医患纠纷频发与难解的重要原因。医疗风险需要全社会的理性认知，医患双方均应接受和理解谨慎的医疗探索。我们认为，上述矛盾的解决需要在全社会树立医疗风险合理分担的价值观，缓和医患之间的观念冲突，对行医者注意义务的设定与医疗责任的判定应当寻找维护临床医疗基本安全与保持医疗探索的平衡点，设置医疗注意义务的限度既要敦促医疗方不断提高医疗技能，又不挫伤其工作积极性。（被）容许的危险理论认为，对于伴随一定危险性而对社会有益和必要的行为，法律应该容许该类行为在"一定限度内"产生的危害结果不为过失，即主张限制业务过失的范围。该理论为社会整体利益或社会发展需要与个人利益发生抵触时的价值取向做出指引，在医学的发展与绝对保证患者的生命健康难以两全的情况下，（被）容许的危险理论为在一定范围排除医疗过失提供了理论依据，该理论蕴含的核心价值理念是"利益权衡"这一人类生活的基本原则。医疗过程中的"利害权衡"一般在两个层面展开：一是惠及全人类的医学发展的需要与对患者个体医疗风险之间的权衡，二是康复的希望与医疗风险、医疗的价值与医疗成本之间的权衡。（被）容许的危险理论之所谓容许，是法律的容许，虽然法律的容许高于患者的容许，但也应当允许医患双方在一定范围内对医疗风险做出充分沟通和达成共识。在医疗服务的过程中，如果医患之间能够通过良好的沟通形成一致的医疗风险观，对可能发生的医疗风险之范围、预防措施、风险分担达成共识，则既有助于对医疗过错责任的妥当界定，也有助于保持医患关系和谐，避免医患矛盾冲突。

二　在医患沟通中平衡医患利益

过度市场化的医改形成医院运行与医生待遇的市场化、医疗机构与医务人员之间经济效益竞争的公开化，而医疗保障的有限性使得医疗服务一定程度上演变为私人消费品，形成医疗方的经济利益与患者健康利益的冲突与矛盾，增加了患者宽容医疗失败的难度。医患之间存在的利益冲突在短期内不可能得到彻底解决，期待随着健康中国战略的推行能够逐步缓和。在诚信准则下，双方的利益才趋于一致，才能构建和谐的医患关系。① 矫正过度市场化的医改导向，回归以公益性与可及性为中心的医改方向，对医疗收益分配突出社会效益的权重比例，才能消除医患关系紧张的根源，缓和医患利益抵触。

目前，对医患之间的利益博弈，只能通过医患双方的充分协商、良好沟通来寻求双方利益的最佳平衡点，医疗方要放弃垄断和权威态势，改变利用患者"代理人"和"服务提供者"的双重身份诱导甚至强制患者消费的现象，把医疗服务的种类、方式、医疗费用充分告知患者方，使得患者知情、理解，在协商中确定患者可以接受的医疗方案。

三　在医患沟通中改善患者弱势地位

过度医疗行为是指医疗方对患者实施超越诊治需要的非必要的诊治行为，其直接结果是导致患者支出更多的诊治费用，且常常引发医患纠纷，甚至引发医疗事故。我国过度医疗出现的根本原因是医疗方在利益驱使之下"以药养医""以手术养医""以医疗器械养医"，这不仅浪费医疗资源，也极大地加重了患者的经济负担，最终是由患者买单。从法律层面来看，过度医疗行为是一种特殊的民事侵权行为，但目前我国对过度医疗侵权行为的立法规定尚不完善，《民法典》第 1227 条规定"医疗机构及其医务人员不得违反诊疗规范实施不必要的检查"，但实际上从检验到治疗与手术、用药的整个医疗诊治过程中都可能存在着过度医疗的现象。医疗行为本身具有特殊性，对过度医疗的法律界定有一定困难。在医疗服务中，患者缺乏对医疗方实行有效监督制约的客观条件与主观能力，但这一状况则往往会成为患者质疑医疗行为、寻求自我保护的原动力。缺乏有效监督的权力容易产生腐败，缺乏有效制约的权利容易随意扩张。为实现医患双方实质上的平等，防范医方利用优势侵犯患者方正当权益，有必要给患者方特殊的制度保护。同时，在医疗活动中，患者的医疗费用支付能力、对治疗结果的期望不尽相同，因此对"适度医疗"也有不同要求。此外，诊疗的舒适性、便捷性与经济性、安全性诸因素间也存在冲突，难

---

① 彭红、李永国：《中国医患关系的历史嬗变与伦理思考》，《中州学刊》2007 年第 6 期。

以在医疗需求多元化下建立过度医疗的统一标准。因此，解决过度医疗问题，仅仅依靠法律是不够的，务实的方法是加强医患沟通，解决医疗服务的信息不对称问题，消减医疗方对患者的医疗消费诱导，在医患之间寻找和建立利益平衡。要在秉持最基本的医疗常规的前提下，尊重不同患者的差异性、多元化医疗诉求，宽松适度地掌握医疗过错尺度，实现医患和谐。医疗服务过程包括诊疗措施的选择确定与实施两个基本环节，改进患者在这两个环节的被动地位要分别采取相应措施：一是在医疗措施的选择环节，通过医患沟通强化医疗方对患者知情同意权的维护；二是在医疗措施的实施环节，要严格规制医疗方的自由裁量，强化对医疗行为实施过程的规范性的监督。

四　在医患沟通中建立适当的医患关系模式

医患关系模式虽然可归结为三种，但其妥当运用则具有复杂性与灵活性，患者所处的社会阶层、疾病的类型与轻重、患者的心理因素与求治诉求、拟行医疗措施创伤性与风险性大小，均是影响医患关系模式选择的关联因素，究竟采用哪种医患关系模式，其主导者应当是医疗方，应当由医疗方根据执业经验和当时的情势进行判断和实施。如果医疗方过度依赖专业优势和知识压倒，必然会适得其反，而采取开诚布公和感情投入的态度主动与患者方协商沟通，则可能找到患者乐于接受的医患关系模式，实现医患和谐。

第三节　医患权利协调与化解医患矛盾的法律进路

在医疗服务过程中，患者方的主要权利是知情同意权，医疗方的主要权利是医疗处置权，医患权利协调主要是指这两种权利的协调。

一　患者的知情同意权

（一）患者知情同意权概述

患者的知情同意权，是指患者从医疗方知悉作出医疗决策的相应医疗信息（包括但不限于病情的诊断、拟行治疗方案、可能的医疗结果与风险、医疗费用、医疗方诊治该疾患的技术水平与经验等），并在此基础上做出是否同意医疗方提出的医疗建议的决策权利。患者的知情同意权由知情权、同意权两部分组成，知情权是同意权的前提，同意权是知情权的目的，只有充分保障知情权，同意权才有存在的意义，知情权与同意权二者不可分割。

患者知情同意制度具有相应的理论基础。其一，消费者权利保护主义医学模式主张医患平等及患者的医疗参与权、选择决定权。医疗不以治病为单一目标，更重要的是让患者满意。其二，临床医疗具有"强制性与任意性兼备"之特征，其强制性是指在技术层面医师应坚守安全第一规则和患者健康利益最大化原则，其任意性是指对医疗方案的确定要尊重患者的决定权。《基本医疗卫生与健康促进法》规定，要满足公民多样化、差异化、个性化健康需求。医生对患者的注意义务内在地要求医生应尊重患者的知情同意权。①

患者知情同意权在我国立法中有充分的法律依据，《民法典》《中华人民共和国执业医师法》《医疗机构管理条例》《医疗机构管理条例实施细则》《医疗事故处理条例》等法律法规均有相应规定。

（二）《民法典》对患者知情同意权的立法创新

1.《民法典》中患者方"明确同意"相关问题

《民法典》第1219条规定，医务人员在诊疗活动中应当向患者说明病情和医疗措施。需要实施手术、特殊检查、特殊治疗的，医务人员应当及时向患者具体说明医疗风险、替代医疗方案等情况，并取得其明确同意；不能或者不宜向患者说明的，应当向患者的近亲属说明，并取得其明确同意。医务人员未尽到前款义务，造成患者损害的，医疗机构应当承担赔偿责任。2020年8月新修订的《医师法》第25条关于医疗方应维护患者的知情同意权的规定与《民法典》第1219条的规定相互衔接与照应。《民法典》将医务人员就医疗风险、替代医疗方案等情况取得患者同意的方式由原"书面同意"修改为"明确同意"，显然是对医疗方维护患者的知

---

① 赵西巨：《医事法研究》，法律出版社，2008，第65页。

情同意权提出了更高的要求，加重了医务人员的告知义务，也加重了医疗方保留证据的责任。

第一，"书面同意"重在告知的方式，而"明确同意"强调的是实质内容。原"书面同意"的弊端是，由于患者方一般缺乏必要的医疗专业知识，对格式化的书面告知即使患者签字也未必真正理解，如果患者方没有真正理解告知的内容及其含义，仍然难以避免发生医患纠纷，而"明确同意"则要求让患者真正理解告知的内容，有助于从根本上减少由知情同意而产生的医患纠纷。

第二，"明确同意"拓宽了医疗机构告知、说明的方式与路径，对实现"明确同意"的告知方式有哪些，尚缺乏立法规制。应当认为，告知方式包括但不限于书面同意，医疗方可以采取录音、录像甚至律师见证等方式实施告知。质言之，凡是能够显示医患双方就告知内容知情且明确表示理解和达成共识的方式，均可据以认定患者方对告知内容真正理解，都应当在受法律保护的范围之内。

2. 医疗方就患者病情应告知的近亲属范围的立法抵牾与处理

根据《民法典》第 1219 条的规定，对病情、医疗措施等情况不能或者不宜向患者说明的，医务人员应当向患者的近亲属说明，并取得其明确同意。《民法典》第 1045 条规定的近亲属包括配偶、父母、子女、兄弟姐妹、祖父母、外祖父母、孙子女、外孙子女。据此，医疗方告知的对象可以是配偶、父母、子女、兄弟姐妹、祖父母、外祖父母、孙子女、外孙子女中的任何一人或全部。但是，根据《民法典》第 1034 条的规定，个人信息包括"自然人的健康信息"，上述病情当然属于"自然人的健康信息"，而根据《民法典》第 1036 条的规定，在自然人或者其监护人同意的范围内合理处理个人信息的，不承担民事责任。易言之，超越患者或者其监护人同意的范围内处理个人信息的，如把上述属于自然人健康信息的病情告知患者本人或者其监护人外的其他近亲属的，要承担侵犯个人信息的民事责任。显然，对这一立法抵牾，需要研究如何处理。

在临床医疗实践中，患者向医疗方出具的签字委托书中的签字代理人往往仅限于前述全部近亲属中的 1～2 人，且该签字代理人未必是患者的监护人。为了实现与《民法典》的对接，避免因病情告知对象问题引发侵犯患者知情同意权与个人信息的医患争议，需要通过立法对此予以指引、规范，把医疗方告知患者病情的对象限制为患者近亲属范围内的患者的监护人，要求患者委托的签字代理人必须是患者的监护人，即在委托书中载明，签字代理人也是患者指定的监护人。

二 医疗处置权

（一）医疗处置权概述

医疗处置权又称医疗裁量权、医师裁量权，是指医师在执业活动中基于医学理论和自身临床经验，对病情做出诊断并实施医疗措施的权利。医师在治疗疾病的过程中往往需要根据病情的变化随时修正治疗方案，因此，法律必须赋予医师在一定范围内自治的权利，这就是医师的裁量权。[①] 医疗服务是一个动态的过程，病情的动态变化、诊治的及时性、医疗的专业性决定必须赋予医师一定的医疗处置权或裁量权，同时，医务人员的执业经验、执业习惯、临床思维与主观判断、技术特点往往不尽相同，不同的医务人员面对同样的病情可能会作出不完全相同的医疗处置，这属于执业许可的范围。赋予医师与诊疗需要相适应的执业权利，才能充分发挥医师救死扶伤、护佑生命的职能。《医师法》把"保障医师合法权益"作为立法首要目标，明确设立医师享有的多项执业权益，加强对医师权益的法律保障，其中，在第3章第22条中明确规定，医师在执业活动中享有下列权利：在注册的执业范围内，按照有关规范进行医学诊查、疾病调查、医学处置、出具相应的医学证明文件，选择合理的医疗、预防、保健方案。

（二）医疗处置权的行使与患者知情同意权的维护

医师行使医疗处置权需要妥善处理与患者知情同意权的关系。《基本医疗卫生与健康促进法》规定，要满足公民多样化、差异化、个性化健康需求，这是与患者的知情同意权、医疗选择权相关联的立法规定。可

---

① 夏芸：《医疗事故赔偿法——来自日本法的启示》，法律出版社，2007，第509页。

见，医师的医疗处置权建立在患者方知情同意的基础之上，如果侵犯患者方的知情同意权，医师的诊疗行为将失去合法与正当的基础而会面临医疗侵权的诘问。医师的该项义务在日常诊疗与手术、医学临床研究与临床试验等特殊诊疗中各有其不同的含义，应注意区分。

（三）医师"超说明书用药权"与患者知情同意权

"超说明书用药权"派生于医师裁量权。在医师基本医疗处置权的基础上，《医师法》进一步规定，在尚无有效或者更好治疗手段等特殊情况下，医师取得患者明确知情同意后，可以采用药品说明书中未明确但具有循证医学证据的药品用法实施治疗，这就是赋予医师的"超说明书用药权"，拓展了医师的执业权利。

在探索中前行和护佑人类生命健康是医学发展的基本规律和临床医学的基本特征，以有限的医学理论与医疗手段应对无限的医疗需求是医师行医中时常面对的困惑局面。《医师法》明确"超说明书用药"的合法性，允许在无药可用时医师可实施谨慎的用药探索，这对增进患者健康利益有积极意义。

三　医疗处置权与患者知情同意权关系的多种解读

医患关系本质上属于医疗服务合同关系，适用民事法律理论，因此，贯穿医疗活动全程的医疗处置权与患者自主决定权的法律调节可通过对医疗服务合同中医患双方权利义务的合理配置和恰当履行来实现。债法关系上的主给付义务、从给付义务、附随义务以及不真正义务在医疗合同中表现最为明显、最为突出，也最值得民法学者关注。① 首先，基于法律规定的特定职业要求，医方的主给付义务是为患者提供符合医学常规的诊疗服务。其次，基于患者的生命健康权的郑重托付，医疗方应承担合理说明义务、妥当保管病历资料的从给付义务。最后，本着诚实信用原则，维护患者隐私的保密义务应当被视为医疗方的附随义务。基于权利义务对应规则，医疗方的这些基本义务内容即患者方享有的权利，因而也是对医疗处

---

① 韩世远：《医疗服务合同的不完全履行及其救济》，《法学研究》2005 年第 6 期。

置权的基本限制，由此对在专业技术及医疗信息等方面均处于弱势的患者提供必要的合理的法律保护，符合公平正义的价值要求。

在不同的医患关系模式下，当对医疗处置权与患者决定权的关系作出不同解读。20世纪中期以来，医学模式逐渐向消费者权利保护主义医学模式演进，医患之间不仅是平等的伙伴关系，而且更强调患者对医疗的参与权、选择权、决定权，这是目前世界各国医疗模式的共同趋势。在这一语境下，医疗的目标不仅仅是治疗疾病，也要做到让患者满意。美国著名的医学教科书《希氏内科学》更为直接地提出，医学是一门需要博学的人道职业。据此，对医患双方的权利分配应当根据病情、患者的需要、患者知识水平（包括医学知识水平）进行具体配置和调整，不能死守固定模式。

其一，慢性病患者往往自己已经积累了一定的诊治知识与技能，对自己的病情及预后也有大致明晰的认识，应当适用消费型医患关系模式。对患有绝症康复无望的患者以及其他因各种原因不愿继续治疗的患者，也应适用这一模式，此时医疗方尊重患方保守治疗甚至放弃治疗的选择，当视为医疗裁量权的妥当行使。

其二，在无法取得患者方意思表示的情况下，医疗方的主动性占据绝对地位，适用权威型医患关系模式。例如，《民法典》第1220条规定，因抢救生命垂危的患者等紧急情况，不能取得患者或者近亲属意见的，经医疗机构负责人或者授权的负责人批准，医疗方可以立即实施相应的医疗措施。

其三，对其他患者，则应当适用协作型医疗模式，由医患双方协商决定医疗处置措施。可以认为，医疗处置权的行使具有"强制性"与"任意性"的双重要求，前者是指行医者在技术层面要严格遵守临床常规以保证医疗安全，后者是指根据医患关系模式对医疗处置权进行限缩或扩展，尊重患者的意思自治。

对患者知情同意权要从告知的内容与程度、告知方式、告知对象等方面掌控，这关涉医疗注意义务的范围和医疗裁量权之行使是否妥当。值得强调的是，只有尊重病人自主权，医师的裁量权才有合理的存在基础，只有保护医师的裁量权，病人的自主权才能真正得到贯彻，这是处理医疗处置权与患者自主决定权关系的基本原则。

四　遵循协调知情同意权与医疗处置权的法律进路化解医患矛盾

（一）　医患权利处置与医疗过错的认定

审查对医患权利关系的处置是否合法是认定医疗过错的认识路径。医疗过程是医患双方就医疗服务合同的内容不断沟通的过程，也是患者知情同意权与医疗处置权相互调适的过程，在医疗服务过程中，医疗处置权与患者的自我决定权是此消彼长的关系，这两种权利的抵触往往成为常态，而医患沟通的法律本质是对医疗服务合同双方权利义务的动态调整。医疗损害责任是在医疗服务过程中医疗方对其医疗过错造成就诊患者人身权益及其他权益损害所应承担的民事责任。对此，人们习惯于通过事后的静态回顾来研判医疗方是否违反法律、法规、技术操作规范等行医规范所规定之医疗注意义务。然而，在临床医疗实践中，医疗活动是以医疗方行使医疗处置权或医疗裁量权的形态来展现的，通过对医疗处置权的行使是否妥当的研判来揭示医疗过错之有无，是对医疗进程的动态研究，因而更贴近临床活动的思维模式与展开过程。医疗裁量权的范围有多宽，实际上决定了医疗注意义务的范围。[①] 在法律层面对医疗方是否存在过错的判断核心是医疗方是否违反医疗注意义务，是对医疗处置权行使是否合法合规，以及是否侵犯患者知情同意权的界定。可见，各类医疗损害责任的认定均与医疗裁量权的行使是否得当有密切关联，医疗裁量权的行使是否得当，不仅是认定是否存在医疗损害责任的基本切入路径，而且是其中的核心环节。处理好医疗处置权与患者自主决定权（选择权）之间冲突的法律平衡，无疑就解决了医疗损害责任的基础性问题，而对作为私法自治原则在医患关系上基本体现的患方的知情同意权或自主决定权的恰当掌握与维护，既是对医疗处置权的限制，也提供了研判医疗过错责任的恰当视角。

---

① 屈学武主编《刑法各论》（法律硕士专业学位研究生通用教材），社会科学文献出版社，2005，第 470 页。

可以认为，对患者知情同意权与医疗处置权之间关系的处理，既是揭示医疗过错的直接认识路径，也是防范和解决医患冲突的法律进路。

有著述将医疗损害责任划分为医疗技术损害责任、医疗伦理损害责任、医疗产品损害责任三种类型，医疗技术损害责任是指医疗方违背当时医疗水平的疏忽和懈怠造成患者人身损害的责任，医疗伦理损害责任是指医疗机构和医务人员违背告知义务侵犯患者知情同意权、违背保密义务侵犯隐私权两种情况。① 这一见解当然具有一定的法律依据，然而，在医疗损害责任纠纷的法律处理实践中，医疗技术类损害往往与是否侵犯患者知情同意权、隐私权等医疗损害缠绕在一起，难以截然区分开来。例如，医疗方往往以已经签署知情同意书或以其他方式告知医疗风险为抗辩医疗技术过错的理由，也会以征求患者方同意为抗辩侵犯患者隐私权的指控。显然，对医疗技术医疗损害的研判不能完全抛开对是否侵犯患方知情同意权、隐私权的研判而独立展开。

（二）以规制医疗处置权为核心协调医患权利

患者的知情同意权要通过医疗方履行相应医疗告知义务来实现，因此，协调医疗处置权与患者知情同意权的关键在于对医疗处置权加以必要规制，这也是对在专业技术及医疗信息等方面处于弱势的患者提供特殊保护的需要。对医疗处置权的规制，要着重从下述几个方面着手。一是医师行使医疗处置权应贯彻"患者利益最大化"原则。二是协调医患权利冲突的基本模式是，医疗方向患方充分披露病情、医疗措施及其风险、医疗费用等信息，提出备选方案，由患者方自主选择。三是医疗风险可以通过医患协议告知和明确，但不能通过医患协议直接在医患之间进行转移和分配，因为这属于法律研判的范围。只有在医疗方全面、忠实履行医疗注意义务的前提下发生的医疗风险，才可以在医患之间进行合理分担。四是医疗方有权拒绝患者方提出的违反诊疗常规和伦理规范的医疗请求。简言之，处理医疗处置权与患者知情同意权关系的基本法律原则是，以法定为基础，以约定为补充，即医患双方可在诊疗技术规范和法律法规许可的范

---

① 杨立新:《侵权责任法》，法律出版社，2010，第417~429页。

围内协商约定具体的诊疗措施。

鉴于临床医疗具有复杂性,医疗方案存在多样性,患者的伤病情况具有多变性,在医疗过程中,需要医患双方围绕病情和诊疗措施不断互动、沟通,知情同意权与医疗处置权各自的内涵处于动态变化中,既不可能由医患双方事先明确约定,也难以在立法上预设医患双方的具体权利义务,故而在立法上明晰医患双方的权利和义务、精确配置医患双方的权利义务缺乏可行性,对上述医患权利在立法上作出原则性规定是明智之举。

总之,医患关系存在医疗结果不确定的风险、医患双方专业与信息上的不平等、医患之间利益不易相容、医患关系模式多变与运用困难等多重属性,这是发生医患矛盾与冲突的基本原因。加强医患沟通,以形成医疗风险分担的医患共识,改善患者在医患关系中的被动与弱势地位,寻求医患之间的利益平衡,适用恰当的医患关系模式,才能化解医患矛盾。医患沟通的法律本质是对患者知情同意权与医疗处置权之间关系的处理,而审查对患者知情同意权与医疗处置权之间关系的处置是否合法,是认定医疗过错责任的基本认识路径,也是解决医患矛盾与纠纷的法律进路,其关键问题是医疗处置权的行使是否合规合法。

第八章
患者隐私权的法律保护

第一节　隐私权及个人信息保护立法概述

一　隐私权概述

（一）隐私权的内涵与特征

《民法典》第4编第6章对"隐私权和个人信息保护"做出了专门规定。根据该规定，隐私权是指自然人享有的私人生活安宁不被干扰，私密空间、私密活动、私密信息不为他人知晓的权利，这是隐私权的基本内涵。可见，隐私权的保护对象包括私人生活安宁、私密空间、私密活动、私密信息。

隐私权的基本特征是"自然人生活安宁不被打扰"，权利人明确同意或具有法律依据是排除侵犯隐私权的基本前提。

（二）侵犯隐私权的行为

缺乏法律规定或未经权利人明确同意，以刺探、侵扰、泄露、公开等方式侵害他人隐私的，属侵犯隐私权的行为。

根据被侵犯对象与侵权行为方式，侵犯自然人隐私的行为主要包括以电话、短信、即时通讯工具、电子邮件、传单等方式侵扰他人的私人生活安宁，进入、拍摄、窥视他人的住宅、宾馆房间等私密空间，拍摄、窥视、窃听、公开他人的私密活动，拍摄、窥视他人身体的私密部位，处理他人的私密信息，以及以其他方式侵害他人的隐私权。

二 个人信息的法律保护

（一）《民法典》对个人信息的立法保护

根据《民法典》第 1034 条的规定，个人信息是以电子或者其他方式记录的能够单独或者与其他信息结合识别特定自然人的各种信息，包括自然人的姓名、出生日期、身份证件号码、生物识别信息、住址、电话号码、电子邮箱、健康信息、行踪信息等。《民法典》通过明确个人信息的概念、个人信息的处理原则与条件架构起对个人信息保护的法律制度，规定对个人信息的处理（包括收集、存储、使用、加工、传输、提供、公开等）应符合合法、正当、必要原则，并应征得个人或监护人的同意，遵守公开的处理信息规则与已明示的处理信息的目的、方式和范围，不违反法律行政法规的规定和双方的约定。《民法典》的上述规定架构了个人信息法律保护的统领性的原则与规则。

（二）《个人信息保护法》对个人信息的立法保护

自 2021 年 11 月 1 日起施行的《中华人民共和国个人信息保护法》（以下简称《个人信息保护法》）在《民法典》上述规定的基础上着重对个人信息处理的具体法律制度做出了规定。

（1）对个人信息处理应遵循的基本原则，在"合法、正当、必要"原则的基础上增加了诚信原则。

（2）个人信息处理以取得个人的同意为原则，以不需取得个人同意为例外，该例外限于《个人信息保护法》第 13 条第 2 款至第 7 款的情形。①

（3）对个人同意应当保证个人充分知情，应当以显著方式、清晰易懂的语言，真实、准确、完整地告知，同意应当自愿、明确作出，必要时

---

① 该情形主要包括，为订立、履行个人作为一方当事人的合同所必需；为履行法定职责或者法定义务所必需；为应对突发公共卫生事件、为公共利益实施新闻报道与舆论监督的需要，紧急情况下为保护自然人的生命健康和财产安全所必需；依照本法规定在合理的范围内处理个人已经公开的个人信息；法律、行政法规规定的其他情形。

取得个人单独同意或者书面同意，且个人有权撤回同意。

（4）公开他人个人信息的规则：公开他人个人信息应取得个人单独同意；除非个人明确拒绝，可以在合理的范围内公开个人自行公开或者已经合法公开的个人信息，但公开对个人权益有重大影响的个人信息，应取得个人同意。

（5）明确敏感个人信息的特殊处理规则。在具有特定的目的和充分的必要性，采取严格保护措施，告知处理敏感个人信息的必要性以及对个人权益的影响，并应取得个人的单独同意或按照法律、行政法规的规定取得书面同意，方可处理敏感个人信息；对不满 14 周岁未成年人的个人信息按照敏感个人信息加以保护，其处理应当取得其父母或者其他监护人的同意，并应制定专门的个人信息处理规则。

（6）遵守法律行政法规对处理敏感个人信息的行政许可或其他限制性规定。

总之，对个人信息的保护要遵守法律行政法规的规定取得个人同意和严守双方的约定。

《个人信息保护法》虽然没有专门规定对自然人隐私信息的保护，但是将个人信息划分为敏感信息与非敏感信息，敏感信息是指一旦泄露或者非法使用，容易导致自然人的人格尊严受到侵害或者人身、财产安全受到危害的个人信息，包括生物识别、宗教信仰、特定身份、医疗健康、金融账户、行踪轨迹等信息，以及不满 14 周岁未成年人的个人信息，并为其专门设定了处理规则。这里，采用了"个人信息被泄露或者非法使用＋危害后果＋列举重要敏感个人信息"的立法技术。[①] 显然，其中也涉及隐私权的保护。

三　隐私权保护与个人信息保护的关系

自然人的隐私权保护与个人信息保护密切关联。隐私权是附属于个人信息之上的人格利益，隐私与个人信息保护的客体存在一定的交叉重叠，其保护客体均为有相当相似性的人格利益。以电子或其他方式记录的能够

---

① 王春晖：《个人信息保护法实施应关注十大核心要点》，《法治日报》2021 年 11 月 9 日。

单独或者与其他信息相结合识别特定自然人的各种个人信息具有个体识别性的特征，对个人信息的收集与处理能够与信息主体建立某种联系，从而对以"生活安宁不被打扰"为特征的个人隐私形成侵害。各类个人信息对信息主体产生的影响力存在差别，非私密信息在传统的隐私概念下并非需要或值得特殊保护。然而，个人信息的保护价值来自强大的信息聚合能力与信息识别能力，而绝非单一的个人信息。① 作为隐私权保护对象的私人生活安宁、私密空间、私密活动、私密信息均直接或间接与个人信息关联，对并非私密信息的单一的个人信息的侵犯也可能形成对隐私权的侵犯，故获取个人信息往往是侵犯隐私权的前提，甚至该行为本身就是对隐私权的侵犯。比如，获取个人信息中的姓名、身份证件号码、住址、电话号码、电子邮箱、行踪信息是侵犯私人生活安宁、私密空间、私密活动的前提或组成部分，而非法获取他人健康信息则直接构成对他人私密信息的侵犯。《民法典》第 1034 条第 3 款规定，个人信息中的私密信息，适用有关隐私权的规定；没有规定的，适用有关个人信息保护的规定。这就是说，当隐私权与个人信息保护重合时，优先适用隐私权规则，私密信息既属于个人信息又是个人隐私，要优先适用隐私权的保护规则。

第二节　患者隐私权与医疗健康信息的法律保护

一　保护患者隐私与个人信息的意义与法律依据

诊疗活动必然涉及医疗方对患者隐私和个人信息的采集、使用等问题，因而医疗方对患者隐私和个人信息的保护值得特别研究。医务人员为准确诊治疾病，需要获得尽可能多的患者的信息，由于医疗的专业性，对介入患者隐私的范围与程度，医疗方往往有主动权。对患者方而言，其出于尽快康复的目的，一般会希望医师全面掌握自己的病情，但患者往往又同时希望尽可能少地暴露隐私。如果医患双方对自身权利的要求无限放大，或权利行使不当，就会产生侵犯患者隐私权与个人信息的医患矛盾。

---

① 谷兆阳：《民法典中隐私权与个人信息保护的关系》，《检察日报》2021 年 8 月 25 日。

因此，医疗活动的顺利开展，既要赋予医疗方诊疗权，又要维护患者隐私权及人格尊严。维护患者隐私与个人信息是保护自然人隐私与个人信息的重要环节。

《民法典》第7编侵权责任中第6章医疗损害责任之第1226条规定，医疗机构及其医务人员应当对患者的隐私和个人信息保密。泄露患者的隐私和个人信息，或者未经患者同意公开其病历资料的，应当承担侵权责任。可见，对患者隐私和个人信息保护，要遵守《民法典》对自然人隐私权和个人信息保护的规定、《个人信息保护法》的相关规定以及《民法典》第1226条的上述规定。

二 患者医疗健康信息的法律保护

《民法典》规定，个人信息中的私密信息，适用有关隐私权的规定；没有规定的，适用有关个人信息保护的规定。这里并没有对私密信息作出明确规定。根据《个人信息保护法》，患者的医疗健康信息属于敏感个人信息。那么，私密信息与敏感个人信息又是什么关系呢？医疗健康信息是否属于私密信息？如果医疗健康信息既属敏感个人信息，又属私密信息，就应适用有关隐私权保护的规定。

私密信息与一般个人信息相区分的关键是对"隐私利益"的判断，"隐私利益"可以拆分为"隐"和"私"两种属性，前者强调不为他人所知的秘密性，既包括不愿为他人所知的主观期待，也需要具有未公开的客观事实；后者则突出与公共利益和他人利益无关的私人性。[1] 根据该观点，医疗健康信息显然属于私密信息，应适用有关隐私权保护的规定。根据《个人信息保护法》，对属于敏感个人信息的患者的医疗健康信息的处理（包括采集、使用、公开），应当取得个人的单独同意，并应向个人告知处理敏感个人信息的必要性以及对个人权益的影响，对不满14周岁的未成年患者应当取得其父母或者其他监护人的同意。根据《民法典》对隐私权的保护原则，除法律另有规定或者权利人明确同意外，不得侵犯隐

---

[1] 张璐：《何为私密信息？——基于〈民法典〉隐私权与个人信息保护交叉部分的探讨》，《甘肃政法大学学报》2021年第1期。

私权。可见，对患者医疗健康信息的保护既要坚守法律的规定，又应取得患者的明确同意。

三 患者的私人生活安宁、私密空间、私密信息

在患者隐私权的诸保护对象中，私人生活安宁、私密空间、私密信息各有其特殊性。

（一）患者的私人生活安宁

私人生活安宁是指自然人的生活安定和宁静的权利，自然人有权排斥他人对其正常生活的骚扰。[①] 显然，享有安静、独处的时空，才能拥有自由幸福的生活。可见，私人生活安宁在《民法典》中被列入隐私权的范围来加以保护具有重要意义，而患者的私人生活安宁应当包含不愿他人知晓其患病就诊的事实。私密活动是指个人不愿为他人知晓的与公共利益和职业行为无关的个人活动，包括社会交往、日常生活等，患者在医院因病就诊的事实可归属为私密活动，与患者的私人生活安宁存在密切关联，患者有排斥一定范围之外的他人前来探视、打扰的权利。

（二）患者的私密空间

私密空间是指为保护个人隐私所需要的排斥他人侵入的空间场所，维护私密空间是保护个人空间隐私的基本要求，既包括私人住宅、专用办公室、私家车内等，也包括个人合法使用、支配的公共空间，如住宿的客房、临时使用的公共卫生间与公共浴池等。患者的私密空间首先包括其入住的单人病房，同时，对患者私密空间的界定应当与特定的时间、场合相结合，进行暴露私密部位检查、治疗、手术时的场所，对参与医疗救治的医疗人员之外的其他人，属于患者的私密空间，患者如厕时的公共卫生间，也属于患者当时的私密空间。

[①] 最高人民法院民法典贯彻实施工作领导小组主编《中华人民共和国民法典人格权编理解与适用》，人民法院出版社，2020，第339页。

（三）患者的私密信息

私密信息是指自然人不愿公开的个人住址、财产、年龄、婚姻与家庭、履历、通讯、身体与健康状况等方面的信息，这些信息一般并不涉及公共利益，自然人隐匿该信息只要不违反法律规定，都应当受到法律保护。对患者私密信息保护的重点是私密部位保护，非诊疗需要应尽量减少私密部位的暴露，必须暴露时采取必要的遮挡措施，并减少无关在场人员，非经患者本人同意不得拍摄、窥视患者私密部位。根据《个人信息保护法》，对个人信息的处理允许双方约定，医患双方一般不会对此进行明确约定，所谓医患约定往往可从约定俗成的诊疗需要的角度来解读与限定。比如，患者仅仅是心肺疾患，那么，对患者私密部位的暴露与检查显然不属于约定俗成的诊疗需要的范围；又如，胸透中要求女性患者全部脱掉上衣，就不属于约定俗成的诊疗需要的范围。医疗方在采集患者信息尤其是暴露患者私密部位时应谨慎行使医疗裁量处置权，事先与患者方充分沟通，取得其明确同意。

四　医疗方对患者个人信息的采集

医疗机构基于诊疗需要必须建立真实、完整的患者病历档案，根据《民法典》及《个人信息保护法》，对个人信息的收集应遵循合法、正当、必要和诚信原则，采取对个人权益影响最小的方式，限于实现处理目的之最小范围原则，禁止"过度收集个人信息"。保护患者隐私和个人信息也是《医师法》明确规定的医师执业规则与执业义务。因此，在诊疗过程中，询问患者的病史（包括要求提交既往病历资料），了解患者行踪信息，询问现病史、既往病史、家族病史要符合合法、正当、必要原则，符合诊疗的需要，并应征得个人或监护人的同意，禁止过度信息收集。

五　病历的保管、使用、公开与患者隐私权保护

（一）患者病历资料的保管

医疗方对患者个人信息进行采集后形成该患者的住院病历资料，其中

记载了患者的原始真实的医疗健康信息,对该健康信息应按照隐私权保护的法律规定加以保护,医疗方依法对患者的病历资料承担妥善保管的义务,应当采取技术措施和其他必要措施,确保其收集、存储的病历信息安全,防止泄露、篡改与丢失,除非经患者本人明确同意或具有法律依据,不得对外公开。这里的法律依据包括卫生行政法规、规章。

(二) 患者病历资料的使用

根据《医疗机构病历管理规定》,为患者提供诊疗服务的医务人员,经卫生计生行政部门、中医药管理部门或者医疗机构授权的负责病案管理、医疗管理的部门或者人员,可以查阅患者病历。值得注意的是其他医疗机构及医务人员对患者病历的查阅问题。一是其他医疗机构及医务人员因科研、教学需要查阅、借阅病历的,根据《医疗机构病历管理规定》第16条的规定,应当向患者就诊医疗机构提出申请,经同意并办理相应手续后方可查阅、借阅。但根据《民法典》及《个人信息保护法》,该同意应当由患者本人或法定监护人作出,而不应由保管该病历的医疗机构作出。医学的传承、医疗技术的发展,必然要进行医学教学、医学科研、医学宣传等工作,涉及使用患者病历信息的,事前必须取得患者的知情同意。二是为本医院医疗纠纷诉讼需要擅自调取患者在其他医院的病历资料,属侵犯患者隐私权的行为。

同时,对于患者的病历信息进行利用应当采取限度原则,尽可能少地泄露患者的个人信息,对于涉及患者的信息予以保密,通过对该健康信息采取特殊化处理,使外界不能据以识别特定患者。

(三) 患者病历资料的公开

《个人信息保护法》对个人信息保护与利用的平衡,即在保护中利用,在利用中保护。[①] 显然,隐私权与个人信息保护要在私人利益和公共利益之间进行平衡。根据《民法典》第1036条的规定,下述公开病历的

[①] 王春晖:《个人信息保护法实施应关注十大核心要点》,《法治日报》2021年11月9日。

行为不承担民事责任：在患者或者其监护人同意的范围内合理公开；合理处理患者自行公开的或者其他已经合法公开的信息，但是该患者明确拒绝或者处理该信息侵害其重大利益的除外；为维护公共利益或者该患者合法权益合理实施的其他行为。例如，在防控新冠肺炎疫情期间，向公众披露患者的健康信息与行动轨迹是为了更快更精确地锁定与患者密切接触的人员，阻止疫情的进一步扩大与传播。又如，为了防控传染病，患者应如实告知其行踪信息、私密活动、接触人员，不能拒绝提供，否则应承担妨碍传染病防治的法律责任。

根据《民法典》的规定，只要有泄露或未经患者同意公开其病历资料的行为，即承担侵权责任，而不再将患者有损害作为必备条件。

第九章
《医师法》的主要内容与规制医师执业的法治对策

2021 年 8 月 20 日十三届全国人大常委会第三十次会议审议通过了《中华人民共和国医师法》（以下简称《医师法》），该法积极回应医师执业中的社会关切，多维度架构医师管理的法律制度，为实施健康中国战略提供了重要的法律保障。执业医师是实施健康中国战略的核心力量之一，同时，实践中的大部分医疗侵权是由医师执业行为所引发，《医师法》中的多项规定与医疗侵权法律责任的认定相关联，因此，有必要对《医师法》的主要内容及相关法律问题加以简要探讨。

第一节 《医师法》的主要内容

一 遵循医师培养规律，保证医师队伍整体专业素质

保证执业医师队伍的专业技术素质是有效防范医疗侵权的基本前提。遵循医师培养成长规律，使医师队伍符合时代要求，是《医师法》修改的基本原则。① 培养一名合格、成熟的医师要经历多个阶段。

一是系统牢固掌握临床医学基本理论。医师从事的临床诊疗活动是关乎就诊患者生命健康安全的专业技术活动，只有保障执业医师的专业技术水平，才能保证医疗质量。《医师法》通过医师资格考试与医师执业注册

---

① 刘谦：《关于修订〈中华人民共和国执业医师法〉的说明》，中国人大网，2021 年 8 月 20 日。

的双重制度架构，严把医师队伍的"入口"，并逐步提升医师准入的学历门槛，架构严格的医师准入制度，保证执业医师的医学理论达到一定的水准。

二是具备熟练的医疗实践操作技能。诊疗行为是实践性很强的专业技术活动，在医学基本理论的基础上熟练掌握实际操作技能与经验，才能胜任日常诊疗工作。《医师法》高度重视医师实践技能的培养与考量，要求通过建立健全住院医师规范化培训制度与专科医师规范化培训制度，加强医教协同，完善医学院校教育、毕业后教育和继续医学教育体系，以实现这一目标。

三是医师需要终生学习。为满足人民群众日益增长的医疗健康需求，医师要及时跟进现代医学的发展和医疗新技术的进步，不断学习和持续提升专业技术水平。为此，《医师法》规定了医师的继续教育机制与制度。

四是确保执业医师队伍的整体素质，清理"害群之马"。为保障医疗安全，营造和谐医患关系，《医师法》实行医师"禁业"规则，对严重违反医师职业道德、医学伦理规范，造成恶劣社会影响的医师，依法取消或剥夺医师执业资格，并规定对定期考核不合格的医师暂停执业。

二 维护医师执业权益，强化医师执业保障

切实维护执业医师正当的执业权益，才能保障医师履行救死扶伤、护佑生命的职责，激励医师为社会提供高质量的医疗卫生服务。《医师法》着重从四个方面架构对医师合法权益的法律保障。

（一）把保障医师合法权益作为首要目标

《医师法》在总则中规定，医师依法执业受法律保护，医师的人格尊严、人身安全不受侵犯，推动在全社会广泛形成尊医重卫的良好氛围，并在"保障措施"一章具体设立了保障医师合法权益的多项规定，包括建立健全体现医师职业特点和技术劳动价值的人事、薪酬、职称、奖励制度，建立特殊岗位医师津贴制度、优惠待遇制度、表彰制度，设立医师职业安全和卫生防护用品、工伤保险待遇、带薪休假、定期健康检查等制度。

（二）赋予医师更多诊疗自主权

诊治的及时性、病情的动态变化、医疗的专业性决定必须赋予医师一定的医疗处置权，才能保证临床诊疗正常展开。《医师法》第 22 条规定了医师在执业活动中享有的权利，明确规定了医师的医疗处置权，并且进一步拓展了医师的医疗处置权，规定在尚无有效或者更好治疗手段的特殊情况下，医师取得患者明确知情同意后，可以采用药品说明书中未明确但具有循证医学证据的药品用法实施治疗。我们认为，临床诊疗活动是在"医学基本理论有限、社会医疗需求无限"的环境下进行，具有"规范性与探索性并存"的基本特征，《医师法》明确"超说明书用药"的合法性，允许谨慎的医疗探索，以满足治疗需求，对保护人民健康具有积极意义。

（三）赋予医师"院外急救免责权"

社会医疗诊治与救助需求具有随机性，远远不限于医疗机构等诊疗场所，医师外的普通民众缺乏急救技能，而医师无疑是有能力提供专业医疗救助的主体力量。《民法典》第 184 条规定，因自愿实施紧急救助行为造成受助人损害的，救助人不承担民事责任。《医师法》第 27 条规定，国家鼓励医师积极参与公共交通工具等公共场所急救服务，医师因自愿实施急救造成受助人损害的，不承担民事责任。《医师法》的这一规定，意在通过免除医师院外急救担责的后顾之忧，鼓励医师在非工作场所、非工作时间踊跃参与公共场所急救，发挥其在急救方面的专业优势，使更多突然遭受伤病的社会成员及时获得有效的专业救治，全方位保护公民的生命健康安全。

《医师法》的这一规定同时也昭示社会，在医疗过错责任的判断标准上，应当区别对待公共场所急救与医疗场所医疗服务，区别公共场所急救与医疗场所急救。实施规范的医疗措施，需要事先取得比较完整的病史病情方面的临床资料，并需要使用必要的医疗器材，但在这些条件都不可能具备的公共场所急救时的风险相对较大，急救效果难以保证，也难以完全避免发生其他人身损伤。实际上，此前关于院外急救究竟是医师职业内的法律义务，还是职业道德方面的义务，法学界是存在争论的，没有形成一致意见，《医师法》第 27 条的规定，在鼓励医师实施公共场所急救的同时，也淡化了上述法律义务与道德义务之争的必要性。

（四）强化医师执业的法律保障

由医疗侵权纠纷引发的医闹、暴力伤医等不良事件严重影响医师执业安全，对此，《医师法》明确规定，医疗卫生机构应当完善安全保卫措施，及时主动化解医疗纠纷，禁止阻碍医师依法执业和干扰医师正常工作、生活，禁止侵犯医师的人格尊严、人身安全，并明确涉医违法犯罪的法律责任，着力在有效防范和加大处罚力度的双重维度上为医师营造良好的执业环境。

三　遵循临床诊疗规律，明确医师执业规则

医师执业规则是确定医师执业义务与判断有无医疗过错的主要依据，明确医师执业规则，对界定医师的医疗侵权责任具有重要意义。对医师的执业规则与执业义务，《医师法》除了明确规定医师基于职业的社会属性应当承担的职责、维护患者的知情同意权、保护患者隐私和个人信息、如实填写病历等医学文件之外，着重基于临床诊疗基本规律从下述两大方面设定医师的执业规则。

（一）遵守临床诊疗指南与技术操作规范

受市场经济的影响与冲击，医疗行业出现了行业竞争与过度逐利倾向，产生了医疗方经济利益与患者健康利益的冲突，罔顾临床诊疗技术规范与自身技术条件的争抢病员、过度检查治疗时有发生，严重威胁医疗安全，并成为引发医患矛盾纠纷的重要原因。法律具有树立行为准则、规范行为模式、引导行为方向的基本职能，既维护行为自由，又防范和惩治危害社会的行为。针对医师执业中的利益冲突，《医师法》一方面通过健全体现医师职业特点和技术劳动价值的薪酬、奖励制度保障医师的正当权益；另一方面要求医师严守执业规则，以规范、引导医疗行为，维护医疗秩序和医疗安全，包括禁止不必要的检查治疗等不当牟利的医疗活动。

（二）努力钻研业务，不断提高执业水平

推进医学科学和医疗技术的不断进步符合人类的根本健康利益，医师群体在保护人民健康、推进健康中国建设中具有不可替代的重要作用，除了在执业中必须尽职尽责、倾其所知所能外，医师应终生学习，使其学识技能水平随着医学科学技术的进步不断提高，这对增进人类健康福祉有着重大意义。医师身系患者生命身体之安危，因此医师不仅应具备传统的医学理论及技能，亦不能抱残守缺。医学的进步日新月异，凡由医学的进步而使医师所应具备的学识及技能水平有所提高，其注意标准亦应随之提高。① 因此，医师对新技术的无知和技术落后于时代属违背医疗注意义务，由此导致的医疗失败不能成为开脱医疗过失责任的理由。根据《民法典》，未尽到"与当时的医疗水平相应的诊疗义务"造成患者损害的，医疗方应承担赔偿责任。《医师法》对医师执业规则与义务的上述设定与《民法典》相对应。

四 遵循卫生事业发展规律，建立结构合理、分布均衡的医师队伍

坚持公益性原则，保障公民享有基本医疗卫生服务，提高公民健康水平，推进健康中国建设，是我国医疗卫生事业的根本目标和基本发展规律。医师队伍是医疗卫生资源的重要组成部分，是实现基本医疗服务的可及性与均衡化的基本人才支撑，建立规模适宜、结构合理、分布均衡的医疗卫生队伍，才能确保健康中国战略的顺利实施。《医师法》对此主要做出三方面的布局。

（一）强化基层

实行分级诊疗制度是实现基本医疗服务可及性与均衡化的基本路径。基层缺少高层次人才，就很难做到有效分流患者，导致三甲医院的稀缺医

---

① 黄丁全：《医事法》，中国政法大学出版社，2003，第342～343页。

疗资源被占用。[①] 为提高基层医疗卫生队伍的医学专业技术能力和水平，推动优质医疗资源下沉，《医师法》规定，统筹城乡资源，加强基层医疗卫生队伍和服务能力建设，通过信息化、智能化手段帮助乡村医生提高医学技术能力和水平，鼓励医师定期定点到县级以下医疗卫生机构提供医疗卫生服务，晋升高级技术职称以在县级以下医疗卫生机构提供医疗卫生服务为必要条件。

（二）弥补短板

总结吸收新冠肺炎疫情的防治经验，在完善基本公共卫生服务方面，通过多种措施加强疾病预防控制人才队伍建设，建立适应现代化疾病预防控制体系的医师培养和使用机制，建立公共卫生与临床医学相结合的人才培养机制。

（三）跟进社会医疗服务需求的发展

适应互联网发展的趋势，给予互联网医疗、远程医疗、多点执业以合法地位，解决医疗资源分布的地域不均衡和优秀医师、优质医疗资源紧缺问题，满足不断增长变化的社会医疗服务需求。

此外，新修订的《医师法》的另一重大立法突破和亮点是，为应对临床医疗的风险属性，规定医疗机构"应当"参加医疗责任保险或者建立、参加医疗风险基金。将"鼓励"改成"应当"，意味着要强制推行医疗责任保险或建立医疗风险基金，该规定对营造医师执业的宽松环境意义重大，详见本书第六章第三节"医疗责任保险与医疗侵权责任程度"的相关阐述。

第二节　规制医师执业的法治对策

新修订的《医师法》多维度架构了医师执业权益的法律保障，并把保障医师合法权益作为首要目标，充分体现出对医师的期冀与爱护。笔者

---

① 金振娅：《医改必须直面难点》，《光明日报》2013 年 11 月 26 日。

认为，为促使医师为社会提供高质量的医疗服务，有效规制医师的执业活动，对医师执业当贯彻减负减压与规制问责并重、医患权利并重、医师行业自律与外在监督并重即"三项并重"的法治策略。

一 减负减压与规制问责并重

临床医学具有"理论发展难以满足实践要求、规范性与探索性并存"的特征，医师在诊疗活动中要时常面对"医学理论与技术手段有限，社会医疗需求无穷"的局面，形成医疗结果不确定的医疗风险，由此发生的以医疗损害赔偿为核心的医患纠纷成为引发医患矛盾、困扰医师执业的重要因素。新修订的《医师法》规定，医疗机构"应当"参加医疗责任保险，即强制推行医疗责任保险，这是应对医疗风险的重大立法突破。医疗风险具有随机性与偶然性，通过医疗方自愿投保医疗责任险尚不足以建立充分的风险负担基础，强制推行医疗责任保险可在全社会建立更有力有效的医疗风险分担机制，使医患双方的权益获得稳固保障，从而给执业医师减负减压，缓和医患关系，对优化医师执业环境意义深远。但是，医疗责任保险也给医疗侵权风险带来负面反馈，主要表现为侵权主体与民事责任承担主体相分离，削弱法律对违规医师的惩戒威慑作用，懈怠执业医师对医疗风险的警惕性，并可能扭曲侵权案件的公正裁判，这显然与《医师法》维护医疗安全的立法本意背道而驰。推行医疗责任保险对执业医师减负减压并不是对医疗过错的宽纵和对违规医师的袒护，更不是放松监管与问责。为维护医疗安全，对医师应当坚持减负减压与规制、问责并重。为实现依法问责，应从两方面着手。一是树立医疗行为准则、规范医疗行为模式，以临床诊疗指南与技术操作规范等执业规则严格规制医师的执业行为。二是完善医疗责任保险配套制度，克服医疗责任保险对医师执业活动的负面影响。要通过优化责任保险保费结构形成奖惩机制，调动被保险人防范风险的积极性，使医疗方保持对法律的敬畏，而不能超脱事外，建立医疗风险转移、道德风险防范、督促医师规范行医之间的平衡，并通过医疗过错责任的规范化、权威性认定，为医疗责任保险的实施提供坚实可靠的制度支撑。

二　医师权利与患者权利并重

医患权利抵触是医疗中的常态现象。为充分发挥医师救死扶伤、护佑生命的作用，《医师法》把保障医师合法权益作为首要立法目标，赋予医师多项执业权益，其中，医疗处置权是医师诊疗活动中经常行使的权利。同时，法律赋予患者对重要医疗信息的知情同意权，这是患者享有的最基本的权利，意在对处于被动弱势地位的患者提供必要的法律保护。根据《民法典》，侵犯患者知情同意权应承担医疗损害赔偿责任。医疗过程是医患双方围绕病情和诊疗措施反复沟通的动态过程，知情同意权与医疗处置权的内涵既不可能通过立法具体设定，也难以由医患双方事先明确约定，这无疑增加了法律调适的难度，故医疗处置权与患者知情同意权是分属医患双方的最容易发生抵触的两种权利。根据对全国法院医疗损害责任纠纷案件的大数据分析，2018 年至 2020 年，在医方败诉原因中因其未尽告知义务的占比分别为 42%、23%、19%。医疗方维护患者知情同意权的基本依据是其书写的病历，病历记录不完整、不规范是被裁判为没有正当履行告知义务的主要原因，2020 年全国法院对医方隐匿、篡改、伪造病历材料的认定率高达 21%，较 2019 年的 16% 有所上升。可见，医疗机构对告知义务的履行意识虽然有所改进，但占比仍然较高，医师侵犯患者知情同意权的现象依然严重。

如果医师行使执业权利侵犯患者方权益造成患者损害，将违背《医师法》"激励医师为社会提供高质量的医疗服务"这一维护医师执业权益的根本目的，而只有对医患权利予以平等保护，才能协调医患关系和防范医患纠纷，推进健康中国战略的实施。临床医疗既有强制性又有任意性。强制性是指在技术与伦理层面医师应坚守患者健康利益最大化原则，任意性是指对医疗方案的确定要尊重患者的意愿与决定。医师的注意义务内在地要求医师应尊重患者的知情同意权，因而维护患者知情同意权是规制医师行为的应有之义。对医疗处置权行使是否合法合规的研判涵括了对患者知情同意权是否受到侵犯的审查，只有尊重病人自主权，医师的裁量权才有合理合法的存在基础。同时，对执业医师最贴近最直接的监督来自患者，医患纠纷也是对医师执业的有力监督，因而维护患者知情同意权对规制医师执业行为具有重要意义。在医疗过程中，医患之间存在医疗信息不对称、医疗技术不对等，医师明显处于优势地位，患者知情同意权的实现依赖于医师的诚信告知，因此，实现医患权利平等保护的关键是规制医师的医疗处置权。可见，对医师权益与患者权益均加以重视和保护，对医师权利与患者权利并重，符合规制医师执业的立法目标。

三 医师行业自律与外在监督并重

《医师法》规定，医师协会等有关行业组织应当加强行业自律和医师执业规范，然而，行业自律不足以实现对执业医师的有效规制。前文已经述及，临床医疗在理论与技术操作方面保持着高度的专业性与隐蔽性，医疗技术标准的制定与执行一定程度上成为医疗界的"关门游戏"，对社会大众而言晦涩难懂；医疗方通常不会自觉在病历中记载其医疗过错，即使在医疗责任鉴定中也可能因鉴定人的"同行庇护"对医疗真相不予充分揭示，形成对医疗行为规范性研判中的"标准困惑"与"事实疑问"。更应当高度注意的是，目前全球医学技术呈现出发展迅速与商业化趋势加快的双重加速特征，医疗方为获得经济利益对拓展医疗新技术趋之若鹜，利益驱动下的医疗技术运用可能产生异化，并掩饰某些医师的真实执业动机，从患者身上谋取经济利益的冲动使某些医师把救死扶伤的神圣天职置于脑后，医师执业存在偏离增进人类健康福祉轨道的危险，显然，期待通过医师行业自律与自我约束尚不足以实现对执业医师的有效规制。对当事医患双方先天不对等却又存在利益依存甚至利益抵触的临床医疗活动，来自第三方的监管监督就显得尤为迫切和重要。

医学研究的方向方法与成果运用即使不能完全脱离商业运行模式，也必须接受公共伦理的约束与法律的严格管控。强化对医师执业的法律监督，要多措并举，推进法律监督向临床医疗领域纵深延伸，着重解决临床医学专业性隐蔽性与外在法律监督难以深入渗透的问题。其一，对医疗事实存疑问题，要在保证病历真实性与维护患者对病历的全面复印权、知情权的基础上，完善再现与认定医疗过程的法律规则。其二，医疗领域存在假借技术创新与行业垄断来摆脱外部监督的倾向，"以公开促公正"是解决该问题的必要手段，对临床医疗技术方面的"行业标准"的审查，要加大法律界、伦理界专家和卫生行政管理人员的参与力度，强化法律与伦理审查。其三，从适应证、有效性、安全性和医疗成本等方面综合评估医疗技术的临床准入，保证医疗服务的可及性与公益性，保证医疗卫生事业沿着维护人类健康福祉的轨道发展。

第十章
病历真实性完整性争议
及其解决机制

第一节　病历真实性完整性审查的必要性

一　病历在医疗侵权诉讼中的证明价值

病历是医患纠纷中系统记载医疗过程与医疗事实的核心证据材料。医疗侵权诉讼中医患双方对病历真实性的争议具有相当的普遍性，有70%～80%的医疗纠纷诉讼案件存在患者方对医疗方书写、提交的病历的真实性、完整性的争议，其中不少纠纷直接由病历真实性争议所引发，因此，病历真实性争议成为医患纠纷法律处理中的主要矛盾之一，亟待解决。最高人民法院曾经在《全国民事审判工作会议纪要》中提出解决病历真实性争议的要求。① 从医患关系的现状看，因医患利益冲突和彼此间诚信缺失，患者方难以相信医疗方会自觉在病历中对其涉嫌违规的医疗行为作出

① 《全国民事审判工作会议纪要》（最高人民法院法办〔2011〕442号通知）第46条规定，在医疗损害责任纠纷案件中，当事人应提交由其保管的涉案病历资料。医疗机构提交的客观性病历资料与主观性病历资料，符合民事诉讼法相关证据规定的，人民法院经依法认定后，均可以作为证据采用。因伪造、篡改、涂改或以其他不当方式改变病历资料的内容，致使医疗行为与损害后果之间是否存在因果关系或医疗机构及其医务人员是否有过错无法认定的，改变病历资料的当事人应承担相应的不利法律后果；制作方对病历资料内容存在的明显矛盾或错误不能做出合理解释的，应承担相应的不利法律后果；病历仅存在错别字、未按病历规范格式书写等形式瑕疵的，不影响对病历资料真实性的认定；因当事人遗失、销毁、抢夺病历，导致医疗行为与损害结果之间的因果关系或医疗机构及其医务人员是否有过错无法认定的，遗失、销毁、抢夺一方当事人应承担不利的法律后果。

客观真实的记录。

二　司法实践中的病历争议

许多医患纠纷的诱因在于医患之间对医疗基本事实的争议，而任何处理医疗纠纷机制运行中的困惑，也往往源于医患对医疗事实的争执。患者由于医学知识的不足，纵使面对普通的医疗行为，对于医疗的内容也无法明了，何况是复杂的医疗行为。再加上病历记录、医疗器材及药剂等有关医师过失责任的证据，都在医师实力支配之中，病患根本无从获取，很难于事故发生后立即保全证据作为诉讼参考。反之，医师方面却有充裕之时间补强证据以兹因应，甚至将不利之证据设法湮灭。因此，每当有医疗诉讼发生时，病患都会面临无法举证之苦而难逃败诉之命运。因而如何提升病患在医疗过失诉讼中之攻击防御能力，乃成为现代医疗诉讼法学之重要课题。[①]

审判者对医疗事实往往也难以直接做出判断。比如，通过法院的质证程序仅仅能查明医患双方对事实的争议要点，而不能澄清事实本身，只能把审查鉴定材料是否真实合法的任务传递给鉴定机构，而鉴定机构则要求提交的鉴定材料具有真实性，其结局是"皮球踢来踢去，问题不能解决"。我们认为，病历是医疗事实的核心载体，故澄清、再现、查明医疗事实，矫正医患之间医疗信息不对称的最简单的办法是，在医疗过程中向患者开放全部病历内容。如果能够做到这一点，医疗纠纷甚至比其他民事纠纷更易于处理，因为作为判定是非的依据，无论医疗规则还是法律规范对医患双方均是公开的、透明的。

《医疗损害解释》规定，委托医疗损害鉴定的，当事人应当按照要求提交真实、完整、充分的鉴定材料。《民法典》第1222条规定，患者有损害，医疗机构隐匿或者拒绝提供与纠纷有关的病历资料，遗失、伪造、篡改或者违法销毁病历资料的，推定医疗机构有过错。对病历真实性提出异议是患方当事人的基本诉讼权利，司法实践中，患者方往往以医疗方篡改、伪造、隐匿病历为由，不同意以医疗方书写、提交的病历资料为医疗

---

① 黄丁全：《医事法》，中国政法大学出版社，2003，第508页。

损害责任鉴定的送检材料，而要求审判机关直接适用《民法典》第1222条推定医疗方承担过错责任。但是，由于法官普遍缺乏足够的医疗专业知识和临床医疗经验，无从解读病历内容，无法判断当事人提交的鉴定材料是否真实、完整、充分，争议病历仅仅属于书写瑕疵，还是属于医疗方篡改、伪造和故意隐匿病历，以及最终能否直接适用医疗过错推定之规定推定医疗方承担过错责任，直接判定当事人承担不利法律后果，法官与法院往往难以决断，司法实践中法院最常见的、最保险的做法是把病历质证笔录转交医疗损害责任司法鉴定机构。在推行司法责任制和错案责任终身制的司法改革背景下，这也是无奈之举。而司法鉴定机构但凡遇到患方对病历真实性、完整性有争议的鉴定委托，往往依据《司法鉴定程序通则》第15条之"司法鉴定机构发现鉴定材料不真实、不完整、不充分或者取得方式不合法的，不得受理鉴定"的规定，拒绝受理鉴定委托，将病历争议这一"烫手山芋"递还委托的法院，导致医患纠纷案件的审理陷入僵局。审判机关曾在向原国家卫生和计划生育委员会发出的"司法建议函"中指出，病历管理规定的不完善已经成为影响案件审理、增加当事人诉累的重要因素，不利于医患矛盾的最终解决及医患双方权益的保障。可见，对病历的真实性、完整性进行审查是十分必要的，关乎医疗事实与过错责任的查明与医疗纠纷的公正解决。

第二节　病历的证据归类与证明效力

明确病历的证据归类，才能客观评判其证明力，从而建立相应的病历真实性、完整性审查规则。

一　病历是否属于"书证"

根据原卫生部颁布的《病历书写基本规范》之规定，病历是指医务人员在医疗活动过程中形成的文字、符号、图表、影像、切片等资料的总和。由于病历是以其记载的内容来证明案件事实，许多著述将其归属为"书证"的范畴。"病历作为书证，它可以在发生医疗纠纷时充分保护患者和医生的合法权益"①，"从诉讼法的角度，病历是书证的一种"②。笔者认为，从病历的制作主体、内容构成诸方面考查，所谓"病历是书证"的观点是对病历的证据属性与归类的误读。

根据《病历书写基本规范》，住院病历内容包括住院病案首页、入院记录、病程记录、手术同意书、麻醉同意书、输血治疗知情同意书、特殊检查（特殊治疗）同意书、病危（重）通知书、医嘱单、辅助检查报告单、体温单、医学影像检查资料、病理资料等。其中，病程记录包括首次病程记录、日常病程记录、上级医师查房记录、疑难病例讨论记录、交（接）班记录、转科记录、阶段小结、抢救记录、会诊记录等。

医学影像检查资料是通过技术手段对检查所见的病情的客观记录，当属于视听资料或电子数据。病理资料与切片属于物证。手术同意书、麻醉同意书、输血治疗知情同意书、特殊检查（特殊治疗）同意书是经过患者方确认其内容并经医患双方共同签署的医疗合约，可以认定为书证。但是，病历中的其他部分，尤其是病程记录、手术记录、麻醉记录确属医疗方单方书写，其主要内容是医疗方对病情演变、诊疗措施及其依据的主观分析判断的自书或记录。一般而言，医疗方总是先于患者方发觉医疗错误，这就难以排除医疗方利用单方书写的机会故意形成掩饰医疗过错的非客观记录，或刻意在病历中作出利己的倾向性注解，甚至对病历进行伪造、篡改，从而以之为日后开释医疗过错的基本支撑，其中，对诊疗理由的主观分析更会与纠纷处置过程中医疗方的言辞陈述形成内在默契。显然，这些内容属于解释、陈述的范畴，与证据分类中的"当事人陈述"在本质上具有近似的证明作用和证明目的，而该部分病历恰恰是患者方有真实性异议的重点范围。可见，病历是物证、视听资料、书证、"医疗方陈述"的混合体，不能整体上视为"书证"。

将病历视为书证与把病历划分为"主观病历"与"客观病历"的观点有一定关联，容易使人产生"至少客观病历是书证、是客观的"的错觉。但是，把病历划分为"主观病历"与"客观病历"并无法律和法理

① 冯庚、杨萍芬、付大庆：《院前急救预案现场急救攻防策略》，中国协和医科大学出版社，2010，第340页。

② 古津贤、强美英：《医事法学》，北京大学出版社，2011，第389页。

上的依据。《医疗事故处理条例》（以下简称《条例》）规定，患者可复制部分病历，不能复制的病历可予以封存。据此，有论著认为，"病历资料可以分为两大类，患者有权复制的是客观病历，患者不能复制而应当由医患双方共同封存的是主观病历"①。笔者认为，《条例》本身并没有指出何谓主观病历、何谓客观病历以及二者的区分标准，而只是规定了患者方可以复制的病历资料的范围而已，将病历划分为主观病历与客观病历没有任何法律根据。根据证据法学的通说，证据可分为"本证与反证、直接证据与间接证据、原始证据与传来证据、言词证据与实物证据"②，并无"主观证据"与"客观证据"的分类。即使对患者方可复制的所谓"客观病历"，也不排除在患者复制前已经被自觉有医疗错误的书写者故意加工，因此"客观病历"的内容未必客观真实，将其命名为"客观病历"会严重误导医患纠纷裁判者将其视为具有当然证明力的书证。《条例》规定的患者方可复制的"客观病历"是医疗方作出诊疗措施的临床依据（注：该依据也可人为制作），患者方不能复制的所谓"主观病历"记载着医务人员作出诊疗决策的临床思维过程与主观分析意见。《条例》禁止患者方复制所谓"主观病历"的立法本意是避免患者看到这些内容后质疑诊疗的妥当性而发生不必要的医患纠纷，但这一禁止性规定却反而导致了与立法本意大相径庭的社会效果，即不允许患者复印"主观病历"引发了患者对全部病历真实性的质疑，并成为医患争议的焦点和医患纠纷的诱因，酿成医疗事实认定和医患纠纷公正解决的困局。《条例》禁止患者方复制"主观病历"的规定显然与上位法《民法典》中保障患者知情权的规定存在冲突。值得注意的是，根据自 2018 年 10 月 1 日起施行的《医疗纠纷预防和处理条例》第 16 条的规定，患者有权查阅、复制属于病历的全部资料，《条例》的相关规定已经被新的行政立法取代而不再适用，显然，划分"主观病历"与"客观病历"的上述理由也不复存在。

---

① 《医疗事故处理条例》起草小组编著《医疗事故处理条例释义》，中国法制出版社，2002，第 31 ~ 32 页。

② 江伟：《证据法学》，法律出版社，1999，第 232 页。

二　病历的证明力

根据民事诉讼证据审核认定规则，对书证原件或者与书证原件核对无误的复印件，对方当事人提出异议但没有足以反驳的相反证据的，人民法院应当确认其证明力；当事人对自己的主张只有本人陈述而不能提出其他相关证据的，其主张不予支持。在医患纠纷中，患方当事人的陈述或证言被视为"有利害关系的证人证言"，难以与被称为"书证"的医疗方提交的病历之证明力相抗衡；对手术、麻醉过程等医疗关键环节，患者本人及其家属只能通过复制医疗方的记录进行了解，更无从"提出反驳证据"，而在患者本人死亡的案件中，原告方则难以对完整的医疗过程以当事人陈述或证人证言的形式进行举证证明，可见，患者方当事人往往难以对病历提出"足以反驳的相反证据"。原告和被告只有以平等或对等的诉讼权利武装自己，在平等的环境中赢得诉讼才是公平的。① 因此，如果把医疗方提交的病历整体视为具有当然或较强证明力的书证，违背了医患"诉讼武器对等"，必陷患者于被动、不利的诉讼地位，不利于公平、公正解决医患矛盾与纠纷。

总之，不属于书证的病历是多种证据的混合体，其证明力并非确定，需要通过真实性、规范性审查来确定其证明力。

第三节　病历真实性完整性审查的方法

一　病历审查的基本原则

《民事诉讼法》规定，对单一证据可以从证据的形式、来源是否符合法律规定，证据的内容是否真实等方面进行审核认定。证据法学理论认为，法律对制作形式和程序无特殊规定的，属于普通文书，法律要求必须按照法律规定的形式和程序制作的文书属于特别文书。② 《病历书写基本规范》要求，病历书写应当"及时、完整、规范"，也就是说，病历必须

---

① 邵明：《民事诉讼法理研究》，中国人民大学出版社，2004，第102页。

② 陈光中：《证据法学》，法律出版社，2011，第160页。

按照《病历书写基本规范》规定的格式、结构、程序、时间制作和书写，故作为医疗文书的病历属于特别文书，"完整、规范"是对病历的形式要件的法定要求，这是对病历实施形式审查的依据。同时，《病历书写基本规范》要求病历书写应当"客观、真实、准确"，这是对病历内容的法律规制。因此，对病历的真实性审查应当贯彻形式审查与内容审查相结合的原则。

二 病历的完整性规范性及其形式审查

《病历书写基本规范》对病历的形式上的法律规制可概括为对病历的完整性、规范性要求，因此，对病历的形式审查主要从其完整性、规范性方面实施。病历的完整性是指病历中必须记载而不能缺少某些医疗信息与临床资料，即要求医疗方全面、系统采集患者的症状、体征、辅助检查资料，并基于对这些临床资料的观察、分析、整理而作出相应的诊疗措施。这是根据医学基本理论和医疗实践经验所总结的作出正确诊疗措施、提高医疗质量、保证医疗安全的专业要求。易言之，病历中必须记载这些项目是医疗方必须履行的法定医疗注意义务。病历的规范性是指病历的书写主体、格式、时间、程序等必须符合《病历书写基本规范》。中国医院协会病案专业委员会编写的《住院病案书写质量评估标准》规定，住院病历存在 24 种问题之一的（包括缺少整页病历记录造成病案不完整、无特殊检查治疗同意书、无麻醉记录、无手术记录、无手术同意书等），即应对该病历进行"单项否决"，对住院病历存在其他 20 余类缺项、不规范书写等问题的，则予以扣分处理。中国医院协会病案专业委员会在关于《住院病历书写质量评估标准》说明中指出，有些项目的缺陷直接影响了临床医学记录的完整，不能客观地反映疾病的发生、发展及诊断、治疗的过程，可能由此承担法律、法规及卫生行政管理部门规定中所涉及的责任。① 从法律上看，病历中某些法定项目的缺失或缺陷，不仅会导致缺乏认定或推断基本医疗事实所必需的内容，而且可据此认为医务人员没有履

---

① 详见中国医院协会病案专业委员会编写的《住院病案书写质量评估标准》及关于《住院病历书写质量评估标准》说明。

行相应的医疗注意义务而存在医疗过错，医疗方要对患者的人身损害承担法律责任。

三　病历内容的系统性、一致性审查

病历完整性、规范性审查是研判病历真实性的直观、基础性的方法，但对病历仅仅进行形式审查并不能完成对病历真实性审查的任务，因为形式完备的病历，其内容未必客观真实，医疗方出于掩饰真相、规避责任的动机而利用单方书写病历的机会故意编制形式完备的病历的情形在医患纠纷处理中并非罕见。因此，要解决医患病历争议与认定病历的客观真实性，则需要进一步对病历的内容进行真实性审查。

对病历内容的真实性审查当从其内在一致性、系统性方面展开。病历的内容记载着医疗方所收集的就诊患者的临床症状、体征、辅助检查资料，以及对这些临床资料所显示的病理现象的分析、整理并作出诊断治疗措施的思路与医学依据。因此，其内容应具有内在一致性和系统性。内在一致性是指根据医学基本理论和诊疗常规，病历中作出的诊断应有客观依据，而病历记载的在医疗干预下病情的发展、演变应符合公认的医学理论与规律，如果病历内容难以自圆其说或存在自相矛盾的情况，即可判定其内容不真实，系故意编造、伪造、篡改的病历。病历的系统性是指病历内容所展现的医疗方进行医疗处置的诊疗思路是否清晰、诊断依据是否充分、医疗干预措施是否适当，因而对病历的系统性审查是进一步判断病历内容的内在一致性的方法，可以查明病历所体现出的医疗方的临床经验与诊疗水平，进而判断诊疗措施是否与医疗方应当具备的医疗水平相符合，是否尽到《民法典》所规定的"与当时的医疗水平相应的诊疗义务"。有学者指出，在医疗损害责任诉讼政策上适当向受害患者一方倾斜"①，这也成为法学界的共识。因此，在病历的真实性无法判定的情形下，审判机关应当支持患者方依法进行医疗过错推定的请求，判令医疗方对患者方承担损害赔偿责任，前述最高人民法院《全国民事审判工作会议纪要》也

---

① 杨立新：《侵权责任法》，法律出版社，2010，第416页。

蕴含着这一裁判导向。

第四节　病历争议解决机制的架构

一　病历争议解决机制是基础性制度置备

医疗纠纷的法律处理路径包括双方自愿协商、第三方调解、卫生行政调解、民事诉讼四种，在任何处理程序中均会发生医患双方对病历真实性的争议，尤其是由于在非诉讼机制中对这一争议无从解决，即使最新的《医疗纠纷预防和处理条例》设置的医患纠纷第三方调解机制中也没有涉及病历真实性争议的解决，导致非诉讼机制难以发挥化解纠纷的作用，大量的纠纷涌入司法程序，挤压有限的司法资源。正如前文所述，人民法院面对病历争议往往也束手无策。《医疗损害解释》第 10 条规定，委托医疗损害鉴定的，当事人应当按照要求提交真实、完整、充分的鉴定材料。《司法鉴定程序通则》第 12 条规定，委托人委托鉴定的，应当向司法鉴定机构提供真实、完整、充分的鉴定材料，并对鉴定材料的真实性、合法性负责。尤其值得注意的是，2020 年 9 月 1 日施行的《最高人民法院关于人民法院民事诉讼中委托鉴定审查工作若干问题的规定》（法〔2020〕202 号）之"对鉴定材料的审查"中规定，对当事人有争议的材料，应当由人民法院予以认定，不得直接交由鉴定机构、鉴定人选用。这一规定显然要求人民法院作为鉴定委托人不仅要对作为鉴定材料的病历的真实性负责，而且应对当事人有争议的鉴定材料的真实性做出判断和认定，这显然是法院无力解决的难题。可见，医患纠纷多种处理程序对病历争议均存在制度需求和依赖，病历争议解决机制是医患纠纷处理的基础性制度置备。

二　病历真实性司法鉴定的立法缺位

根据《全国人民代表大会常务委员会关于司法鉴定管理问题的决定（2015 年修正）》，司法鉴定业务划分为法医类鉴定、物证类鉴定、声像资料鉴定和根据诉讼需要由国务院司法行政部门商最高人民法院、最高人民检察院确定的其他鉴定事项。法医类鉴定，包括法医病理鉴定、法医临床鉴定、法医精神病鉴定、法医物证鉴定和法医毒物鉴定；物证类鉴定，包括文书鉴定、痕迹鉴定和微量鉴定。医疗损害责任司法鉴定归属于法医类鉴定中的法医临床鉴定；物证类鉴定包括的文书鉴定，根据《司法鉴定执业分类规定（试行）》，文书司法鉴定是运用文件检验学的原理和技术，对文书的笔迹、印章、印文、文书的制作及工具、文书形成时间等问题进行鉴定。上述鉴定均不属于对病历真实性、完整性的司法审查或鉴定，其中，文书司法鉴定至多对部分病历的制作及形成时间加以鉴定，不能解决病历整体内容的真实性、完整性争议。可见，我国现行立法并未设立病历真实性、完整性的司法鉴定事项。实践中，有的法院尝试将该争议交给医疗损害责任司法鉴定机构解决，但后者因缺乏法律依据而难以实施。

三　病历审查的专业性与司法识别机制

裁判主体在法律素养与其他专业知识方面均具有相应的认知能力，是依法公正解决纠纷的必要的制度安排。对病历真实性、完整性的审查，并非对医疗结果的认定和损害等级评定，而是对整个医疗过程及其病历内容的综合审视。医疗行为鉴定是对医疗行为和医疗过程进行鉴定，是对过去已经完成的业已存在的医疗行为过程进行重建和技术分析。[1] 从专业知识要求方面看，病历真实性审查需要运用临床医学经验和医学基本理论，遵循上述形式审查与内容审查相结合的认知路径，对病历的真实性、完整性进行由表及里、去伪存真的分析、甄别与评判，这是以临床医学为基础的法律判断，即病历真实性审查的主体应当主要由临床医学专家参与和实施。

建立司法识别机制的当务之急是完善司法鉴定相关立法，在司法鉴定种类中增设病历真实性鉴定的司法鉴定类别。值得思考的是，病历真实性审查与医疗损害责任鉴定二者均应由以临床医学专家为主体的专家参与和实施，且医疗损害责任鉴定中往往也需要通过对病历内容的审查来再现医疗过程和厘清医疗事实，病历真实性审查往往与医疗损害司法鉴定之间存在密切关联。因此，作为权宜之计，在新的立法出台之前，可以考虑把病

---

① 刘鑫、梁俊超：《论医疗损害技术鉴定危机与改革》，《证据科学》2010 年第 4 期。

历真实性鉴定与医疗损害责任鉴定合二为一，一并交给具备医疗损害责任鉴定资质的鉴定机构来完成。

　　人民法院对争议病历的认定，可以有两个途径，一是法院直接认定，二是对外借助审判系统外的技术力量进行认定，即委托病历真实性司法鉴定。关于法院直接认定，鉴于目前审判人员普遍缺乏审查判定病历真实性的医疗司法能力，由其直接认定病历的真实性尚存在困难，只有在法庭的医学认知能力得以提升并成为适格的裁判主体时，才能实现法庭直接认定病历。关于对外委托病历真实性司法鉴定，当属首选路径。但是，鉴定机构在出具病历真实性的审查意见时应当与委托法院保持协调。其一，要就病历争议是否会对医疗事实和医疗行为的认定有实质性影响作出明示，便于法院根据证明责任分配规则对医患纠纷作出裁判。其二，病历真实性司法鉴定机构不能僭越法院的审判权，不得直接对医疗方有无医疗过错责任及责任大小作出判断，医疗方的责任应由受理法院予以裁决。

第十一章

医疗侵权的举证责任

医疗侵权诉讼中，医疗方是否存在医疗过错、过错医疗行为与患者的医疗损害结果之间是否存在因果关系，是需要证明的核心问题，患者的住院病历是证明该问题的关键证据，但该证据是由医疗方单方书写和控制，甚至出现医疗方借机违背事实制作虚假病历以掩饰责任的现象，而患者方只能被动取得病历，且因医疗专业知识缺乏，难以从病历中发现支持自己诉求的内容，出现了置法定程序于不顾，以围攻医生、围堵医院或者雇用"医闹"索赔等私力救济方式解决纠纷。可见，不仅医患双方的举证能力存在较大差距，而且医患双方的不同应对措施更加剧了查清医疗事实和明确界定责任的难度，使医患纠纷的法律解决面临困境。因此，对医疗侵权纠纷中医患双方的举证责任，要重点关注和研究。

第一节 医疗侵权举证责任分配的立法演变

20 多年来，我国相关立法围绕医患双方举证责任的分配作出了不懈探索，先后作出了四种不同的规定，我们将其划分为四个阶段。

一 谁主张谁举证（2002 年 4 月前）

2002 年 4 月《最高人民法院关于民事诉讼证据的若干规定》（以下简称《证据规定》）颁布前，民事诉讼法对医疗侵权诉讼的举证责任并没有做出特殊规定，对医疗侵权纠纷按照普通侵权纠纷处理，实行"谁主张谁举证"的举证规则，即使 1992 年最高人民法院颁布的《关于适用〈中华人民共和国民事诉讼法〉若干问题的意见》规定了数种举证责任倒置的情形，但其中并不包括医疗侵权案件。该时期医患关系总体上比较缓和，医疗纠纷不多，医疗侵权诉讼案件相对较少。

二　举证责任倒置（2002 年 4 月至 2010 年 7 月）

2002 年 4 月《证据规定》颁布后到 2010 年 7 月 1 日《侵权责任法》实施前，医患矛盾日益突出，医患纠纷陡增，在医疗侵权诉讼中出现了被诉医疗机构编造、伪造、不提交或隐匿患者病历的现象，导致患者难以举证证明医疗过错及医疗损害因果关系，实行"谁主张谁举证"对患者方维权不利，有违诉讼武器对等，有失公平合理。在这一背景下，《证据规定》对此问题作出了重大改变，规定医疗侵权诉讼由医疗机构就医疗行为与损害结果之间不存在因果关系及不存在医疗过错承担举证责任，即对上述二要件实行举证责任倒置，由医疗方承担举证责任。

三　以谁主张谁举证为原则、以举证责任倒置为补充（2010 年 7 月至 2017 年 12 月）

实行举证责任倒置减轻了患者方的举证责任，但医疗方的举证责任陡增，面临着较大的败诉风险，医疗方开始采取防御性、保守性医疗对策，淡化"努力救治病人"的执业操守，注重"尽力保护自己"，过度检查畅行其道，医生不愿、不敢实施有一定风险的复杂医疗措施，甚至故意编写"完美病历"应对举证责任的担负，不利于临床医学的发展进步，医疗侵权诉讼产生了新的难题，医患矛盾的解决陷入新的困境。根据 2010 年 7 月 1 日生效的《侵权责任法》第 58 条的规定，医疗机构存在违法违规执业、伪造篡改病历、拒不提交和隐匿病历三种行为的，推定医疗机构有过错。理论界多数意见认为，这三种情况对医疗方适用举证责任倒置，但除此之外的其他情况不再实行举证责任倒置，仍实行"谁主张谁举证"原则。该规定一定程度上减轻了医疗方的举证责任。

四　对患者方实行举证责任缓和（2017 年 12 月以后）

《侵权责任法》并没有明确界定患者方的举证责任，没有真正解决患者对医疗过错与医疗损害因果关系举证困难的问题。2017 年 12 月 14 日《最高人民法院关于审理医疗损害责任纠纷案件适用法律若干问题的解释》（以下简称《医疗损害解释》）遵循《侵权责任法》确立的过错责任原则，并考虑到患者存在医学专业知识不足、医疗信息不掌控而难以全面举证的客观情况，要求其提交到该医疗机构就诊、受到损害的证据。患者方如果无法提交医疗机构及其医务人员有过错、诊疗活动与损害之间具有因果关系的证据，依法提出医疗损害鉴定申请的，人民法院应予准许。这一规定被称为对患者实行举证责任缓和，即缓和了患者对医疗过错及医疗损害因果关系的举证责任，意在避免由医患双方举证责任分配不当造成双方实体权利义务的失衡。

第二节　患者方举证责任缓和下医患双方的举证责任

一　民事诉讼举证责任的含义

举证责任的分配和承担是决定后续法律后果与实体责任归属的基础性规则，举证责任的核心价值是在待证事实难以查明时确定相应不利诉讼后果的承担。关于民事诉讼举证责任的性质，风险负担说认为，不能举证或者举证不足应当承担败诉的后果。[①] 对于《证据规定》第 4 条第 8 款规定的"举证责任"，绝大多数学术观点显示，该"举证责任"被认为是败诉风险负担意义上的客观证明责任。[②] 这一观点符合举证责任的法律本质。显然，在医疗侵权诉讼中，医患双方谁承担对医疗过错与医疗损害因果关系的举证责任，谁就要承担不能举证或者举证不足的败诉风险。在对患者实行举证责任缓和的背景下，对医疗过错与医疗损害因果关系的举证责任，究竟是归属医疗方还是患者方，仍然存在不同的理解，需要进一步探讨。

[①]　汤维建：《论民事举证责任的法律性质》，《法学研究》1992 年第 3 期。

[②]　参见最高人民法院民事审判第一庭编《民事诉讼证据司法解释及相关法律规范》，人民法院出版社，2002；毕玉谦主编《最高人民法院〈关于民事诉讼证据的若干规定〉解释与运用》，中国民主与法制出版社，2002；李国光《最高人民法院〈关于民事诉讼证据的若干规定〉的理解和适用》，中国法制出版社，2002。

二 举证责任缓和下患者方的举证责任

医疗损害责任的成立要求具备的四个条件包括存在医疗服务法律关系，即存在可能的侵权主体；诊疗活动中患者发生了医疗损害后果；医疗方存在主观上的医疗过错；该医疗过错与医疗损害结果之间存在因果关系。根据《医疗损害解释》，患者方的举证责任范围包括证明与被诉方存在医疗服务关系，证明在接受医疗服务过程中发生了患者的人身损害结果。此外，患者方可对是否存在医疗过错、医疗过错与患者的身体损害之间是否存在因果关系提出司法鉴定申请。可见，患者方完成对医疗损害责任的前两个要件的举证责任并提出对后两个要件的鉴定申请，即视为完成举证责任。

受害患者方以原告身份提起医疗侵权诉讼，由其提供到该医疗机构就诊和受到损害两个要件的证据，这不仅是诉讼法上原告方启动诉讼程序（立案）的基本要求，而且也是其力所能及的。除非已经取得证明医疗过失和因果关系的证据（如医疗方承认自身有医疗过失和因果关系要件），患者方确实难以举证证明医疗机构的医疗过失和医疗损害因果关系，其主要理由是，其一，证明医疗过失和因果关系的主要证据是患者的病历，而病历由医疗方书写和保管，患者无权自书病历，无法举证。即使患者复制并提交了医疗方制作、保管的病历，但该病历的制作方并不是患者方，病历本身是医疗方书写的证明其医疗过程和医疗行为的医疗法律文书，但使用诉讼利益对立方制作的证据来证明己方的主张，显然存在逻辑悖论。虽然不能排除根据医疗方制作的病历可以查证医疗过错与因果关系的情况，但规范行医、规范书写病历、保障医疗安全本来就是医疗方的法定医疗注意义务，将该法律义务转化为诉讼中的举证义务、举证责任，合理合法。其二，患者方缺乏医疗专业技术知识，即使其提交医疗方复制后给予的完整病历，也往往难以揭示与阐明病历能否证明医疗过失和医疗损害因果关系，也可以认为，患者方以非专业人士身份即使提出这一主张，裁判者也没有直接采纳的可能。因此，不应由患者方对医疗过错与医疗损害因果关系承担举证责任。

这里要着重研究的是，在举证责任缓和下，患者方是否承担举证不能的败诉风险。举证责任缓和是指原告应当首先证明被证明对象的可能性，然后实行举证责任转换，由被告举证否认原告提出的证明对象的可能性；能够否认原告证明的可能性的，被告胜诉；不能否认原告证明的可能性的，原告的可能性证明得到确认，原告胜诉。[1] 按照这一解读，举证责任缓和包含两层意思：一是一方承担初步的举证责任，证明被证明对象存在的可能性；二是在一方完成初步举证责任后，否定被证明对象存在的举证责任转移至对方当事人，总体上是对"谁主张谁举证"原则在特定情况下的变通运用，以实现双方合理分担举证责任。有论者指出，如果患者无法提交医疗机构及其医务人员有过错、诊疗行为与损害之间具有因果关系的证据，受害患者作为原告也不必然承担败诉的后果，而是可以依法提出医疗损害的鉴定申请，通过医疗损害责任鉴定确定医疗机构一方是否存在过失，是否具有因果关系，这基本符合举证责任缓和的要求，能够保护好受害患者的实体权利和诉讼权利。[2] 可见，根据《医疗损害解释》对患者实行举证责任缓和的规定，并不要求患者方对医疗过错和医疗损害因果关系承担举证证明的责任。从这个角度看，似乎可以得出这样的结论：对医疗过错和医疗损害因果关系举证不能的败诉风险不应由患者方承担。但是，医疗侵权诉讼的败诉风险及其承担并非如此简单，因为这一问题的妥当解决与医疗风险在医患之间的分担密切关联，下文将予以探讨。

三 患者举证责任缓和下医疗方的举证责任

根据《民法典》和《医疗损害解释》，医疗方需要承担的举证责任主要包括两方面。其一，举证证明存在《医疗损害解释》第 4 条第 3 款规定的免责事由和抗辩事由，即举证证明患者或者其近亲属不配合医疗机构进行符合诊疗规范的诊疗；医务人员在抢救生命垂危的患者等紧急情况下已经尽到合理诊疗义务；限于当时的医疗水平难以诊疗；其他免责事由（如不可抗力）等。这是《民法典》第 1224 条第 1 款规定的内容。不难看出，该规定旨在要求医疗方证明医疗结果并非医疗过错所致，而是医疗

---

① 杨立新：《民法思维与司法对策》（下卷），北京大学出版社，2017，第 1991、2019 页。

② 郭锋、吴兆祥、陈龙业：《最高人民法院关于医疗损害责任纠纷案件司法解释理解运用与案例解读》，中国法制出版社，2018，第 79 页。

方难以预见或克服的因素（如当时的医疗水平、不可抗力等）或患方过错所致。其二，举证证明医疗方不存在《民法典》第1222条规定的推定医疗过错的三种情形（违反法律、行政法规、规章以及其他有关诊疗规范的规定，隐匿或者拒绝提供与纠纷有关的病历资料，遗失、伪造、篡改或者违法销毁病历资料）。《民法典》第1225条规定医疗方应按规定填写和保管病历。国家卫生行政管理机关颁行的《病历书写基本规范》第3条规定，病历书写应当客观、真实、准确、及时、完整、规范。其他卫生管理法规规章也有类似的规定。《医疗损害解释》第10条规定，委托医疗损害鉴定的，当事人应当按照要求提交真实、完整、充分的鉴定材料。对被诉医疗方来说，其应当提交"真实、完整、充分"的患者在本医疗机构就诊的病历。病历"真实"意味着不能伪造和篡改病历，病历"完整、充分"意味着不能隐匿、拒绝提供、销毁病历。可以认为，《医疗损害解释》《民法典》《病历书写基本规范》的上述规定相互衔接、相互呼应，共同构筑了医疗方提交真实、完整病历的举证责任。

以前，主张医疗侵权诉讼不应由患者举证而应由医疗方举证的主要理由之一是，作为核心证据的住院病历资料往往是由医疗机构制作并负责保管，存在证据偏在，患者无法举证。随着相关立法的演进，该理由不复存在，因为国务院颁布的自2018年10月1日起施行的《医疗纠纷预防和处理条例》第16条规定，患者有权查阅、复制其门诊病历、住院志、体温单、医嘱单、化验单（检验报告）、医学影像检查资料、特殊检查同意书、手术同意书、手术及麻醉记录、病理资料、护理记录、医疗费用以及国务院卫生主管部门规定的其他属于病历的全部资料。因此，患者可以复制全部病历并将其作为证据呈递法庭。由此看来，患者不能完成举证证明医疗过错与因果关系的障碍已经不复存在，那么为什么仍然要求医疗方承担一定的举证责任呢？我们认为，其原因是，第一，这是贯彻实体义务与程序义务（诉讼义务）相一致的必然。根据医疗卫生法规，科学、规范、严谨行医并如实、规范书写病历是医疗方的基本医疗注意义务，这不仅是推进医学科学发展的需要，也是对医疗活动进行法律规制的要求。第二，医疗方是专业技术行为的实施者，责令其对该专业行为的合规性举证证明并作出合理解释具有法理上的正当性。第三，关于"举证责任"与"证明责任"的含义区别与措辞使用在我国长期存在争论,司法界并未真正确立"客观证明责任"的概念,在医疗侵权等条文的具体规定中,"举证责任"应当理解为行为意义上的提供证据的责任,而不是结果意义上的证明责任。此处医疗方承担的"举证责任"实为行为意义上的提供证据的责任。尤其重要的是,医疗机构承担提交真实、完整病历的举证责任,是在医患之间对医疗过错及医疗损害因果关系的举证责任进行分配的逻辑起点。以提供证据责任的分配与转换规则来规范诉讼中的证明活动相对于证明责任分配是一种更灵活、更精确、更有效的调整方式。① 可以认为,医疗机构提交真实完整病历的举证责任,对败诉风险的承担具有重要影响,如果医疗方不能完成提交真实完整病历的举证责任,其可能承担医疗过错及医疗损害因果关系难以查清、真伪不明的败诉风险,对这一问题在下文"医疗侵权诉讼风险在医患之间的分担"加以研讨。

第三节　医疗侵权诉讼风险在医患之间的分担

一　诉讼风险的两种形成原因及其法律应对

任何诉讼案件均存在诉讼风险,需要通过举证责任制度对诉讼风险在当事人之间进行合理分配。一般而言,诉讼风险可能来自两方面。一是当事人在诉讼过程中未尽力提供其本可以提出的全部证据,如有证不举或超过举证期限举证,或未保存证据导致诉讼时无法取得必要的证据,或提交的证据材料不具备充分的证明力。二是当事人按通常的注意程度保存和提交了证据,但由于案件本身涉及的科学技术的局限性和人类认识的局限性,案件事实难以查清而陷于真伪不明。第一种情况下由该当事人承担不利的结果是由当事人程序上的"过错"所致,包括恶意的妨碍诉讼,由其承担败诉结果具有正当性。第二种情况下由提供证据人直接承担败诉结果则有违公正,这时就需要从实体法的价值取向方面矫正证明责任的分配。

第一方面因素造成的诉讼风险,在医患之间容易界定。如果是患者不

---

① 胡学军:《解读无人领会的语言——医疗侵权诉讼举证责任分配规则评析》,《法律科学》(西北政法大学学报) 2011 年第 3 期。

能举证证明与被诉方存在医疗服务关系，以及在接受医疗服务的过程中发生了患者的人身损害结果，患者方承担败诉风险（甚至可能难以立案）；如果医疗方不能提交患者的真实、完整的病历原件，则由医疗方承担败诉风险。《民法典》第 1222 条规定，医疗方隐匿或者拒绝提供与纠纷有关的病历资料，遗失、伪造、篡改或者违法销毁病历资料的，推定其有医疗过错，这无疑是对医疗方提交真实、完整的病历原件的举证责任的明示和加强。

对由第二方面因素造成的诉讼风险在医患之间的界定才是医疗侵权诉讼所要解决的疑难问题，这也是导致举证责任划分的相关立法出现多次变动的重要原因。

二 医疗风险与医疗侵权诉讼风险的关联及医疗方的举证负担

探索性、不确定性决定的高风险性是临床医学的基本特征。虽然医学科学不断发展进步，但医学理论水平尚存在局限性，生命科学还存在巨大的未知领域，至今仍有大量的医学难题尚未解开，如肆虐全球的新冠肺炎疫情的防治仍然是医学难题。即使顶级医学科学家也不能够解决全部医学未知和疑问，这正是医疗侵权诉讼实行过错责任原则的原因。可见，倘若责令医疗方承担从医学科学理论方面证明和解释医学未知和疑问的责任，就远远超出其举证能力，这是不公正的，没有可行性。易言之，如果把对医疗过错和医疗损害因果关系的结果意义上的证明责任或客观证明责任分配给医疗方承担，在法理上就混淆了归责原则上的过错责任与无过错责任，医疗过错就被扩展得没有边际。如果在医疗纠纷诉讼中客观医疗风险一概由医方承担，实际上就是使客观存在的医疗风险成为医疗机构的"原罪"，是对医生与医疗机构的"有罪推定"。[①] 2002 年《证据规定》对医疗方实行举证责任倒置，并由于对医疗方的举证倒置产生严重误读，罔顾医疗方的实际举证能力，忽视了医学发展水平的有限性，忽略了正常的医疗风险，要求医疗方对其医疗中发生的全部损害承担证明与说明的举证

---

① 胡学军：《解读无人领会的语言——医疗侵权诉讼举证责任分配规则评析》，《法律科学》（西北政法大学学报）2011 年第 3 期。

责任，要求其必须从理论上充分论证该医疗损害的原因以证明该损害并非其医疗过错所致，其负面社会效果是引起医疗方的抵触，随之产生防御性、保护性医疗，医疗探索裹足不前。

医疗纠纷立法与司法规则要秉持促进医疗卫生事业发展、鼓励救死扶伤、治病救人的价值核心。从贯彻"把人民健康放在优先发展的战略地位"的高度来讲，只有均衡保护医患双方的合法权益，才能为促进卫生与健康事业的发展和增进人民健康福祉提供法治保障。这就要求合理界定医疗方的举证范围，使其举证责任与举证能力相适应。可见，责令医疗方承担提交真实、完整病历的举证责任是妥当的，并不超出其举证能力。但是，医疗方不应承担对医学科学理论尚未解决的医学未知的证明责任。如果从医疗方承担结果意义上的证明责任或客观证明责任的角度理解"举证责任倒置"，就无异于逼迫医疗方编写、杜撰应对过错责任追究的"完美而虚假的病历"，如此下去，我们获取医学科学研究与医疗卫生管理所需要的真实可靠的病历资料的愿望就可能难以实现，这对整个临床医学事业的发展将会造成灾难性的不利影响。

还应当明确的是，判断医疗技术过失的标准是"当时的医疗水平"，对医疗风险应当从绝对意义和相对意义的双重视角进行研判。因为医学理论发展水平的局限性造成的医学难题而导致医疗不良结果，任何医疗机构和医务人员都不应承担过错责任，这属于绝对意义上的医疗风险。就某一医疗损害结果，对医疗技术水平与条件较高较好的医疗方而言是可以预见和避免的，但对具体施行该医疗行为的医疗方而言，由于其自身客观的医疗技术水平与条件的制约，对该医疗损害结果的发生却难以预见和避免，属于正常的医疗风险，该医疗方不应承担过错责任，但该损害结果对医疗技术水平与条件较高较好的医疗方而言，则可能不属于正常的医疗风险，该医疗损害就属于相对意义上的医疗风险。《医疗损害解释》第16条规定，对医疗机构及其医务人员的过错，应当依据法律、行政法规、规章以及其他有关诊疗规范进行认定，可以综合考虑患者病情的紧急程度、患者个体差异、当地的医疗水平、医疗机构与医务人员资质等因素。因此，某一医疗方的举证范围应当与由当地的医疗水平、医疗机构与医务人员资质等因素决定的举证能力相适应和匹配。还应当注意的是，"医疗技术水平"与"医学科学水平"也有显著区别，前者是实践水平、普及水平，后者是理论研究水平、学术水平。因此，也不能强令医疗方从医学科学水平或学术研究水平的层面承担举证责任。

三 举证不能的败诉风险与医疗风险造成的败诉风险的区分

基于对医疗风险的客观认识与合理分配，必须在举证责任方面把医疗方对医疗过错及医疗损害因果关系举证不能的败诉风险与医疗风险造成的败诉风险区别开来。从本质上讲，医疗方的举证责任的核心是，提交客观、真实、准确、及时、完整、规范的病历以证明医疗过程和自己的医疗行为。至于医疗损害究竟是医疗风险所致，还是医疗过错所致，则交给司法鉴定机构和裁判机关加以判定。如果医疗方不能完成提交真实、完整、充分的病历的举证责任，将承担举证不能的败诉风险，但不能要求医疗方从医学科学水平或学术研究水平的层面承担举证责任，更不能要求其对医学未知问题承担举证与解释的责任。可见，对患者实行举证责任缓和的现行立法背景下，医疗方承担的举证责任并非 2002 年《证据规定》中的举证责任倒置，并非要求医疗方承担对医学未知问题举证不能的败诉风险。至此，我们可以顺理成章地得出结论，确实由医学科学发展水平所限，或由医疗方技术条件和水平所限导致的医疗风险和医疗损害，可以排除医疗过错责任，由此引起的败诉风险应当由患者方承担。从这个角度看，医疗侵权诉讼中与客观证明责任相关的医疗风险和败诉风险最终划归患者方承担，这是医学发展水平的局限性与医疗技术水平的不平衡性所决定的，也是保障临床医学的可持续发展从而使更多的人获益的必然要求，符合维护社会公平正义之理念。可以认为，将医患双方提供证据的责任与证明责任相关的败诉风险的分配相分离，是重要的立法演进和理论研究课题。

四 区别医疗事实真伪不明的两种原因

医患双方提供其掌握的全部病历证据后案件事实（主要是医疗过错与医疗损害因果关系不明）仍然真伪不明的原因无外乎两个方面：一是医学科学发展水平所限，难以解释；二是病历不真实而掩饰了事实真相，或者病历不完整而难以全面复原事实真相。医疗侵权诉讼中，医患双方诉讼参与人均存在利己动机或倾向，必然导致上述两类原因导致的"事实真伪不明"并存，尤其是医疗方可能刻意将第二方面原因造成的结果解读为第一方面的因素所致。医疗侵权诉讼要着力解决的关键问题之一是将二者区别开来，探寻案件事实真伪不可证明的真正原因。这就要求建立诉讼证明困境的化解途径，解决事实真相的查明难题。

排除医疗侵权诉讼中案件事实真相"真伪不明"不是因为病历不真实、不完整而掩饰了事实真相，才能确定是临床医学发展水平导致的"真伪不明"和医疗风险。因此，查明医疗事实与过错责任的首要措施是审查病历（主要是医疗方提交的病历）的真实性、完整性。对此，可参阅第十章的相关研讨。

第四节 查明医疗事实与过错责任的补充规则

法律程序与规则能够满足识别和查清争议事实的要求，足以引导当事人作出理性选择，足以规制裁判者作出公正裁决，是依法妥当解决社会纷争的必要的制度安排。因此，运用法律规则和方法来查明争议事实和厘清责任，是化解医疗侵权诉讼证明困境所必需的制度置备。医疗纠纷案件属于"证据偏在"的案件，对患者方以摸索证明的机会，对医疗方课以证据开示义务，并以证明妨碍为配套机制，有助于解决医患之间证据信息不对称和举证能力的差异问题。

一 患者方的摸索证明

所谓摸索证明，是指民事诉讼中负有证明责任但不掌握证据信息的一方当事人可就证明主题仅进行一般性、抽象性的主张，同时可通过法院的证据调查从对方当事人处获得相关详细证据资料和有利于己的新事实与证据的活动。① 前述《医疗损害解释》规定了对患者的举证缓和，患者方首

---

① 〔德〕汉斯－约阿希姆·穆泽拉克：《德国民事诉讼法基础教程》，周翠译，法律出版社，2005，第 249 页。

先要举证证明医疗服务关系和医疗损害事实，对医疗过错与因果关系可通过申请司法鉴定来查明；同时，在委托鉴定前，法庭要组织双方对鉴定材料（主要是医疗方掌控的住院病历）进行质证，且患者在起诉前又可以全部复印住院病历，这一系列的制度设计发挥了摸索证明的作用。

二 证据开示义务与证明妨碍机制

民事诉讼中的证据开示是指当事人获得与案件有关的信息的方法，也被称为民事诉讼的当事人相互获取对方或者案外第三人所持有的与案件有关的信息与证据的方法。在证据偏在型案件中，证据开示丰富完善了提供证据责任意义上的举证责任分配制度，属于行为意义上的"举证责任倒置"，可解决负证明责任却不掌握必要证据的当事人所产生的证明困难。负证据开示义务的当事人如果拒不提供相关证据，根据证明妨碍规则令其承担由此导致的不利诉讼后果就具有了正当性基础。严格医方的"事证开示义务"能够解决患方对医方"过错"事实提供证据的困难，对保护患者的权益将起到一定的作用，同时也有助于提高医务人员的责任心及专业技术水平，降低医疗损害发生率。

应注意的是，"事证开示义务"导致的提供证据的责任未必固定在医疗方，对于医方所不掌握的情况就不可能由医方提供证据，对非本次医疗行为的其他原因如院外治疗等，医方并不掌握相关证据，此时，患方也可能基于"事证开示义务"而对不存在其他可能造成损害的原因事实提供证据，这时就需要通过提供证据责任的转换来解决。假如病人陈述不真实，或者故意隐瞒重大病情，或不及时提供正确信息，就需要依照证明妨碍原理来转换提供证据的责任。

三 特别原则与制度

除上述可普遍适用于证据偏在型案件的事证开示义务、摸索证明、证明妨碍等原则与制度之外，医疗侵权诉讼中过错及因果关系的证明还需要引入特别的原则与制度。

（一）"事实说明过失"原则

"事实说明过失"原则是指后果严重的事实本身就能够证明造成该后

果的行为具有过失，而不需要其他证据进行证明。该原则是一种影响"证据提出责任"的推定，在这一点上，"事实说明过失"与"事实自证原则"具有相同的功能，是一种间接证明方式，给医疗过错推定和医疗损害因果关系的推定留下一定的适用空间，为医疗侵权纠纷的审理者提供更多的明确的裁判规则。"医医相护"无疑给患者承担举证责任设置了隐性障碍。① "事实说明过失"与"事实自证原则"有利于通过敦促医疗方忠实谨慎履行医疗注意义务而推进医疗事业的发展，因为如果医疗方在诊疗过程中没有适当履行医疗注意义务，就难以在病历中做出相应记录，即使编造相应记录，也须对医疗结果做出合乎医学理论逻辑的充分解释。

（二）表见证明制度

表见证明是由德国通过判例所形成的概念，其基本含义是指，若在"生活经验法则上表现一定之原因，而且通常皆朝向一定的方向演变"，即被认为属"经过定型的事象"时，即得直接推定过失或因果关系之要件事实存在。相对人若欲推翻此表见证明，必须就该事件通常经过之相反事由，即就事件之经过有其他之可能性而使法官就原来之定型事象发生疑念提出反证。

（三）"大概推定"原则

日本法通过判例确立起来的所谓"大概推定"原则是指，在侵权行为损害赔偿案件中，如依一般情况判断可认为"非因过失损害不致发生"，此时若原告能证明损害已发生及所谓"非因过失损害不致发生"的情形存在，即可大概推定被告有过失，被告必须就其并无过失的事实或其行为无过失提出反证；否则，将难免受到败诉的判决。大概推定原则的目的在于减轻被害人的举证负担，其主要用于过失的证明，也有用于因果关系存在的证明。

上述几种做法和原则赋予裁判者推断事实的权力，是发现案件真实、接近实体正义的重要手段，是对举证责任的必要完善与补充，有助于帮助

① 王岳、邓虹主编《外国医事法研究》，法律出版社，2011，第 142 页。

患者方摆脱对医疗方的过错及医疗损害因果关系的举证困境，在对患者方实行举证缓和的背景下，赋予上述原则充分的适用空间，才能实现对"事实存疑"的医疗侵权纠纷的公正、高效裁决。

总之，解决医疗侵权诉讼中医患双方举证能力的差距与查明事实真相的困境与矛盾，需要对患方实行具体举证减负和举证缓和，赋予患方摸索证明；在医疗方承担提交客观、真实、完整病历材料的举证责任的基础上，对其课以必要的证据开示义务，并引用证明妨碍制度及特别的原则与机制，共同形成制度合力来推进案件信息的最大化呈现与理性甄别。

第十二章
医疗侵权纠纷的多元化处理机制

第一节　多元化纠纷解决机制与国家治理体系现代化

一　多元化纠纷解决机制概述

多元化纠纷解决机制是指由各种性质、功能、程序和形式不同的纠纷解决机制共同构成的整体系统，其各种制度或程序各有其独立的运行空间，共同满足社会对纠纷解决机制的多元化需求。

在多元化纠纷解决机制中，除传统的诉讼机制外，非诉讼纠纷解决程序占据重要地位。非诉讼纠纷解决程序又称代替性、选择性纠纷解决方式（Alternative Dispute Resolution，ADR），是诉讼程序之外供当事人任意选择用来避免正式对抗性诉讼的诉讼外纠纷解决方式，现已经演变为非诉讼争议解决方式的总称，包括谈判、调解、仲裁及其他程序。在人类社会发展的历史上，通过非诉讼渠道解决纠纷的机制一直存在，并且不断得以成长、完善，20 世纪以来，随着纠纷解决自主性的增强，以及纠纷解决方式的多元化，民事诉讼制度以外的非诉讼纠纷解决程序或机制为世界各国普遍接受。在 ADR 机制中，充分尊重当事人自主意思，以当事人的合意为纠纷解决的正当依据，让当事人有更多的机会和可能参加纠纷的解决，以妥协而不是对抗的方式解决纠纷，追求争端解决的迅速、便捷，大幅度减少了纠纷的解决成本，有利于实现效率价值和推动秩序恢复，有利于维护社会的稳定。

二 架构多元化纠纷解决机制，实现国家治理体系现代化

国家治理体系现代化要积极回应新时代社会矛盾的变化。新时代我国社会的主要矛盾是人民日益增长的美好生活需要与不平衡不充分的发展之间的矛盾，这一矛盾在法治建设方面表现为人民对社会公平正义、安全自由的需要与法治供给不到位、法治资源配置不协调之间的矛盾，表现为纠纷解决机制与体系难以适应社会需求的矛盾。

社会利益诉求的多元化导致了冲突与矛盾的经常化、多样化。随着公众法律意识的增强和立案登记制的推行，诉讼案件在整体数量上呈增加趋势，但是，司法判决往往不可能让诉求对立的当事人双方都完全满意，难以妥当解决所有纠纷，不能达到解决纠纷、修复社会关系的目标，判决的法律效果与社会效果相统一难以完全实现。同时，诉讼程序的高成本、低效率使其难以兼顾效率与公正。因此，权利并非只能通过诉讼来表达和实现，法治秩序也并非只能依靠司法规制和法律强制来支撑，诉讼固然是维护社会公平正义的重要机制和终极手段，但并非解决社会纷争的最佳方式和唯一路径依赖，司法机关作为社会秩序的最后守望者当处于谦抑地位。

人民创造幸福美好生活的伟大实践与法治需求是法治创新发展的根本动力，社会矛盾与纠纷的复杂及多元化激发社会管理规则的创新。新时代人们更加重视交流、合作与共赢，更加珍惜和谐稳定，在秩序中谋发展、在法治中平衡利益成为多数人的共识，因而在社会的诚实与信任的基础上，根据自身需要作出"合目的性"的决定符合人类追求自由的本质，选择效率高、成本低、符合自身需求的纠纷解决方式，符合社会发展变迁的方向。适应性、适宜性是衡量法治的基本标准。因此，顺应社会需求，创新社会治理模式，完善多元化的纠纷机制，吸纳多元主体参与社会治理，尽力将矛盾纠纷在初期阶段予以分散化解，乃时代之呼唤、大势之所趋。全民守法是建设法治中国的基础，人们可因信仰、因习惯、因功利而守法，而渗透了自由、协作、共识、共赢的多元化纠纷解决机制，为民众提供了宽广的选择空间，可使民众各取所需，助推全民守法法治氛围的生成。

由诉讼与非诉讼机制共同构成的多元化纠纷解决体系是依法治国的主

要内容，由此形成成熟完备的社会纠纷解决机制是国家治理体系和治理能力现代化的重要标志和重要内容，是促进社会公平正义、维护社会和谐稳定的必然要求。党的十八届四中全会通过的《中共中央关于全面推进依法治国若干重大问题的决定》指出，要完善调解、仲裁、行政裁决、行政复议、诉讼等有机衔接、相互协调的多元化纠纷解决机制。党的十九届四中全会审议通过的《中共中央关于坚持和完善中国特色社会主义制度推进国家治理体系和治理能力现代化若干重大问题的决定》指出，完善正确处理新形势下人民内部矛盾有效机制，畅通和规范群众诉求表达、利益协调、权益保障通道，完善社会矛盾纠纷多元预防调处化解综合机制。

总之，完善多元化纠纷解决体系，确保司法为多元化纠纷解决机制提供法治保障，架构功能协调、衔接顺畅的多元化纠纷解决机制，并使之进入多层次、多领域的常态运行，才能实现社会解纷系统的优化配置和良性运作，推进国家治理体系和治理能力现代化。

三 架构多元化纠纷解决机制的基本路径

架构多元化纠纷解决机制，需要从纠纷解决理念、顶层设计、解纷主体与资源配置、物质保障等方面着手。

在纠纷解决理念上，要从社会管理转向社会治理，强调平等协商、协调互动、合作治理，从单一的诉讼依赖、政府包干，转变为国家主导、司法推动、社会参与、多元并举、法治保障。

在顶层设计方面，根据"国家制定发展战略、司法发挥引领作用、推动国家立法进程"的工作思路，从宏观层面通过完善相关立法来统筹规划。一是充分发挥司法在多元化纠纷解决机制建设中的引领、推动和保障作用，通过对非诉纠纷解决方式的全方位、立体式的保障，赋予非诉机制处理结果以法律效力，树立非诉讼纠纷解决机制的社会公认。二是解决人民调解、自行和解、仲裁等非诉讼解决方式的定位与适用范围模糊，功能交叉、重叠，互补性较差，以及诉讼与非诉讼解纷机制功能失衡等问题，将非诉讼解纷机制打造为解决纠纷的主流方式，实现习近平总书记多次强调的"把非诉讼纠纷解决机制挺在前面"的目标。三是解决多元化纠纷解决机制之间衔接不畅等问题，既要明确非诉讼机制与诉讼机制之间的衔接，也要规范各类非诉讼纠纷解决机制之间的衔接。四是立法要向社会明示告知程序与优先选择程序，便于公众自主选择。

在解纷主体与资源配置方面，对各种纠纷解决组织进行整合与重构，保证和发挥协商和解、各类调解（人民调解、行业调解、商事调解、律师调解、行政调解）、民商事仲裁、公证等各自的优势，使各类纠纷解决资源各就其位、各展所长、各得其所，向社会提供多样化、高质量的解纷服务，向纠纷当事人供给最适合的纠纷解决方式，并引入市场竞争机制来激发各类非诉讼机制的活力，形成具有中国特色的多元化纠纷解决体系。

在解纷人才培养和储备方面，多元化纠纷解决机制既需要各类专业人才，也需要社会经验丰富、品行优良、综合素质高的民间人士，以及既懂法又精于某一专业的复合型人才。因此，要通过职业培训、资质认证把控准入门槛，强化职业道德标准和职业行为准则，设立调解员名册制度、仲裁员名册，形成专业化、正规化的纠纷解决队伍，保证纠纷解决人员的素质。

在物质保障方面，要从国家层面建立以政府支持为主、以行业收费为辅、市场化运作激励相结合的经费保障机制，既保证解纷机制的公益性，又保障多元化纠纷解决机制的稳健发展。同时，要设立多元化纠纷解决机制的电子衔接平台，通过现代信息技术打破信息壁垒，打通信息孤岛，"让信息多跑路，让群众少跑腿"，实现多元化纠纷解决机制间的信息共享，提升运行效率。

第二节　医患纠纷的演化过程及其处理需求

纠纷与冲突均会历经发生、发展的过程，在其各个阶段有其对应的最佳处理方式，医患纠纷与冲突当然也不例外。

一　潜在对立阶段当及时沟通协调

这是纠纷萌芽阶段和冲突的潜伏期，其表现为不同主体彼此间存在和积累了可能引发冲突的信息差异、认识差异、利益差异与角色差异，这些"差异"并不必然导致冲突，但它们是冲突产生的必要条件，一旦上述冲突的前提条件积聚，相互作用的主体对立或不一致时，潜在的差异就转化成显性的冲突。医患双方的信息差异、认知差异、利益差异、角色差异确实存在，导致潜在的对立。因此，保持双方充分的沟通与协调，对防范医患冲突十分必要。

二　认知和个性化阶段需处理医患对立情绪

这是冲突主体对冲突条件和根源的认识和感觉阶段。该阶段，客观存在的双方对立被冲突主体的主观所意识到，冲突主体也体验到紧张与焦虑，矛盾趋于明朗化，患者及家属表现出对医疗方的不满、抵触或戒备行为。该阶段的重点应是双方情绪的处理。分歧并不一定产生冲突，但消极的情绪会导致处理问题简单化而使冲突升级，应积极采取建设性的措施解决问题。

三　行为意向阶段要理性遏制医患冲突

这是冲突被感觉阶段。当一个或更多的当事人对存在的差异有情绪上的反应时，冲突就达到了被感觉的阶段。行为意向为冲突中的双方提供了如何解决冲突的总体行为指南。行为意向是指在满足己方利益与满足对方利益这两个维度上，考虑如何结合。[①] 有学者认为，有五种典型的冲突行为意向处理方式：①合作方式，也称"携手并进式"，这种方式强调最大限度地满足双方利益，寻求双赢局面；②折中方式，也称"妥协式"，双方利益都考虑，双方都有所让步，是一种中庸之道；③回避方式，也称"规避式"，这种方式的特点是既不满足自身利益，也不满足对方利益，双方利益都被搁置，试图不作处理；④强迫方式，这种方式只考虑满足己方利益，无视对方利益或与对方激烈竞争，寸土不让；⑤迁就方式，也称"息事宁人式"，这种方式与强迫方式刚好相反，只考虑满足对方的利益而不考虑满足己方利益，息事宁人。[②]

这个阶段，医患双方开始选择自己的对抗策略，明确地发泄不满。如

[①]　张德：《组织行为学》，高等教育出版社，2004，第 150 页。
[②]　张泽洪：《浅论运用冲突过程五阶段理论解决医患纠纷》，《医学与社会》2005 年第 11 期。

患方用激烈的言辞质问医生，向医院和医生提各种要求，向有关方面反映意见；医生则采取防御性医疗等措施。如果再不采取解决冲突的有效措施，会使医患冲突进一步升级，故医方应有针对地采取措施以化解矛盾。

合作方式是解决医患冲突的最佳方式，医患双方坦诚澄清彼此的差异，在满足自己利益的同时，也考虑对方的利益和需求，从而找出解决冲突的办法。

折中方式需要双方都有所让步，在难以最大限度地满足双方诉求时，采取双方各自部分满足的办法，往往更切合实际。

回避方式适用于医患双方情绪都极为激动，医患冲突解决所带来的潜在破坏性会超过医患冲突解决后获得的利益而需要恢复平静的情形。

强迫方式适用于紧急情况下医患冲突要求采取非常行动的场合，而迁就方式之表面的"软弱"有时也是必需的，如自己确有不对之处，或为了保持己方在公众中有较好的名声。

四　冲突表现阶段法律机制必须介入

在该阶段，冲突由认识或情感上的意向转化为实际行动，冲突双方公开表达各自愿望并期待对方的回应。在这一阶段，医患双方都希望通过冲突的解决达到自己的目的。此时，纠纷依然形成，相应法律处理机制就要介入。

在现实中，并不是每一种冲突都表现出由潜在到行为阶段一系列的过程，有时潜在的对立阶段或个性化阶段或行为意向阶段很短暂，冲突行为在瞬间发生。有时没有经过明显的认知和个性化阶段或行为意向阶段，直接进入行为阶段。医患冲突有强度之分，并非所有强度的医患冲突都会给医院带来破坏性。

五　多元化的冲突处理手段的合理运用

这是冲突的最后阶段。冲突行为与冲突结果并不存在必然的对应关系，冲突行为既可提高组织的工作绩效，也可降低组织的工作绩效，关键取决于如何处理。为减少破坏性冲突行为的发生，应当根据医患冲突的特点，合理运用多元化的冲突处理手段。

第三节 架构医患纠纷的多元化处理机制

一 非诉讼机制对解决医患纠纷的优势

医患纠纷的处理是世界范围的法律难题之一，非诉讼纠纷解决机制项下的自主谈判、调解、仲裁等多种形式的纠纷解决机制，对解决医患纠纷具有较强适应性，较之诉讼机制有一定的制度优势。

（一）意思自治元素有助于息纷止争

医患纠纷的患方当事人相对于医方处于弱势地位，对公平裁决特别期待，在 ADR 程序下，患者可以自主选择自己信任的裁判者，可以协商或者约定终止纠纷进程，力主推行以妥协或当事人合意而不是对抗的方式解决纠纷，这均充分体现出当事人的意思自治，并追求争端解决的迅捷，便于树立对公正解决纠纷的信心。因此，患方服从裁决结果的可能性将会增加，有利于从根本上解决纷争。

（二）对医疗发展的跟进便于应对各类医疗侵权

医疗技术的发展可谓日新月异，由医疗新技术引发的新类型医疗侵权纠纷也相伴而生，法律规范相对滞后于社会需求是世界范围内的法治现象，由医疗新技术引发的新类型医患纠纷对审判制度更是严峻的挑战，诉讼制度往往难以应对。ADR 对第三方的知识、技术资源的借助呈开放态势，能够及时跟随时代的发展，保持对新技术、高科技类纠纷的及时调适，从容应对医疗侵权的专业性、复杂性。

（三）高效、和缓解决医患纠纷

对身陷纠纷缠绕的医患双方，ADR 特有的纠纷解决过程与结果的非对抗性、私密性在一定程度上可以顾全患者的隐私与医疗方的名誉，因而更容易为当事双方乐意采纳，ADR 的多种方式共有的高效率、低成本特征，可满足医疗方尽快恢复正常工作秩序的要求，显示出其强劲活力。

二 医患纠纷的多样化与纠纷解决机制的多元化

医患纠纷的复杂程度、双方的关系基础与对抗程度、对公平的处理结果的评判标准不尽相同，因此对纠纷处理途径有不同的需求，或者倾向于意思自治，或者希望解决程序高效迅捷，或者着力追求强制性、权威性的裁决。在医患双方激烈对抗、分歧较大的医患纠纷中，当事人只能通过诉讼这一权威且具有强制力的方式解决纠纷；而在事实清楚、争议不大的医患纠纷中，当事人会倾向于使用和解、调解等方式来解决纠纷。由于涉及行业利益和行业保护的质疑，由卫生行政部门来裁决医患纠纷已非常少见，实际上卫生行政部门现已"淡出"医患纠纷的处理。但是，医患纠纷的专业性与复杂性也决定了其不宜以诉讼为主要的纠纷解决方式，从缓和与化解医患矛盾、建立和谐社会关系的角度考虑，诉讼之外的纠纷解决方式应当在解决医患纠纷中发挥越来越大的作用。当然，诉讼仍然应保留为解决医患纠纷的最终方式，这是由诉讼本身具有的严格的程序制度、权威性、强制性等特点所决定的。同时，《民法典》专章设定医疗损害责任，在统一医疗损害赔偿的法律适用标准、明确医疗损害归责原则的基础上，进一步规定了医疗损害包括一般医疗技术过失类损害、侵犯患者知情同意权、侵犯患者隐私权、过度检查、医疗产品侵权损害责任等多种类型，由此可以预见，医患纠纷的种类、数量将会增加。因此，顺应医患纠纷处理的多元化社会需求，充分发挥各种解决途径的优势，重新配置在意思自治、便捷、权威方面各有侧重的多元化的医患纠纷处理机制，并使其相互衔接协调、相互补充，势在必行。

第十三章
医患纠纷的自主协商

第一节 医患协商对纠纷解决的价值

协商和解是发生纠纷的当事人就产生争议和分歧的问题进行平等协商、自由沟通和充分谈判，达成谅解和一致意见的一种纠纷解决方式，充分体现了私人自治的精神，对医患纠纷，保留医患协商机制具有积极意义。

一 符合意思自治的原则

医患和解又可称为协商或谈判，是在没有第三方主持的情况下，纠纷当事人就争执的问题进行协商，就损害赔偿或补偿的内容，自愿合法地以书面形式达成协议。协商和解方式的优势是，历时较短、处理灵活，更体现双方的自由意愿。对于医院而言，医院管理者直面患者，能够深刻体会到患者的心理需求，从而采取具体有效的纠纷解决方式，对纠纷的彻底解决有一定的积极作用。

二 顺应冲突形成的一般规律

在医患矛盾的潜在对立阶段，通过及时、妥当的医患沟通、协调，医患冲突可能会消弭于无形，收到事半功倍的效果。在医患矛盾的认知和个性化阶段，医患冲突解决的重点应是双方情绪的处理；在行为意向阶段是遏制医患冲突、理性解决分歧的重要时机，具备采取合作、妥协方式解决纷争的基础和机会。医患协商无疑是最好的实施沟通、协调、合作、妥协的必要方式。

三 私力救济与公力救济合理配置

从纠纷解决的历史发展来看，如果将纠纷主要交由民间自行解决，实行民间自治，就有可能影响、架空国家对社会的调控能力，而如果将纠纷均交由司法机关等公权力救济机制来解决，后者则难以完全负担，社会效果未必理想。因此，在保障当事人程序选择权及合理配置资源的基础上，保留具有私力救济色彩的医患协商有其必要性。

第二节 医患协商中存在的主要问题

一 医患双方医疗知识不对等、医疗信息不对称制约公正和解

医患双方的协商往往是在医患之间医学知识差距大、医疗信息不对称、事实不清、责任不明的情况下进行的，由于患方在医学知识储备与个案医疗信息（病历资料等）的占有上均处于明显的弱势，在缺乏中立的第三方介入的情形下，难免存在医方利用强势地位对患方的隐瞒、误导，患方出于无奈对医方施加威胁乃至暴力的现象。实践中，医疗纠纷和解经常以两种截然相反的极端倾向出现：一是医疗机构凭借优越的地位和强大的实力，不能正视医疗过程中存在的过错，对患者提出的正当要求或冷漠以对、置之不理，或百般推脱、躲避责任；另一种则是一些患者不顾实际，漫天要价，或者为了获取赔偿，围堵医院，围攻医生，实施各种妨碍医务活动的行为，干扰正常的医疗活动秩序。这两种倾向使纠纷当事人很难坐到和解的谈判桌前，即使签订了医患协议，也往往是在某一方委曲求全的情形下达成的"城下之盟"，偏离自愿公平原则。

二 医患协商缺乏程序规制与规则约束

《医疗纠纷预防和处理条例》第30条对医患协商做出了原则性规定，

其主要内容包括医患协商的场所，参与协商的医患双方人数，坚持自愿、合法、平等原则，尊重客观事实，防止赔付金额畸高或者畸低，不得有违法行为。然而，医患达成一致协商意见的基础与关键是事实清楚、责任明确，上述规定并不足以实现这一目标。比如，医患双方对基本医疗事实各执一词的争辩往往使得"尊重客观事实"难以实现，尤其是对医疗过错责任的有无与大小这一核心问题，《医疗纠纷预防和处理条例》并没有设置与医疗损害鉴定的对接程序，使得医患协商游离于必要的程序规制与规则约束之外，利益受损害角色趋于固化的患者方往往使用给医方施加损害人身安全、影响正常经营秩序等方面的压力等极端手段实现协商目标，医疗方往往除了报警之外难以应对，在某种程度上形成了"大闹大赔，小闹小赔，不闹不赔"的局面，进一步恶化了医患关系，不利于达成公平的医患协商协议。

三　医患协商存在模糊事实、规避法律责任的弊端

医患双方当事人对医疗活动是否存在法律过失和责任是在没有统一的共识的基础上签署协商协议，亦即医患纠纷和解的达成建立在事实认定模糊、责任归属不清晰的基础上。医疗机构不愿承认有任何过错，更不乐意因此遭到管理部门的责任追究和处罚，因而，协议中确定的赔偿多表现为以"人道"的名义，给予"补助"和"抚慰金"等形式，使得赔偿的进行缺乏牢固的事实基础，为日后医患之间再起争执埋下了隐患。① 而且，医疗机构为赔偿的给予附加了一系列的条件，诸如患者不得在以后的时间里提起任何争端、行政控告和司法起诉，以及医方得免除此后的一切费用和责任，等等。这在一定意义上剥夺了患者控告和起诉的基本权利，削弱以至动摇了和解协议效力的法律基础。

四　"医闹"介入使医患和解偏离自愿公平原则

"医闹"已成为《中国语言生活状况报告（2006）》中的汉语新词。所谓"医闹"，既是指一种行为，也是指一类群体。行为意义上的医闹是

---

① 舒广伟：《医疗纠纷协商和解的利弊分析及对策》，《中国卫生法制》2007 年第 3 期。

指患者及其家属与其他无关人员纠结在一起，通过在医院设置灵堂、打砸医院财物、设置障碍阻挡其他患者就医，在医疗场所非法聚集滞留，或殴打、威胁、跟踪医务人员，聚众滋事，扩大事态，给医院造成负面社会影响，实现向涉及医疗纠纷的医疗方索要高额"赔偿"并从中非法牟利的行为。作为一种群体的医闹，往往是由社会闲杂人员组成，其通过代替、协助患者方实施上述聚众滋事行为给医院施加压力，以获取医疗纠纷高额"赔偿"并从中牟利。

2012 年 4 月 30 日卫生部、公安部联合印发的《关于维护医疗机构秩序的通告》规定，实施在医疗机构焚烧纸钱、摆设灵堂、摆放花圈、违规停尸、聚众滋事的；在医疗机构内寻衅滋事的；非法携带易燃、易爆危险物品和管制器具进入医疗机构的；侮辱、威胁、恐吓、故意伤害医务人员或者非法限制医务人员人身自由等七类行为的，由公安机关依据《中华人民共和国治安管理处罚法》予以处罚；构成犯罪的，依法追究刑事责任。① 从 2015 年 11 月 1 日《刑法修正案（九）》施行后，"医闹"正式入刑，可依据《刑法》第 290 条按聚众扰乱社会秩序罪等定罪处刑。②

"医闹"对医疗纠纷的非法介入，严重破坏医患和谐，往往使得医患协商难以平等、自愿、公平进行。

第三节　医患协商机制的改进

医患协议具有合同的一般属性，因此，要确保其法律效力，就要遵守民事活动诚实信用、自愿公平原则。

一　建立医患冲突的快速应对机制

医疗纠纷从最初的意见分歧发展为医患决裂的重要原因是，医疗事件

---

① 参见卫生部、公安部《关于维护医疗机构秩序的通告》（卫通〔2012〕7 号）。
② 《刑法修正案（九）》第 31 条规定，将《刑法》第 290 条第 1 款修改为"聚众扰乱社会秩序，情节严重，致使工作、生产、营业和教学、科研、医疗无法进行，造成严重损失的，对首要分子，处三年以上七年以下有期徒刑；对其他积极参加的，处三年以下有期徒刑、拘役、管制或者剥夺政治权利"。

出现以后，医疗机构内部没有对医疗纠纷的规范处理程序和调查规则，没有对纠纷的应对预案和处置对策，甚至医疗机构内部的部门科室之间推卸责任、推诿扯皮，致使医患之间来不及进行必要的沟通和协商，陷入争辩、争吵之中，非理性地对待患者提出的要求，或粗暴、简单地命令保安对患者的行为进行阻止和强制，激化纠纷，失去平等协商的机会。为改变这一现状，要求医疗机构制定系统的解决医患纠纷的规章制度，规定处理纠纷的原则、规则和程序，明确医疗事件的调查机构及其职责，确定处理医疗纠纷的事先预案，使医疗事件的处理、协商、和解有序展开，积极、稳妥应对医疗纠纷，降低纠纷发生后的交涉成本，这是发挥医患协商机制及时化解纠纷之优势的前提。

二 确保双方当事人意思表示真实

医患双方当事人意思表示真实是医患协议有效的基本前提，在欺诈、胁迫、乘人之危和因重大误解前提下签订的协议不具备当然的法律效力，这样，医患协商的成本低、效率高的优势就丧失殆尽。有鉴于此，医患协商中要注意解决以下问题。

(一) 医方对患方客观说明医疗事实

医患协商过程中医方处于绝对的信息优势，但对于缺乏专门知识和没有掌握充分的医疗信息的患方来说，要求其作出真实意思表示的前提是，医方必须对患方作出充分、客观说明病状诊断、采取医疗行为的理由、发生损害的原因、损害的程度、医院方是否承担责任的理由等，这种说明并应达到不具备医学知识的普通人可以理解的程度。如果仅仅是概括性的告知，很难证明患者在此基础上签订的赔偿或补偿协议符合患者的真实意思表示。

(二) 平衡医患双方的信息资源和谈判能力

平衡医患双方的信息资源和谈判能力要从两方面着手。第一，纠纷发生后医疗机构应在第一时间主动与患者联系，并在医患双方在场的情况下封存病历资料和相关物证（药品、血液制品等），以保证医患双方协商在客观事实的基础上展开。第二，告知患者方在协商过程中可以聘请专门的医事律师和医师担任代理人，以弥补患方法律、医疗知识之不足，保持医患双方力量的对等，保证和解结果公正。

三　适当限制医患协商范围

对基本事实清楚、赔偿数额较小、争执不大、不需要通过医疗损害司法鉴定来明确责任的医患纠纷，允许当事双方直接协商解决，这符合意思自治的私法原则，也有助于及时化解纷争。然而，和解虽然可以消除纠纷，也常常排斥了公权力的介入，但缺乏对医疗基本事实与责任的规范研判，容易产生前述两种截然相反的极端倾向。为此，《医疗纠纷预防和处理条例》第30条第3款做出规定，协商确定赔付金额应当以事实为依据，防止畸高或者畸低。对分歧较大或者索赔数额较高的医疗纠纷，鼓励医患双方通过人民调解的途径解决。同时，也应禁止对造成患者严重人身损害和死亡的医疗事件以私自协商方式解决，因为这类情况涉嫌刑事犯罪的追究。

四　医患协商与医疗过错责任的追究

医疗和解协议所解决的只是医患双方的民事赔偿责任问题，民事赔偿是医患双方之间的事，当事人可以自行处分。和解并不可以完全脱离法律的规制，恰恰相反，和解行为是法律秩序和法律效力的有机组成部分，和解主体的资格、和谐协议的效力都需要法律予以确认和肯定，和解的内容不能违反法律的禁止性规定，如果违规医疗行为规避了法律的制裁，法律的权威和对违规医疗行为人的惩治、教育职能被架空，则不利于敦促医方恪尽职守、严谨执业，不利于保障医疗安全和促进医疗事业的发展。也就是说，医患协商不能排除行政机关和司法机关对医疗纠纷的审查，不能约定免除行政责任和刑事责任。比如，对医疗事故等级的自行"约定""确定"不能作为认定医疗事故的等级、责任比例的依据，对医疗行为触犯《刑法》构成医疗事故罪或非法行医罪的，应依法追究责任人的相应法律责任。

第十四章
医患纠纷的调解

第一节 医患纠纷的第三方调解

一 人民调解制度概述

调解源于我国民间"排难解纷""止讼息争"的传统，在我国具有悠久的历史，其契合了中华民族"以和为贵"的传统道德，成为解决民间纠纷与化解社会矛盾的重要途径，被誉为"东方经验"。

人民调解是指人民调解委员会通过说服、疏导等方法，促使当事人通过平等协商自愿达成调解协议来解决民间纠纷的活动，是我国非诉讼纠纷解决机制的重要组成部分，发挥着维护社会稳定、缓解司法压力、节约社会治理成本的重要作用。

2010 年 8 月 28 日《中华人民共和国人民调解法》（以下简称《人民调解法》）的颁布标志着人民调解步入法制化、规范化轨道，该法明确了人民调解的群众性、民间性、自治性性质，完善了人民调解的组织形式，并为新型人民调解组织保留了制度空间，规定了人民调解员的任职条件、选任方式、行为规范和保障措施，贯彻了灵活便捷、便民利民调解方式，树立起人民调解与其他纠纷解决方式之间的衔接机制，确定了人民调解协议的法律效力与司法确认制度。

根据《人民调解法》，我国现行人民调解制度具有群众性、自治性、民间性、准司法性的特征。① 其群众性是指，人民调解员由人民调解委员会委员和人民调解委员会聘任的人员担任，人民调解委员会委员和人民调解员通过人民群众选举产生，在调解时可让群众产生信任感和认同感。其自治性是指，人民调解委员会是依法设立的群众性自治组织，人民调解是在人民调解委员会主持下由当事人平等协商解决纠纷、自己管理自己事务的自治活动。其民间性是指，人民调解属于诉讼外纠纷解决机制，强调教育、感化与规劝，贯彻法、情、理的融合，追求以灵活的方式解决纷争，而不是完全拘泥于法律的规制。其准司法性是指，人民调解虽然注重规劝与教化，但通过调解程序达成的人民调解协议也具有法律约束力，当事人应当履行调解协议约定的义务，经过人民法院司法确认的调解协议具有强制执行效力。

二　医患纠纷的第三方调解

（一）近年来医疗纠纷的调解探索

传统的人民调解着重强调人民调解员的广泛代表性，借助调解员熟谙民情民俗、社会经验丰富方面的优势来调处社会纷争，偏重于情理型调解，调解员多系秉持大众思维的普通民众，可谓"只讲轮廓、不精专业"，而医患纠纷的专业性较强，且医患之间存在医学专业知识不对等、医疗信息不对称，纠纷中的医疗技术专门性问题是根据日常生活经验法则和运用一般调查询问方法不能解决的，以社会经验、社会知识见长的调解员不能胜任医疗纠纷的调解，需要对人民调解进行医疗专业化改造，形成法律与医学结合的医疗纠纷专业调解机制。近年来，先后有 16 个省（区、市）的 56 个地市尝试过医疗纠纷的第三方专业调解，具有代表性的是山西模式、天津模式、南京模式。

1. 山西模式

山西省医疗纠纷人民调解委员会经山西省司法厅批准成立，由医学专家、法学专家、管理学专家、心理学专家、保险专家或具有医疗、法律、

---

① 侯怀霞：《人民调解理论与实务（2018）》，上海交通大学出版社，2018，第125页。

心理或保险从业经验的调解人员组成，医学专家大部分由部队的离退休专家组成，实行免费调解；医调会受理申请立案后，由医学专家和律师进行医学技术评估和法律服务，之后再由人民调解员进行调解；医患双方对调解员的选择上拥有充分的自由，运行经费由保险经纪公司承担，省医疗纠纷人民调解委员会全权履行调查、评估、处理职责，经医疗责任保险事故鉴定委员会鉴定并定损后，符合理赔条件的由承保的保险公司理赔。

2. 天津模式

天津市于 2009 年颁布了《天津市医疗纠纷处置办法》，设立专业性的市医疗纠纷人民调解委员会，该委员会隶属于天津市司法局，由具有临床医学、药学、法学等方面资质的人员组成，与卫生局没有隶属关系，医疗纠纷人民调解委员会向司法局备案，其经费由财政保障；根据医患双方的自愿申请启动调解程序；医疗纠纷人民调解委员会不收取费用；调解协议确定的赔偿数额，作为医疗责任险的承保保险公司的理赔依据，由承保保险公司直接支付。索赔金额低于 1 万元的，医患双方可以自行协商解决；索赔超过 1 万元的，医患双方无权自行解决，必须向医疗纠纷人民调解委员会申请调解或向人民法院提起诉讼。

3. 南京模式

南京模式下建立了全市医患纠纷调解工作法学咨询委员会、医学咨询委员会，对重大、复杂医患纠纷分别出具法学、医学方面的分析意见，供医患纠纷人民调解委员会和调解员参考；南京市各区县均设立医患纠纷人民调解委员会，重视对医患纠纷人民调解的宣传，并在医院设立医患纠纷人民调解接待室，让医患纠纷当事人了解人民调解，方便医患双方申请调解，实现医患纠纷处理与人民调解的无缝对接。重视对医患矛盾激化的防范，坚持"调防结合，以防为主"的方针，通过纠纷预防机制（建立调解工作分析制度、调解信息通报制度和纠纷排查预警制度）和联调联动机制（建立人民调解与治安管理联动制度、人民调解与卫生行政部门及医疗机构的协作制度、人民调解与法院诉讼衔接制度、人民调解与法律服务配合），充分发挥人民调解较之其他解决机制的优势，对纠纷及时化解，避免矛盾激化。

上述医疗纠纷第三方调解机制的共同特点是注重调解的中立性、专业性，这一探索取得了积极的社会效益。南京模式兼顾了调解的普及性和权威性，并重视发挥调解机制"调防结合，以防为主"的作用及其与治安管理、卫生行政管理、医疗纠纷诉讼的衔接。

（二）医疗纠纷第三方调解的立法演进

2018 年 7 月 31 日，国务院发布《医疗纠纷预防和处理条例》（以下简称《预防和处理条例》），并于 2018 年 10 月 1 日起施行。《预防和处理条例》正式设置我国医疗纠纷人民调解制度，该调解制度具有以下特点。

1. 畅通、开放调解程序

《预防和处理条例》规定，申请医疗纠纷人民调解的，既可由医患双方共同向医疗纠纷人民调解委员会提出申请，也可由任何一方申请调解后由医疗纠纷人民调解委员会在征得另一方同意后进行调解，还可由医疗纠纷人民调解委员主动引导医患双方申请调解。

2. 组成医学、法学等专业人员担任调解员，强化调解委员会自身的调解能力。

《预防和处理条例》规定，医疗纠纷人民调解委员会应当根据具体情况，聘任一定数量的具有医学、法学等专业知识且热心调解工作的人员担任专（兼）职医疗纠纷人民调解员。这就为科学、公平调解奠定了坚实的专业基础。

3. 架构对调解委员会的外部技术支撑机制，增强调解的可信度

《预防和处理条例》规定，设区的市级以上人民政府卫生、司法行政部门共同设立医疗损害鉴定专家库，专家库应当包含医学、法学、法医学等领域的专家。医疗纠纷人民调解委员会可以根据需要咨询专家库中的专家。同时，医疗纠纷人民调解委员会可经医患双方同意对外委托医疗损害鉴定。

4. 体现便民、亲民的政策导向

《预防和处理条例》规定，医疗纠纷人民调解委员会调解医疗纠纷，不得收取费用；医疗纠纷人民调解工作所需经费按照国务院财政、司法行政部门的有关规定执行；医疗纠纷人民调解委员会应当自受理之日起 30 个工作日内完成调解。通过加强政府支持，实行免费调解，提升调解效

率，体现出便民、亲民的政策导向。

5. 明确医疗纠纷调解的法律效力，并衔接人民调解与司法程序

《预防和处理条例》规定，医患双方经人民调解达成一致的，医疗纠纷人民调解委员会应当制作调解协议书。调解协议书经医患双方签字或者盖章，人民调解员签字并加盖医疗纠纷人民调解委员会印章后生效。达成调解协议的，医疗纠纷人民调解委员会应当告知医患双方可以依法向人民法院申请司法确认。这实际上设置了确认医疗纠纷调解法律效力的双重机制，并进一步实现了人民调解与司法程序的有机衔接。

三　第三方调解制度的完善

要保持和发挥医疗纠纷调解相较于协商、诉讼机制的制度优势，必须着力解决下述问题。

（一）兼顾便民与公正

《预防和处理条例》坚持和完善医疗纠纷的多元化解机制，并意图通过便利调解启动、医疗纠纷人民调解委员会的主动介入、不收取费用、限期 30 个工作日完成调解等制度配置来发挥人民调解在医疗纠纷处理中的主渠道作用，以求最大限度、尽快通过人民调解途径解决医疗纠纷。《预防和处理条例》规定，超过调解期限未达成调解协议的，视为调解不成，这就通过设立调解期限的上限防止久调不决，促进快速解决纠纷。

调解人员在调解时也存在着过分追求调解成功的结果，不严格遵循定责和赔偿标准，存在"和稀泥"现象，导致调解结果中立性不强。[1] 调解不是和稀泥，不是各打五十大板，也不是靠"以情动人"解决医患争端。要切实发挥人民调解快速解决医患纠纷的作用，对效率、便民要素外的公正因素必须重视，调解人员有能力拿出公正的调解理由与调解方案，才能说服当事人接受调解意见，才能切实快速解决纠纷。调解公正的实现要以权威性、中立性来保证，而权威性包括医学、法律两个方面。调解人员需

---

① 刘黎、高静、孙帆帆等：《我国医疗纠纷人民调解委员会中立性问题与对策分析》，《中国医院》2017 年第 11 期。

同时具备医学、法学甚至是心理学知识才能更好地开展调解工作，要加强医调队伍建设，培养复合知识结构型人才，提升整体人才素质水平。① 笔者认为，分别设立由医学专家和法律专家、执业律师组成的调解员库，推行随机选取两类专业调解员共同调解，可一并解决调解的便民与公正问题。

（二）保持灵活便利，避免调解司法化

人民调解具有群众性、民间性、自治性特征，要充分发挥和保持医患纠纷第三方调解的灵活性和便利性，充分发挥调解机制独有的及时化解医患纠纷、分流案件和减轻审判压力的作用，避免调解司法化而失去自身优势。与民事诉讼相比，人民调解在权威性、强制性方面显然等而下之，要使得当事人舍弃更规范、更权威的民事诉讼程序而通过调解解决医患纠纷，医疗纠纷调解组织就要展现其依靠自身的专业技能优势来解决医患纠纷，维持其便捷性优势；否则，通过该调解机制快速解决医患纠纷的立法期待就会落空。

必须承认，医疗纠纷调解并没有规范的病历质证程序，如果医患双方对作为鉴定材料的病历存在真实性、完整性的争议，不仅委托鉴定难以进行，而且调解也难以为继，在这种情形下，很难想象调解能顺利进行，这时，就要遵循《人民调解法》的规定，不得硬性调解和阻止当事人依法通过司法等途径解决纷争。

（三）摆脱"鉴定"依赖，发挥效率优势

医疗侵权纠纷的法律处理中，依赖医疗损害鉴定或医疗事故鉴定意见来认定事实、界定责任几乎成为惯例，《预防和处理条例》在推行调解的同时又设置了助力调解的对外委托鉴定机制，这仍然映现出立法者对调解者专业能力信心的不足。按照目前我国的医疗责任鉴定运行状况，自委托鉴定到鉴定意见作出，一般需要 3~6 个月甚至更长的期限，而委托鉴定

---

① 王薇、王洪婧、王树华：《医疗纠纷人民调解领域问题及其严重性研究》，《中国卫生事业管理》2021 年第 7 期。

必然损耗调解的效率优势。充分保持和发挥调解的效率优势是维持医疗纠纷调解机制生命力的基本前提，而维持调解的效率优势必须以调解的权威与公正为支撑，这就需要打造合格的调解组织，但无论是咨询专家还是委托鉴定均丝毫不能解决这一问题，只有通过增强调解组织和调解员的医学与法律专业素质，才能摆脱对医疗责任鉴定的总体依赖和"逢案必鉴"的固有模式。因此，《预防和处理条例》规定，聘任一定数量的具有医学、法学等专业知识且热心调解工作的人员担任专（兼）职医疗纠纷人民调解员，可谓切中要害。具备医学与法律认知能力的适格调解员可通过病历阅读、医疗事实认定与法律适用来取代鉴定机构完成对医疗过错责任的认定，并提出令医患双方信服的理由和调解方案促成医患纠纷调解结案。同时，可以认为，在构建了合格的调解组织的前提下，对知情同意权、隐私权、过度检查类纠纷则根本无须鉴定。

第二节　医患纠纷的行政调解

一　行政调解概述

行政调解包括两类，即专门设立的行政性非诉讼程序和行政机关附带性的纠纷解决，前一种情况下行政机关可以根据法律规定采取裁决或决定方式处理纠纷，后一种情况下行政机关并没有通行裁决的权力，而只能主持当事双方调解。[①] 行政调解属于后一种情况，是指行政主体参与主持，以国家法律法规、政策和公序良俗为依据，以受调解双方当事人自愿为前提，通过劝说、调停、斡旋等方法促使当事人友好协商、达成协议、消除纠纷的一种调解机制。

较之司法调解和人民调解，行政调解在处理纠纷、化解社会矛盾方面具有独特作用。其一，较之司法调解，行政调解无须经过复杂的诉讼程序，也无须支付相关费用，能节省时间，并降低处理成本。其二，较之人民调解，主持行政调解的行政主体多为履行相应行政管理职责的部门，专

---

① 范愉：《非诉讼程序（ADR）教程》，中国人民大学出版社，2020，第152页。

业性较强，能充分利用所掌握的专业知识和丰富的实践经验为该领域内发生纠纷的当事人提供更有效的调解。

二　医疗纠纷的行政调解

医疗纠纷行政调解是既往立法设置的医疗纠纷处理路径，《预防和处理条例》再次对该机制做出规定，但仅仅设置了其主要框架，其主要内容包括以下几个方面。

（一）行政调解的启动

医患双方申请医疗纠纷行政调解的，由医患双方共同向医疗纠纷发生地县级人民政府卫生主管部门提出申请，但卫生主管部门并不主动引导医患双方申请行政调解，这一点不同于医疗纠纷人民调解。

（二）行政调解与其他机制的衔接

根据《预防和处理条例》的规定，人民法院或人民调解委员会已经受理的医患纠纷，卫生主管部门不予受理，已经受理的，终止调解；自受理之日起30个工作日内未达成调解协议的，视为调解不成。从上述规定来看，医疗纠纷行政调解属于与民事诉讼、人民调解并行的备选机制之一。

（三）行政调解的基本原则

《预防和处理条例》规定，卫生主管部门调解医疗纠纷可以进行专家咨询，也可以委托医疗损害鉴定，但行政调解要遵循自愿、合法原则，卫生主管部门不能硬性调解，这一点显然有别于可直接裁决的卫生行政处理程序。

三　行政调解作用空间的拓展

医疗纠纷的行政调解由卫生主管部门实施，卫生主管部门作为医疗卫生行业的行政主管部门，在医疗专业技术方面显然较之人民调解具有更大的技术优势，应当发挥更大的作用，但实际情况则相反，目前医疗纠纷行政调解远远没有充分发挥足够的作用，甚至处于半闲置状态。究其原因，有以下几个方面。一是主持调解的卫生行政机关与医疗方尤其是非营利性公立医院的紧密关系，容易使患者方担忧该调解的中立性与公平性，这成为患者方不愿进行卫生行政调解的原因。二是医疗纠纷行政调解也需要借助外部技术力量来完成调解任务，会削弱其原有的医疗专业优势。三是对医疗方而言一定程度上也存在对行政调解的心理顾虑。虽然《预防和处理条例》规定卫生主管部门及其工作人员应当对医患双方的个人隐私等事项予以保密，未经医患双方同意，卫生主管部门不得公开进行调解，也不得公开调解协议的内容，但鉴于医疗纠纷行政调解毕竟是由卫生主管部门来组织实施的，这就会让医疗方担心受到相应的行政处罚和行政处分而排斥行政调解。可见，在人民调解之外设置医疗纠纷行政调解的实际作用可能受限，如何拓展医疗纠纷行政调解的作用，发挥其作为医疗专业主管部门在社会管理中的相应职能，值得思考。

第十五章
建立医疗侵权纠纷仲裁机制

第一节 架构医患纠纷仲裁机制的必要性

一 医法结合是公正高效处理医患纠纷的根本路径

以医疗损害赔偿为核心的医患纠纷法律难题是否能得以化解，取决于是否就相关制度安排做好周全的谋划，主要是裁决主体与机制是否符合纠纷性质与裁决要求。

（一） 医疗侵权责任的认定需要临床医学专家充任裁判人

医患争议的核心是医疗行为是否存在过错、医疗过错行为与患者的人身损害结果之间是否存在因果关系、医疗方是否和如何对患者的人身损害结果承担法律责任。医疗行为是一种规范性的行为，在这个过程中的行为规范是具体而确定的，只有对医疗事实有了充分的认识后，才能对医疗行为作出法律评价。[①] 医疗行为是否存在过错，亦即对医疗行为是否符合诊疗规范、是否违背医疗注意义务的判断，医疗过错应当从医疗过程来判断而不从医疗结果来判断，应当从患者在医疗机构接受医疗服务的整个过程来分析和认定。[②] 也就是说，只有对医疗过程进行完整考察才能对医疗过错与因果关系作出正确的判断。同时，（医疗）注意义务是法律所赋予

---

① 龚赛红、喻科军：《医疗诉讼证据问题研究》，《证据科学》2009 年第 3 期。
② 刘鑫、高鹏志：《医疗过错鉴定规则体系研究》，《证据科学》2012 年第 3 期。

的，但是注意标准则是一个医学判断问题。① 显然，只有临床医学专家才具备对医疗过程是否违背上述义务进行评价与判断的知识、经验与能力。因此，从专业技术要求的角度看，医疗损害责任的认定必须有临床医学专家充任裁判人。

（二）医疗侵权责任的认定需要法学专业人员参与

医疗损害责任的认定需要运用主观过错、因果关系、证据的审查判断、证明责任等法律知识与理论，在对医疗事实加以认定乃至法律推断的基础上，确定医疗行为是否存在过错、过错医疗行为与患者人身损害结果之间是否存在法律上的因果关系，进而确定医疗方过错责任的有无与大小，这一过程是事实认定与法律定性的有机统一。显然，医疗损害责任的判定应当有法律专业人士的参与。

可见，医患纠纷法律处理的主要出路是探究医、法直接结合的理想模式。

二　医疗侵权仲裁是实现医法结合的理想模式

（一）第三方调解没有真正实现医法直接结合

《预防和处理条例》规定，医疗纠纷人民调解委员会应当聘任一定数量的具有医学、法学等专业知识且热心调解工作的人员担任专（兼）职医疗纠纷人民调解员，并规定调解委员会可以通过咨询医疗损害鉴定专家库专家、对外委托鉴定的路径对其提供外部技术支撑，反映出立法者对调解者自身医学与法学专业能力的担忧。同时，咨询专家、委托鉴定显然会制约调解便利性和效率，且调解实行地域管辖原则，势必牵制其中立性和公正性，同样显示出立法对调解机制的医法结合的实际效果信心不足。

（二）医疗损害鉴定在医法分离下运行

医患纠纷法律处理中兼顾公正与效率的方式是通过简捷程序完成对医

---

① 赵西巨：《医疗诉讼中的医疗专家意见和法官自由裁量：谁主沉浮?》，《法律与医学杂志》2007 年第 3 期。

疗过错责任与赔偿数额的一体化认定。人们一度将医疗纠纷处理的注意力放在医疗损害责任的鉴定究竟是交给医学会还是司法鉴定机构，而没有着力研究医、法分离问题，这里的医、法分离不仅包括鉴定实施中的分离，也包括对医患纠纷法律裁决中的医、法分离，即医疗责任鉴定不能一体化解决责任认定与赔偿给付，不能一步到位地解决医患纷争。

（三）民事审判的医法结合尚未实现

我国现行医患纠纷的审理模式主要是"病历—鉴定—审判"模式，对审判机关而言，由于缺乏医学知识与经验，难以直接通过对病历的解读判断有无医疗过错责任，为了最大限度地接近司法公正的价值目标，只有对外委托医疗责任鉴定。但这随之产生两个问题，一是过分依赖鉴定，以鉴定结论为定案依据，审判权一定程度上"旁落"于鉴定机构；二是审判者缺乏对鉴定结论的科学性、权威性进行审查判断的能力，加上现行医疗事故鉴定和医疗过错司法鉴定各自存在难以克服的弊端，鉴定意见并不完全可靠，且致使审理期限十分漫长。据统计，多数医疗纠纷的诉讼都在一年以上，甚至审理了十年，远远长于其他民事纠纷的审理周期。可见，医学专业鉴定与法院的审判活动相分离、医与法相分隔且二者难能协同，成为严重制约医患纠纷案件审理质量与效率的制度瓶颈。

（四）医事仲裁是实现医法结合的理想模式

法官不精通医学、鉴定人不精通法学，已经成为医患纠纷难以得到公平、高效处理的主要制约因素，建立医事仲裁制度，由法律专家与临床医学专家、法医共同组成仲裁庭对医患纠纷进行裁决，在科学界定医疗过错责任的同时完成对赔偿数额的确定，是实现医与法的直接结合的理想模式，也是处理医患纠纷的最佳制度架构。

第二节　医疗侵权纠纷仲裁的可行性

一　法理与法律上的可行性

我国《仲裁法》第 2 条规定，平等主体的公民、法人和其他组织之间发生的合同纠纷和其他财产权益纠纷，可以仲裁。《仲裁法》第 3 条规定，婚姻、收养、监护、扶养、继承纠纷及依法应当由行政机关处理的行政争议，不能仲裁。医患纠纷包括医疗服务合同纠纷和医疗侵权赔偿纠纷，对医疗服务合同纠纷的可仲裁性基本没有争议，但《仲裁法》并未对医疗侵权纠纷是否允许以仲裁方式解决做出明确的规定。目前理论界存在"否定说""部分肯定说""肯定说"三类观点。

"否定说"认为，医疗侵权行为所指向的客体往往是患者的生命、健康、身体、隐私等人身权益，而这些权益并不属于"财产权益"，因而医疗侵权纠纷不具有可仲裁性。财产侵权可以仲裁，但人身侵权则不可以仲裁。①"部分肯定说"认为，虽然医疗侵权行为所侵害的权利本身并不是财产性权利，但是医疗事故损害赔偿的争议焦点通常是是否存在赔偿责任以及赔偿多少的问题。因此，可以将当事人之间的这种医疗纠纷解释为"其他财产权益"纠纷，从而使得医疗损害赔偿纠纷具有可仲裁性，即以"赔偿损失"为责任承担方式的医疗纠纷可以仲裁。② 对于侵害患者名誉权、隐私权的侵权行为，患方并不以经济赔偿为诉求，是要求对方停止侵害、公开赔礼道歉，这种侵权争议由于不能归于"其他财产权益纠纷"，自然就不能采用仲裁方式解决。③

"肯定说"认为，人身侵权是一种债，而债权属于财产权，债权纠纷属于"财产权益纠纷"，此为我国学理通说，也是立法上的一贯主张，更明确地体现在有关法律规则之中，医疗侵权纠纷属于《仲裁法》第 2 条中的"其他财产权益纠纷"，具有可仲裁性。④

显然，"否定说"认为医疗侵权的客体是人身权益而否定其可仲裁性，"部分肯定说"主张以承担民事责任的方式是否具有财产给付为标准来确定医疗侵权是否可仲裁，"肯定说"认为医疗侵权纠纷属于《仲裁法》第 2 条中的"其他财产权益纠纷"而可以仲裁。

---

① 王金兰、王玮：《论侵权行为的可仲裁性》，《河北法学》2004 年第 10 期。
② 郭玉军、杜立：《医疗事故损害赔偿仲裁若干问题研究》，《法学评论》2010 年第 2 期。
③ 余承文：《医疗纠纷的可仲裁性研究》，《南京医科大学学报》（社会科学版）2007 年第 1 期。
④ 谌宏伟：《论医疗侵权纠纷的可仲裁性》，《中国卫生事业管理》2011 年第 6 期。

医疗侵权法律问题研究

　　笔者认为，对上述争议的解决，取决于对《仲裁法》允许仲裁的纠纷之立法的理解。根据我国民法规定，人身权是指与人身相联系或不可分离的没有直接财产内容的权利，人身权区分为人格权和身份权两大类，人格权包括生命权、身体权、健康权、姓名权、名称权、名誉权、荣誉权、肖像权、隐私权等，身份权包括亲权、配偶权、亲属权等。人身权是法律强制规定的任何公民均依法享有的与特定民事主体的人身密不可分的具有专属性的民事权利，不得以买卖、转移、赠与或继承等任何形式让与他人，即不具有可让与性，也就是说，当事人对人身权没有自由处分的权利。而婚姻、收养、监护、扶养、继承纠纷皆属于身份权纠纷，对这些权利的享有由法律直接加以规定，这些权利不允许自由处分，而仲裁机制具有强烈的当事人意思自治色彩，在仲裁程序、最终裁决结果的形成等方面允许当事方协商与和解，这对婚姻、收养、监护、扶养、继承纠纷这些当事人无权处分的身份关系的纠纷显然是不适用的，对此，我国《仲裁法》第3条规定，婚姻、收养、监护、扶养、继承纠纷这些当事人无权处分的身份关系的纠纷禁止仲裁。同时，《仲裁法》并未规定禁止对民事主体的人格权（生命权、身体权、健康权、姓名权、名称权、名誉权、荣誉权、肖像权、隐私权）纠纷适用仲裁。因此，除外上述禁止仲裁的事项外，根据《仲裁法》第2条的规定，平等主体的公民、法人和其他组织之间发生的合同纠纷和其他财产权益纠纷，均可以仲裁。应当明确的是，人身权本身虽然不直接具有财产内容，不能以金钱来衡量其价值，但是，人身权包括生命权、健康权、隐私权等受到侵害时，则可以用非财产给付和财产给付的方式予以救济，消除影响、赔礼道歉等民事责任承担方式属于前者，而根据民事法律和司法解释支付死亡赔偿金、残疾赔偿金、精神损害抚慰金、医疗费、护理费、误工费、营养费等属于后者。根据民法学的通说，侵权人应通过履行侵权行为之债来承担侵权民事责任，因而人身侵权行为是产生债的原因之一。

　　将债理解为财产法律关系，将债权解读为财产权，是法学界共识。因此，公民是否享有人身权无须仲裁也不能仲裁，但公民享有的人身权是否受到侵犯、受到侵犯后应当如何给予相应的财产赔偿，则属于《仲裁法》第2条规定的合同纠纷外的"其他财产权益纠纷"，可以仲裁。依照法学界的一般认识，此处的"其他财产权益纠纷"主要是指合同纠纷外的"侵权行为"引发的纠纷，包括产品质量责任、知识产权领域侵权，这里没有理由排除医疗侵权。医疗人身侵权纠纷从性质上讲不是是否享有人身权的纠纷，而是人身是否被医疗行为侵犯、应当给予哪些民事赔偿的纠纷。因此，医患纠纷实质是通过以财产赔偿为主的方式来解决争端，是具有财产权益性质的纠纷。至于侵害患者名誉权、隐私权甚至知情同意权的医疗侵权行为，根据《民法典》的规定和有关司法解释、晚近司法实践，允许以支付精神损害抚慰金的方式承担民事责任，这当然也属于"其他财产权益纠纷"。可见，上述"部分肯定说"难以自圆其说。

另外，《仲裁法》第 2 条并非以民事责任的承担方式来决定纠纷是否可以仲裁。《最高人民法院关于适用〈中华人民共和国仲裁法〉若干问题的解释》第 2 条规定，当事人概括约定仲裁事项为合同争议的，基于合同成立、效力、变更、转让、履行、违约责任、解释、解除等产生的纠纷都可以认定为仲裁事项。显然，有关合同成立与否、是否有效、应否变更、如何解释、能否解除等事项，都是可以仲裁的，而这些事项并不是针对如何来承担民事责任以及责任是否具有财产给付内容而言的。①

对医疗纠纷是否可以仲裁，还可以结合我国相关行政立法对医疗事故行政处理的立法演变进行分析。1987 年 6 月 29 日国务院发布的《医疗事故处理办法》第 11 条规定，病员及其家属和医疗单位对医疗事故或事件的确认和处理有争议时，可提请当地医疗事故技术鉴定委员会进行鉴定，由卫生行政部门处理。自 2002 年 9 月 1 日起，国务院令第 351 号公布的《医疗事故处理条例》开始施行，并废止了《医疗事故处理办法》。《医疗事故处理条例》第 39 条规定，卫生行政部门受理医疗事故争议处理申请后，需要进行医疗事故技术鉴定的，应当自作出受理决定之日起 5 日内将有关材料交由负责医疗事故技术鉴定工作的医学会组织鉴定并书面通知申请人。同时，该条例在第 5 章第 46 条规定，发生医疗事故的赔偿等民事责任争议，医患双方可以协商解决；不愿意协商或者协商不成的，当事人

---

① 谌宏伟：《论医疗侵权纠纷的可仲裁性》，《中国卫生事业管理》2011 年第 6 期。

可以向卫生行政部门提出调解申请，也可以直接向人民法院提起民事诉讼。这就是说，根据该条例，卫生行政机关对医疗事故的行政处理权限仅仅限于移交医学会进行医疗事故鉴定，对医疗事故民事赔偿责任的争议，卫生行政机关的职能是进行行政调解，而不是进行卫生行政处理。可见，1994 年 8 月《仲裁法》实施时根据《医疗事故处理办法》医患纠纷被列入行政处理的范围。因此，根据 1994 年 8 月《仲裁法》第 3 条的规定，医疗事故或事件的确认和处理争议因属于由行政机关处理的行政争议而禁止仲裁。但自 2002 年 9 月 1 日国务院公布的《医疗事故处理条例》开始施行时起，医疗侵权已经不再属于卫生行政处理的范围，此时仲裁已经向医疗侵权和医疗事故纠纷的处理敞开了法律之门。

应当顺便指出的是，《医疗事故处理条例》第 5 章第 46 条对医疗事故赔偿的三种处理方式的规定，不能视为排除医疗纠纷可以仲裁的法律依据。理由是，根据此前的 2000 年 3 月 15 日第九届全国人民代表大会第三次会议通过的《仲裁法》第 8 条的规定，民事基本制度、诉讼和仲裁制度等事项属于只能通过法律来进行规定，不能通过行政法规来规定；况且《仲裁法》是全国人民代表大会常务委员会制定的法律，而《医疗事故处理条例》是国务院制定的行政法规，根据《立法法》第 79 条的规定，法律的"法律位阶"和效力高于行政法规，行政法规中与法律的规定相抵触的规定是无效的，即《医疗事故处理条例》作为行政法规无权对民事纠纷的处理机制作出强制性的规定。同理，《医疗纠纷预防和处理条例》虽无医疗仲裁之规定，但这不应成为推行医疗仲裁的法律障碍。

从立法技术的角度看，《仲裁法》不可能对平等主体之间的一切财产权益纠纷均作出列举性的规定，使用"其他财产权益纠纷"之表述完全可以解读为涵盖医疗侵权纠纷。

总之，将仲裁机制引入医患纠纷民事赔偿的解决领域并不存在法律障碍，存在法理与法律上的可行性。

二　制度基础与人才储备上的可行性

仲裁制度在我国已经运行多年，各地已经建立了许多民商事仲裁机构和仲裁庭，这是建立医事仲裁庭的制度基础，可在原来的仲裁原则、仲裁各项制度不变的情况下，架构医事仲裁庭。

从医事仲裁对仲裁员的人才需求上看，需要由法学专家与临床医学专家、法医共同担任仲裁员，法学专家可由既有仲裁机构的法学方面的仲裁员担任，临床医学专家可由医疗损害鉴定专家库中的专家担任，法医可由从事医疗过错司法鉴定的法医专家担任，或者直接从根据《医疗纠纷预防和处理条例》第35条设立的由医学、法学、法医学等领域的专家组成的医疗损害鉴定专家库中选取三个专业领域的仲裁员，以实现医、法结合。有论者认为，理想的医事仲裁员应具有医学和法学双重知识背景，但目前兼通医学和法学的复合型人才奇缺，而且在短期内难以改变。① 对医、法结合不宜做过于狭窄的理解。医、法结合不仅仅是医与法集合于某人一身，而应当理解为医学专家、法医与法学专家构成有机的集合体，只有将医、法结合解读为医学专家、法医与法学专家的跨学科的有机结合，才能夯实医事仲裁制度的深厚根基，才能充分发挥医事仲裁制度的巨大作用。

第三节　医患纠纷仲裁制度的优越性

一　仲裁的中立性

医患纠纷仲裁机构不隶属于行政机构、不受制于卫生行政机关，仲裁组织之间相对独立，仲裁庭享有独立仲裁权，可减少外来干扰；当事人可协议选择本地或域外的仲裁机构，以避免医院利用当地的各种纵向、横向关系搞部门保护、行业保护，增加仲裁裁决的公信力。

二　仲裁的灵便性

仲裁制度有较大的灵活性和便利性，当事人可以协议约定仲裁程序，免受诉讼与鉴定的烦琐程序之累；仲裁实行一裁终局，有助于避免纠纷久拖不决；仲裁制度具有保密性即仲裁原则上不公开进行，医患双方通常在一个和谐的氛围中平息纷争、化解矛盾，这有利于维护医院的信誉和患者

---

① 胡海华：《谈谈我国医疗纠纷的仲裁机制》，《医学与社会》2008 年第 8 期。

的隐私权，对于缓和社会矛盾、构建和谐社会也有积极的作用。

三　仲裁的权威性

医事仲裁直接实行医、法结合，由法学专家和临床医学专家共同组成的仲裁庭进行审理和裁决，是直接实现医、法结合的良好模式。同时，仲裁又具备接近于司法的程序设置和规则，除非存在法定撤销事由，仲裁裁决具有强制执行力，裁决的权威性有相应保障。

四　仲裁的高效率

在处理医疗技术争议时，仲裁机制的优势是可以克服法律规范相对滞后的弊端，通过组建适格的仲裁庭来顺应技术发展的趋势，及时、灵活解决纷争。更重要的是，由法学专家与临床医学专家共同组成的仲裁庭有专业能力对医患双方提交的病历等证据材料进行科学的综合分析，并同步完成医疗过错责任的认定与赔偿数额的确定，避免传统诉讼程序的"法院受理—委托鉴定—召开鉴定会—开庭质证鉴定结论—再次鉴定"等的烦琐、漫长的程序，而且，仲裁实行一裁终局，彰显其高效率。

总之，医疗纠纷仲裁机制具有其他各类纠纷处理机制所难以具备的中立、权威、高效率的优势。

第四节　医患纠纷仲裁机制的架构

一　仲裁协议的形成

事先达成医患仲裁协议是启动医疗纠纷仲裁的前提。医事仲裁既然在现行《仲裁法》和仲裁制度框架下运行，就应当遵循"协议仲裁"的基本制度，即尊重当事人自愿仲裁的原则，采取任意仲裁模式构建医疗纠纷仲裁制度。① 作为当事人自愿的体现方式的医事仲裁协议的签订是不得不加以研究的一个重要问题。对此，有论者指出，我国宜采用自愿仲裁模式，将

---

① 马占军：《我国医疗纠纷仲裁解决机制构建研究》，《河北法学》2011 年第 8 期。

仲裁协议作为选择性条款列于门诊病历或住院病历的说明内容中。[1] 还有论者认为，医事仲裁协议应在患者入院时签订，明确一旦发生医疗纠纷，同意由某一仲裁机构进行仲裁，可在挂号单、"入院须知"中列出，但不适宜在发生医疗纠纷后签订仲裁协议，因为在这种情况下（医患）矛盾激化，不大可能签订仲裁协议。[2]

笔者认为，医事仲裁制度的全面推行，尚待立法机关通过立法解释的方式明确医事纠纷可以适用仲裁机制解决，医事纠纷可发生于医疗服务合同履行中，也可能发生在医疗服务合同履行后（患者已经出院或结束门诊诊疗），而医疗服务合同的成立是以医疗方给予门诊患者挂号或将患者收住入院为标志的，患者无法以某一形式提出签订医疗纠纷仲裁协议的要求，而作为医疗合同成立标志的门诊病历本、住院证均由医疗方提交患者，因此，医事仲裁立法解释可以规定，医疗方应在门诊病历本、住院证上明确告知患方可以选择对医疗纠纷是否仲裁的权利，并在此环节通过患者签字同意作为简便的签署仲裁协议方式。同时，仍然应赋予没有在签署环节签署仲裁协议的患者在医疗服务过程中和医疗服务结束后与医疗方签署仲裁协议的权利，即不能因为开始接受医疗服务时没有签署仲裁协议，在发生医疗纠纷后剥夺医患双方任何一方当事人尤其是患者方选择医事仲裁的权利。

还有一种观点认为，医事纠纷仲裁可由纠纷双方的任何一方提出申请，无须双方当事人合意，且应将其设为诉讼前置程序。笔者认为，为适应医患关系与医疗纠纷的复杂情况，从尊重当事人意思自治以及仲裁制度本身的性质来看，不宜把医疗仲裁设置为诉前必经的前置程序，而应作为选择性程序。

二　医患纠纷仲裁庭的设置

关于医事仲裁庭的设立，有三种思路可供参酌。

---

[1]　郭玉军、杜立：《医疗事故损害赔偿仲裁若干问题研究》，《法学评论》2010年第2期。

[2]　徐正东：《关于构建我国医事仲裁制度的设想》，《泸州医学院学报》2006年第3期。

（一）套用民商事仲裁机制

这一设想是直接赋予现有的仲裁委员会对医患纠纷进行仲裁的职能，在其中增设医学专业的仲裁员，设立医患纠纷仲裁员名册，规定每一个案件都由相应专业的临床医学专家和法学专家共同组成仲裁庭裁决，临床医学专家和法学专家的个人条件应符合《仲裁法》第 13 条对仲裁员资格的规定。其他制度直接套用《仲裁法》的相应规定。

（二）设立医患纠纷仲裁委员会

根据我国目前的实际情况和仲裁的特点，可先在设区的市级以上人民政府的司法行政机关内设立医患纠纷仲裁委员会，该委员会由设区的市级以上人民政府组织有关部门统一组建，具有独立的法人资格。该委员会的组成人员要由医学专家和法学专家担任，以提高仲裁的公正性、科学性和权威性，增加医患双方对仲裁的信任度。医患纠纷仲裁委员会的职责是处理本委员会管辖范围内的医患纠纷争议案件；聘任具有高级职称的临床医学专家和对医疗纠纷有所研究的法律专家担任专职或兼职仲裁员，并对仲裁员进行管理；领导和监督仲裁庭开展工作；总结并组织交流办案经验，向医疗机构、卫生行政部门、司法机构提供有关医患纠纷的处理建议。

（三）赋予医疗损害鉴定机构仲裁职能

将医疗损害司法鉴定机构改造成为"医疗事故仲裁委员会"，赋予其在判定医疗过错责任的同时确定、解决民事赔偿的职能。

上述三种方案中，第二种方案需重新设立一个机构，程序上相对复杂，且必须事先考虑到新机构的业务量及生存问题；第三种方案的制度创立关涉对鉴定机构职能的重大变动，关涉国家司法裁判机制的总体调整，因此制度成本较高，并非首选。相比之下，第一种方案简便、可行，值得推广。当然，为避免仲裁裁决可能出现的偏差或错误，在建立医患纠纷仲裁制度时应依照《仲裁法》的有关规定，适用申请撤销医疗仲裁裁决的程序，这对于确保裁决的合法性、正确性和为当事人保留司法救济具有重要意义。

设立医患纠纷仲裁制度后，原由医疗损害司法鉴定部门履行的鉴定职能实际上可由医患纠纷仲裁机构行使，作为仲裁员的医学专家可以在现场履行鉴定中医疗专家对患者的身体状况进行检查和判断的职能。应该明确，在这种情况下，并不是不再需要法医和技术鉴定。作为仲裁的基础资料，那些必须利用"技术设施""技术手段"完成的检验、判断仍然需要委托（由仲裁庭委托）尸体检验机构、病理检验机构、药物检验机构实施。

三　医事仲裁的组织形式

关于医事纠纷仲裁的组织形式，多数论者主张，医事纠纷仲裁庭的组织形式采用合议制而不采用独任制。[①] 根据医法结合的总体要求，合议制应当作为原则性的仲裁裁判机制，独任制则难以真正实现医法结合，不具有普遍适用性，可适用于事实清楚、责任比较明确，仅对赔偿数额存在争议的医患纠纷。

---

① 孙东东、吴正鑫：《关于我国建立医事纠纷仲裁制度的研讨》，《法律与医学杂志》2000 年第 4 期。

第十六章
医疗侵权纠纷的民事审判

第一节　民事审判在医疗纠纷多元化处理机制中的定位

准确界定医疗侵权，公平解决医患赔偿纠纷，对于敦促医疗方严谨履行医疗义务，保障广大患者医疗安全具有重要意义，把握民事审判在医患纠纷的多元化处理机制中的功能定位，是解决医患纠纷法律难题的关键所在。

一　非诉讼处理机制的局限性

在社会矛盾复杂化、利益主体多元化、利益诉求多样化的现代中国社会，实现纠纷解决供给体系的多元配置，方能给当事人提供有充分选择余地的、符合自身需求的争议解决渠道。在纠纷解决机制的多元化系统中，各种制度或程序既有其独立的运行空间，又能形成功能互补，以满足社会和当事人的多元化需求和选择自由。① 非诉讼解决机制能够实现化解纠纷、缓解社会矛盾的作用，允许医患双方当事人直接协商解决纷争符合意思自治的私法原则，也有助于及时化解纷争。实践中以该方式解决的纠纷虽然为数不少，但多限于基本事实比较清楚、争执数额不大的案件。但值得注意的是，非诉讼机制排除了公权力的介入，在一定程度与范围默许了

① 朱景文：《解决争端方式的选择——一个比较法社会学的分析》，《吉林大学社会科学学报》2003 年第 5 期。

对法律强制的回避，使得违规医疗行为规避了法律的制裁，法律的权威和对违规医疗行为人的惩治、教育职能被架空，降低了侵害权益行为的机会成本，客观上对这种行为产生了鼓励作用，不利于警示教育医方恪尽职守、严谨执业，不利于保障医疗安全和促进医疗事业的发展。也就是说，非诉讼机制解决争端有时会偏离社会正义的目标，导致法律的尊严和权威所受的损害没有得到修复，相关立法目的并未实现。比如，医患协商签订的赔偿协议即使从表面上化解了当事双方的矛盾与对抗，但相应的行政责任、刑事责任往往无从追究，社会正义未必得到依法匡扶。某些造成患者严重人身残疾和死亡的医疗事件根据《刑法》规定已涉嫌构成医疗事故罪或非法行医罪，但以私自协商方式解决后则规避了应有的刑事追究。近年来医患纠纷显著增加，但以医疗事故罪或非法行医罪定罪处刑的情况却并未见增加。禁止对超过一定数额的医疗赔偿以自行协商的方式解决，其原因除了避免国有资产流失的考虑之外，同时也是为了避免以私自协商方式解决医患纠纷所存在的上述负面作用。

二　民事审判是解决医患纠纷的必备措施与最终手段

医患纠纷的复杂程度、双方的关系基础与对抗程度、对公平处理结果的评判标准不尽相同，因此对纠纷处理的方式与程序有不同需求，或者倾向于意思自治，或者希望解决程序高效迅捷，或者追求强制、权威的裁决。如前面所述，从医患双方的地位比对看，医患双方不仅对医学知识的掌握不对等，而且对证明个案事实的证据即医疗信息的掌握不对称，遭受医疗损害而又处于被动地位的患者方容易产生猜疑、不满、对抗情绪，并引发医患冲突，患者方为在弱势处境下求得公平，特别期待第三方的公平、权威裁决。随着医患纠纷数量上的大幅增长，医患双方围绕赔偿问题引发的激烈对抗的医患事件近年来也呈现出增长态势，同时，诉讼外纠纷处理机制难以化解的纠纷自然涌入诉讼渠道，借助民事诉讼方式解决医患纠纷就成为当事双方的最终路径选择，民事诉讼仍然是解决医患纠纷的重要途径。

民事诉讼虽然在应对专业性较强的医疗纠纷方面存在高成本、低效率的不足，但其所体现的国家解决纠纷的权威性、合法性、规范性和强制性，使得矛盾尖锐、冲突激烈、案情复杂的医疗纠纷通过诉讼渠道解决仍然是当事人的通常选择。① 因此，即使配置多元化的医患纠纷处理机制，但仍然要坚守"民事审判是解决医患纠纷的终极手段"的理念。更重要的是，民事审判担负着对非诉讼机制的引导、制约、监督职能。

第二节　医疗纠纷民事审判的现状

目前，由于审判者普遍欠缺医疗知识，医疗纠纷的民事审判权威不足、效率低下，化解纠纷的社会效果欠佳。

一　审判权威不足

医疗纠纷案件多年来保持连年增长的势头，医疗纠纷自身又呈现较高的专业性和复杂性，医疗纠纷审理的专业化要求既具有医学理论修养和实践经验，又精通法律的人士来从事该类案件的审理活动，但绝大部分审判人员理解不了专业的医学术语，辨识不清医疗损害的因果关系，无从判断医疗过错是否存在。为了最大限度地接近司法公正的价值目标，审判机关对系统外医疗知识的援用，主要是借助医疗损害鉴定或医疗过错司法鉴定就顺理成章，由此就倾向于以鉴定意见为定案依据，而缺乏对鉴定意见的科学性、权威性进行审查判断的能力，审判权一定程度上"旁落"于鉴定机构和鉴定人，一定程度上丧失了法庭审理的自主性、独立性，审判的权威性、严肃性受损。

二　审判效率低下

由于审判系统自身没有充分的医疗知识的支撑，为实现医患双方当事人渴求的审判权威，最大限度地接近司法公正的价值目标，法院对外委托鉴定就几乎成为惯例，而且由于现行医疗损害鉴定或医疗过错司法鉴定意见的科学性、公正性尚且差强人意，审判者欠缺必要的对医疗责任鉴定意见进行医学专业审查判断的能力，反复鉴定、多次鉴定在所难免，致使审

---

① 顾培东：《社会冲突与诉讼机制》，法律出版社，2004，第28页。

理期限十分漫长。据统计，多数医疗纠纷的诉讼都在一年以上，平均审理期限是两年左右，最长的长达十年，导致审判效率低下。

总之，民事审判对化解医患纠纷的社会效果尚且差强人意。

第三节 提升法庭对专业技术的司法认知能力

一 提升法庭对专业技术纠纷司法认知能力的必要性

中国特色社会主义司法系统的顶层设计必须把司法公正、司法权威、司法效率、司法便民四个元素作为基准。① 为树立审判权威和提高审判效率，实现以审判为中心，贯彻司法责任制，实现司法公正，需要提升法庭对专业技术纠纷的司法认知能力。

（一）确保审判权威与效率

当前司法体制改革的现实策略就是侧重于提高审判的质量水准，通过司法的专业化、精密化来树立司法的权威性。② 司法的专业化、精密化不仅包括审判业务的专业化分工，如把审判庭划分为民事审判庭、知识产权审判庭、刑事审判庭、行政审判庭等，还应当包括组建具备专业技术素质的审判组织来审理涉及相应专业技术纠纷的诉讼案件。受我国长期实行的高等教育的分专业教学的制约，法学专业出身的绝大多数法官不具备法律之外的专业技术知识，且我国主要是从法律专业毕业的学生中选录法官，法官遴选范围狭窄，使得法官队伍整体上知识结构单一，欠缺对专门性技术问题直接进行审查与判断的司法认知能力。由此，在审理涉及专业技术问题的案件时委托司法鉴定往往成为法庭的首选措施或"必选动作"，司法实践中普遍存在依赖司法鉴定意见的倾向。据统计，90% 以上的刑事案件需要进行司法鉴定。③ 在刑事诉讼中，隶属于侦查机关的鉴定人有机会较多了解案情和侦查所需，易于形成先入为主的主观预断，而面向社会提

---

① 季卫东：《司法体制改革的目标和评价尺度》，《人民法院报》2017 年 4 月 5 日。
② 季卫东：《司法体制改革的目标和评价尺度》，《人民法院报》2017 年 4 月 5 日。
③ 于美丽：《也谈司法鉴定的法律完善》，《中国人民公安大学学报》2000 年第 5 期。

供司法鉴定服务的鉴定机构受利益驱动则难免会偏离中立立场去迎合委托需求，更重要的是，鉴定意见是鉴定人对委托事项的主观判断，受鉴定设备、鉴定方法、鉴定人知识水平等因素制约，不同鉴定机构往往对同一送鉴材料作出不同甚至相反的鉴定意见。从证据效力和诉讼程序方面看，鉴定意见并没有确定的司法证明力，必须经法庭查证属实才能作为认定事实的根据，也就是说，对技术争议事实进行最终认定的责任主体是审判人员而不是司法鉴定人，因此，确保合议庭具备对专业技术事实的认知能力，确保合议庭具备对司法鉴定意见的科学性、客观性的司法审查能力，才能树立审判权威。目前司法实践中普遍存在的直接采信鉴定意见的做法在相当程度上把司法裁判权让渡于审判系统外的司法鉴定人，这无疑会损及司法权威。

提升审判效率，在法定期限内为当事人提供司法救济，才能真正实现社会公平正义。在解决诉讼中的专门性技术问题时，司法机关动辄委托司法鉴定或轻易启动重新鉴定程序，必然延长案件审理期限和制约审判效率。倘若合议庭自身具备对技术事实的司法认知能力，那么，对不依赖技术检验设备或不需要实验室检验的专业事实就可直接作出司法认定而不必启动司法鉴定程序，减少委托司法鉴定的频次，对已经作出的鉴定意见也可通过询问出庭鉴定人、听取诉辩双方及其聘请的专家辅助人的专业意见查明其真实性与证明力，而不必启动重新鉴定程序，这就可以显著提高审判效率。

（二）实现以审判为中心

我国现行庭审程序设置了专家辅助人制度和鉴定人出庭制度来查明诉讼中涉及的专业技术争议。专家辅助人制度的要旨是，经当事人（在刑事诉讼中包括公诉人）聘请和人民法院通知，有专门知识的人以专家辅助人身份出庭询问司法鉴定人，对鉴定文书提出意见，各方聘请的专家辅助人在法庭主持下彼此进行对质，并接受法庭对相关专业问题的询问。专家辅助人参加庭审标志着法庭审理对证据质证、认证规则的创新和发展，为法庭判断专门技术问题创设了制度空间。同时，诉讼法规定的鉴定人出庭作证接受控辩双方对鉴定意见的交叉询问也有助于法官从中立立场对鉴定意见的真实性、关联性、科学性等关乎鉴定意见证明价值的相关技术问题进行全面评判。专家辅助人在法庭上从不同的角度与鉴定人进行专门知识方面的"立体"交流与沟通，共同协助法官审查鉴定意见，对于保障司法公正具有重要的标志性意义。然而，科学知识服务于法律后，科学的精神特质将不可避免地被相关的社会关系所侵蚀。[①] 专家辅助人出庭并非处于中立的立场，专家辅助人难免为维护聘请自己的当事人的利益而提供带有倾向性的专业意见，而现行司法鉴定体制下的司法鉴定意见的中立性、权威性也不尽如人意。比起普通证人证言，专家证人证言作为一种意见证据无疑更具干扰性和危险性，一旦其发挥作用的范围得不到有效合理限制，专门知识的垄断者将可能侵夺司法权能，成为事实上的裁判者，这是任何一个法治社会都不能容忍的。[②] 在诉辩双方的举证、质证和对抗基础之上，在专家辅助人和鉴定人提供了专业意见之后，法庭对证据的采信、对争议事实的认定是法庭审理的关键，这是审判权行使的核心。质证的本质特征在于"质"，即对证据的质疑和质问，而且这种疑和问都带有当面对抗的性质。[③] 对司法鉴定意见，法庭除了对鉴定人资质、送检材料进行程序审查外，更要从鉴定方法、分析过程等方面分析其是否符合该专业的基本原理和技术规程，以判断鉴定意见能否作为定案依据，并在公开的裁决中以令人信服的证据论证、事实认定与法律适用实现司法权威，其中包括对技术问题作出社会公众能够接受的司法解读。如果法庭自身不具备对相应技术问题的司法认知能力，就无法辨识真伪，就难以通过法庭质证来认定争议事实，法庭质证就成为毫无意义的表演，因此，法庭具备相应的专业知识是其行使最终裁判权的技术支撑，只有这样，法庭才能够对相关证据的真实性和证明力作出判断，凸显与保证庭审在认定案件事实中的决定性作用。

总之，贯彻以审判为中心的理念，不仅需要鉴定人出庭和专家辅助人参与，更需要法庭自身具备对技术事实的司法认知能力，形成对技术问题的有实质意义的立体沟通、辨识、裁决机制。

---

① 王桂玥、张海东：《论我国专家辅助人制度及其完善》，《中国司法鉴定》2013 年第 4 期。

② 王岳、邓虹主编《外国医事法研究》，法律出版社，2011，第 145～146 页。

③ 何家弘：《证据学论坛》（第五卷），中国检察出版社，2002，第 176 页。

（三）落实司法责任制

司法责任制是司法改革的重要内容，要求实行"让审理者裁判，由裁判者负责"，实现审判主体与责任主体的明晰化、一致化。在司法责任制语境下，法官对办案质量终身负责，合议庭成员对案件的事实认定和法律适用共同承担责任，因重大过失导致裁判错误并造成严重后果的，依法承担违法审判责任。必须承认，通过呈现法庭的有限证据所证明的案件事实往往不可能全景式地重现、复原既往事实，以证据裁判为准则做出的司法裁判所实现的"法律真实"与案件的"客观真实"之间难免存在一定的差距或偏差，不可避免地存在事实认定的模糊状态或"灰色地带"。因此，司法裁决是"价值判断"而非"真理判断"，允许存在一定的主观推断空间，这是司法活动的基本规律。在审理涉及专业技术问题的案件时，对专业技术事实的认识与判断，则存在更大程度的专业推断与评估成分。在司法责任制的背景下，如果审判者对相关专业事实缺乏足够的知识储备，必将不敢和难以对专业技术事实作出自信的认定，审判就难以进行。可见，完备合议庭的知识结构，充实合议庭对技术事实的司法认知能力，组建技术型审判组织或合议庭，是司法责任制得以畅通推行的重要前提。

二　审判机关解决专业技术争议的措施评析

近年来，除依法委托司法鉴定之外，审判机关通过多种机制与方法来解决审判实务中的专业技术问题。

（一）庭外技术咨询

最高人民法院于2014年2月聘请10名中国科学院和中国工程院院士作为最高人民法院的特邀科学技术咨询专家，解决审判中出现的高端、前沿技术问题，为专利等技术类案件审理提供技术支持。上述举措对提高案件审理质量有积极意义，但其本质上均属于庭外咨询技术专家或审判中的技术咨询的范畴，并不涉及审判组织自身司法认知能力的改进。更重要的是，庭外咨询技术专家并不符合司法亲历性原则。司法亲历性是指司法人员亲身经历案件审理的全过程，直接审查各种证据，直接听取诉讼双方的主张、理由、依据和质辩，并对案件作出裁判。① 司法亲历性是以审判为中心的应有之义，要求审判者亲临法庭参与庭审，实行审理者、决策者、裁判者的一致，落实事实认定出自法庭、审理者裁判、裁判者负责。审理涉及专业技术事实争议的案件，审判者只有亲历庭审全程，才能了解诉辩双方的争议焦点并在掌控全部证据的基础上形成内心确信，做出公正中立的事实判断。在庭外咨询技术专家活动中，接受咨询的技术专家均是间接或片面接触案件事实，而且既不作出裁判，也不对裁判结果负责，与司法亲历有明显差别。

（二）技术调查官辅助审判

2014 年 12 月 31 日，最高人民法院颁布了《关于知识产权法院技术调查官参与诉讼活动若干问题的暂行规定》（以下简称《暂行规定》）。根据《暂行规定》，知识产权法院审理专业性较强的案件可以指派技术调查官辅助审判。这里将技术调查官定位为司法审判机构的工作人员和司法辅助人员，其并不是法官，其作用是帮助、辅助法官释明技术问题，但与专家证人、鉴定人、技术咨询专家不同的是，技术调查官参与案件审理的庭前会议、调查取证、庭审、评议等多个诉讼环节，并在裁判文书中表明身份。

技术调查官制度较之委托司法鉴定与咨询技术专家更接近于司法亲历性原则，但并没有真正实现司法亲历性，因为技术调查官对案件裁判结果没有表决权，且技术调查官的意见对法庭判决仅具有参考意义，也不符合司法责任制的原则要求。技术调查官制度存在一定的局限性。其一，受公务员编制等限制，法院编制内的技术调查官难以覆盖所有技术领域；技术发展日新月异，有些案件中出现的技术问题远远超出了其能力范围。② 其二，按照《暂行规定》的规定，知识产权法院之外的其他人民法院审理本规定所列案件时，可以参照而不是必须适用本规定。可见，这里并没有将技术调查官制度设定为广泛适用、强制推行的审判机制，因而不能解决

---

① 朱孝清：《对司法亲历性的几点认识》，中国法学会官网，https：//www.chinalaw.org.cn/portal/article/index/id/21471/cid/。

② 杜颖、李晨瑶：《技术调查官定位及其作用分析》，《知识产权》2016 年第 10 期。

知识产权法院之外的其他法院审判中普遍面临的法庭专业技术司法能力欠缺的问题。

（三）专业技术陪审员参与案件审理

人民陪审员参加司法审判是人民群众依法参与司法的基本形式，是落实司法人民性与司法民主的基本路径。因此，传统的人民陪审着重强调人民陪审员的广泛代表性，以借助熟谙民情民俗的人民陪审员来弥补法官在社会经验、社会知识方面的不足，弥合司法神秘性与公开性、司法权威性与人民性之间的距离，人民陪审员多系秉持大众思维的普通民众，而审判中的技术问题或专门性问题，是指"众所周知的事实、自然规律及定律、根据日常生活经验法则推定的事实以外的运用一般调查、侦查方法难以解决的科学技术方面的问题"[1]。因此，以社会经验、社会知识见长的一般陪审员参加合议庭并不能解决法庭对专业技术问题欠缺认知能力的问题。

值得注意的是，最高人民法院多年前就开始尝试在人民陪审的广泛代表性中融入专业性元素来解决审判中面临的专业技术难题。1991年6月6日，最高人民法院在对北京市高级人民法院的复函中指出，人民法院在审理第一审专利案件时，可以根据该案涉及的技术领域，聘请有关技术专家担任陪审员。[2] 此复函的重要制度突破是引入技术专家担任陪审员参与审判，但限于范围狭窄的第一审专利案件的审理，难以应对涉及专业技术问题的民事、行政、刑事诉讼案件日益增加的局面。

2010年1月，最高人民法院公布的《关于人民陪审员参加审判活动若干问题的规定》（法释〔2010〕2号）第5条规定，特殊案件需要具有特定专业知识的人民陪审员参加审判的，人民法院可以在具有相应专业知识的人民陪审员范围内随机抽取。但这里仅仅对技术专家担任陪审员作出原则性规定，缺乏详细配套的顶层设计。

2015年以来，最高人民法院在全国多家地方人民法院开展人民陪审员制度改革试点，并先后颁布《人民陪审员制度改革试点方案》（以下简

---

[1] 邹明理：《司法鉴定法律精要与依据指引》，人民出版社，2005，第12页。
[2] 参见最高人民法院《关于审理第一审专利案件聘请专家担任审判员的复函》（法经函1991–64号）。

称《试点方案》）和《人民陪审员制度改革试点工作实施办法》（以下简称《实施办法》），其中规定，注意吸收社会不同行业的人员担任陪审员，并根据人民陪审员专业背景情况，结合法院审理案件的主要类型，建立专业人民陪审员信息库；除法律规定由法官独任审理或者由法官组成合议庭审理以外的第一审案件，均可以适用人民陪审员制度审理。可见，上述人民陪审员制度改革措施在选任专业人民陪审员和扩大人民陪审员参审范围两个方面开辟了对涉及专业技术纷争的案件实行特殊方式审理的路径。

三 提升法庭对专业技术纠纷司法认知能力的措施

司法人员分类管理改革确立了管理制度的主体工程地位，而其中最基础、最关键的仍然是培养能承担司法使命的合格人才问题。① 根据前文所述，审理日益增加的涉及专业技术问题的诉讼案件，需要法庭或审判组织自身具备对技术事实的认知能力，而完善专家陪审制，建构技术型法庭则是完善审判体制顶层设计所应考虑的重要内容。目前，人民陪审员制度改革正在推进。人民陪审员制度改革是撬动中国法治建设的杠杆。② 人民陪审员制度在审判机制中的逐步嵌入和发展必将对我国审判制度的进步产生深远影响，应当在人民陪审员制度改革中解决审判组织对专业技术问题司法能力不足的问题。

（一）专家陪审是提升法庭对技术问题司法能力的便捷路径

选任技术专家以陪审员身份直接参与涉及专业技术纷争的案件的审理，具有明显优势。其一，显著节约制度成本。培养和选拔既有专业技术知识又有法律知识的人才出任法官来审理涉及专业技术问题的案件，涉及法学教育的专业调整、司法人员的培训等问题，制度成本较大，且绝非短期内可以完成，难以满足目前司法实践的迫切需求。引入各专业的技术专家担任陪审员，对涉及专业技术的诉讼案件实行专家陪审制，由法官与这

---

① 蒋惠岭：《同步推进司法改革的五大配套工程》，《法制日报》2016 年 1 月 20 日。
② 施鹏鹏：《人民陪审员的职权配置及其法理》，最高人民法院网，https：//www. court. gov. cn/zixun － xiangqing － 14282. html。

些专家陪审员共同组成合议庭来审理，无须对法官进行专业技术培训和选拔法学与技术复合型法官，可克服技术调查官受法院编制名额的局限，是提升合议庭对专业技术事实的司法认知能力的便捷路径。其二，实现对科技领域的全覆盖。人民陪审员的来源具有广泛代表性，从各个专业技术领域聘任的专家陪审员可以覆盖所有技术领域，满足法院审理各类技术争端的需要。

（二）专家陪审制顶层设计的完善

目前在司法改革中尚缺乏对专家陪审制的专门顶层设计方案。笔者认为，对专家陪审制的架构要注意下列问题。

第一，担任陪审员的技术专家应当是所属专业领域的精英，应当具有高级技术职称，这样才能适应识别技术事实并对复杂的技术争端进行评析和裁判的需要。

第二，对涉及专业技术类纠纷的诉讼案件应一律实行专家陪审制。根据《实施办法》的规定，在人民陪审员制度改革试点中要"扩大"人民陪审员的参审范围，是否涉及群体利益与社会公共利益，是否人民群众广泛关注或者有其他社会影响，是否可能判处十年以上刑罚，是否属于涉及征地拆迁、环境保护、食品药品安全的重大案件，以及刑事案件被告人、民事案件当事人和行政案件原告是否提出申请，是实行人民陪审制审理的条件。可见，《实施办法》并没有对所有一审案件普遍推行人民陪审制。从维护审判权威与效率、实现司法公正的需要看，应当对所有涉及专业技术类纠纷的诉讼案件全面推行专家陪审制，不局限于案件是否有重大社会影响、当事人是否提出专家陪审申请。

第三，切实赋予专家陪审员对技术事实的判断权与认定权。根据《试点方案》和《实施办法》，人民陪审员就案件事实认定问题独立发表意见并进行表决，审判长（由法官担任）不得妨碍人民陪审员对案件事实的独立判断；人民陪审员和法官共同对案件事实认定负责。这里涉及陪审员对案件事实的独立判断与陪审员和法官共同对事实认定负责之间关系的理解与处理。对不涉及技术争议的诉讼案件，人民陪审员社会阅历丰富、了解社情民意，其对事实认定具有一定优势，陪审员参加审理可提高人民法院裁判的社会认可度；同时，对该类不涉及技术争议的案件事实的认定，法官并非绝对缺乏相应的认知能力，因此，实行人民陪审员对事实独立判断与人民陪审员和法官共同对案件事实认定负责相结合具有可行性。但对涉及技术争议的案件事实的认定，由于法官缺乏相应的专业技术知识，实行人民陪审员和法官共同对案件事实认定负责则显然存在技术障碍，也难以贯彻司法责任制。笔者认为，对实行专家陪审的案件，应由专家陪审员对技术事实进行全方位的跟踪、深度的解读和独立的判断，并赋予专家陪审员对专业事实的充分、完整的判断与认定的职权，这样才能充分发挥专家陪审制度的作用，减轻法官的审判责任和压力。在技术案件审理中"人民陪审员和法官共同对案件事实认定负责"应当理解为"专家陪审员对技术认定负责，法官对法律适用负责"。技术专家陪审员的职能是审查判断相关技术性问题的证据材料并对专业技术事实加以认定，这与《试点方案》和《实施办法》中的陪审员只参与事实认定的规定相契合；而法官的责任是对与事实认定有关的证据资格、证据证明力、诉讼程序等问题进行必要的说明和告知，即从法律程序与证据效力方面掌控局面。

（三）陪审专家的审判责任

《试点方案》规定，人民陪审员制度改革试点地区法院人民陪审案件中的审判责任另行规定。对此，笔者认为，专家陪审员对技术事实的意见只要符合本专业的通行理论和规则，且陪审员对事实的认定不违反证据规则，不存在适用法律错误或者造成错案可能的，就不宜追究专家陪审员违规裁判的司法责任。当然，如果对技术疑难问题争议大，审判机关可通过另行咨询技术专家来解决。

第四节　医疗纠纷民事审判机制的改进

既往困扰人民法院对医疗侵权纠纷案件顺畅审理的主要问题至少包括医疗基本事实（病历与证据）的认定、法律适用、鉴定意见的采信、审理的效率等。《民法典》实施后，法律适用的难题不复存在，而其他难题的症结在于审判者缺乏充足、系统的医疗知识和经验。有学者指出，研究医疗侵权责任，最大的问题就是法律人员研究则缺乏医学专业知识和经验，而医务人员研究则缺乏法律专业知识与经验。① 这一问题同样存在于医疗纠纷的民事审判中。只有改由"医法结合"的审判组织来审理医疗纠纷，尽量减少对法院系统外医疗知识的援用，才能树立医疗纠纷民事审判的权威，提高审判效率，实现以审判为中心。

一 推行医疗专家陪审

由于法官欠缺对医疗技术问题直接进行审查与判断的认知能力，普遍存在依赖司法鉴定意见的倾向。从证据效力和诉讼程序方面看，鉴定意见并没有确定的司法证明力，不是认定事实的终局性的"结论"，必须经法庭查证属实才能作为认定事实的根据，对鉴定事项的最终裁决者是审判人员而不是司法鉴定人，因此，确保合议庭具备对医疗损害责任鉴定意见之科学性、客观性的司法审查能力，才能树立审判权威。同时，动辄委托司法鉴定或轻易启动重新鉴定程序，必然延长案件审理期限和制约审判效率。倘若合议庭自身具备对技术事实的司法认知能力，那么，对不依赖技术检验设备或不需要实验室检验的专业事实就可直接作出司法认定而不必启动司法鉴定程序，对已经作出的鉴定意见也可通过询问出庭鉴定人、听取诉辩双方及其聘请的专家辅助人的专业意见查明其真实性与证明力，而不必启动重新鉴定程序，从而减少委托司法鉴定的频次，显著提高审判效率。

现行庭审程序设置了专家辅助人制度和鉴定人出庭制度来查明诉讼中涉及的专业技术争议，为法庭判断专门技术问题创设了制度空间。但是，在诉辩双方的举证、质证和对抗基础之上，法庭对证据的采信、对争议事实的认定是法庭审理的关键，这是审判权行使的核心。对医疗问题的司法鉴定意见，法庭除了对鉴定人资质、鉴定程序等进行审查外，更要从鉴定方法、得出鉴定意见的医学依据方面分析鉴定意见是否符合医学基本原理和技术规范，实现司法权威。如果法庭不具备对医疗技术问题的上述认知能力，通过法庭质证认定争议事实就无法实现。可见，贯彻以审判为中

---

① 杨立新：《医疗侵权法律与适用》，法律出版社，2008，序言第 2～3 页。

心，需要法庭自身具备对医疗问题的认知能力，形成对医疗问题的完整的沟通、辨识、裁判机制。

建立"医法结合"的审判组织来审理医疗纠纷有两种方式，一是由具有法学、医学双学历的复合型人才担任审判人员，但这类人才毕竟相当稀缺，难以满足实践需求。二是由临床医学专家出任陪审员，与审判员共同组成合议庭进行审理，即推行医疗专家陪审制，从根本上充实审判组织自身对医疗问题的司法认知能力。

引入医疗技术专家担任陪审员对涉及医患纠纷诉讼案件实行专家陪审制，具有显著的制度优势。其一，无须对法官进行医疗专业技术培训和选拔法学与医学复合型法官，显著节约制度成本。其二，可使法庭摆脱"每案必鉴"的固有审理模式，因为具备医学与法律认知能力的合议庭可取代鉴定机构完成对医疗过错责任的认定，而知情同意权、隐私权、过度检查类纠纷经医法结合的合议庭审查后可能根本无须鉴定。原则上，疑难复杂医患纠纷和必须借助专门设备器材进行实验的情形下才需借助审判体系外的司法资源而委托司法鉴定。其三，陪审人员的定期更新可及时跟进与应对医学技术的不断发展与审判实践的需求。

二　建立审判机关与鉴定机构的协同机制

医疗过失及其与患者人身损害结果间的因果关系的判断是处理医患纠纷的两大核心和难题。要妥善公正审理医疗（事故）民事损害赔偿，就必须从法的解释论及法的技术手段上寻找克服医疗（事故）过失和因果关系判断困难的解决途径。[①] 司法权之公权性决定了在诉讼中法官垄断案件的事实认定权和法律适用权，法官只能将部分医学专业事实委托司法鉴定人进行判断，司法鉴定人绝无权认定属于法律事项的当事人的过错，唯有法官有权进行过错认定。因此，在医疗侵权民事诉讼中法官的法律适用权与司法鉴定人之医学专业事实判断权应当协同进行。[②] 我们认为，法官即使可以掌握医疗法律法规，但难以精通认定医疗过错必需的医疗专业知

---

① 夏芸：《医疗事故赔偿法——来自日本法的启示》，法律出版社，2007，前言第3页。
② 宋平：《医疗侵权过错司法鉴定之缺陷与改革》，《中国司法鉴定》2010年第1期。

识与经验，而医疗过错的认定是以对医疗事实的分析甚至推断为基础的，如果将二者分开进行评定将会因医、法分离产生认识的偏差，并影响案件处理的效率。对需要委托医疗过错司法鉴定的案件，应当做好审判机关与鉴定机构在事实认定与责任界定方面的分工、协调。对此，可做如下程序安排：鉴定前法院通过组织对证据的质证取得尽可能详尽的争议要点和鉴定要点，并将其移送鉴定机构；主审法官列席旁听医疗责任鉴定会，使法官全面把握医疗事实的判定依据，为鉴定人提供必要的法律咨询、指导意见，并取得判定责任的充分依据；开庭审理时，强化合议庭在医学方面对鉴定结论的司法审查能力，保证对医疗责任鉴定结论的规范使用。

三 医患纠纷审理中引入"法院附设 ADR"模式

医疗纠纷诉讼的高成本、高专业要求的特点在不同国家和文化背景下的司法制度中均有所体现，诸如美国医疗纠纷审理实行专家证人制度，当事人为了支持自己在法庭上的主张，要支出不菲的费用邀请医疗领域的专家对有关的医疗证明过程进行说明，在一些案件的关键之处，他们的证言对于说服法官和陪审团起着很大的作用，但当事人往往无法承受因此而给付的费用。这一问题同样体现在中国的医疗纠纷司法审理过程中，患方当事人请不起或请不到专家辅助人和没有能力申请司法鉴定的现象十分普遍，医疗纠纷审判的漫长、烦琐加深了民众内心的厌诉、怕诉的心理状态，也增加了法院的诉讼负担，构成对司法资源的浪费。因此，深化权利平等和司法救济的理念，清除患者在医疗诉讼道路上的障碍，为普通民众尤其是困难群体开辟方便、快捷的诉讼通道，切实维护他们接近司法正义的基本权利，让司法成为他们表达和传递权利主张和诉求、实现合法权益的场所，"法院附设 ADR"就是值得尝试的一种模式。

"法院附设 ADR"是指附设在法院内部，以法院为主持机构，或者在法院委托、指派人员的主导下进行的、以调解的非诉讼方式解决纠纷的一种替代性争端解决机制，其具有准司法性质，在某种程度上能够弥补诉讼固有的审判资源尤其是某些专业资源欠缺、诉讼成本高的不足，并提高诉讼效率，节约司法资源。

在现行医疗纠纷审判机制改良中实行"法院附设 ADR"模式的办法

是，吸收医疗专家、卫生行政管理专家、法医出任调解人，参与甚至主持医疗纠纷诉讼案件的调解。目前我国法院附设 ADR 制度在操作性、程序性等方面存在不足，应在调解人资格准入、调解操作程序的规范、对调解行为的监督等环节加以完善。

第十七章
医疗损害责任鉴定

在我国目前的司法体制下，司法机关需要借助司法系统外的技术力量完成相关技术事实争议的认定与判断。在医疗侵权纠纷的法律处理中，医疗损害责任鉴定仍然是必要的制度配置，发挥着技术支撑的作用。根据《医疗纠纷预防和处理条例》，医学会与司法鉴定机构均可组织实施医疗损害司法鉴定，此外，医学会还负责实施医疗事故技术鉴定。

第一节 医疗事故技术鉴定

一 医疗事故技术鉴定概述

医疗事故技术鉴定是指在医学会组织下，从医疗事故鉴定专家库中选取专家组成鉴定组，依据医疗卫生管理法律、行政法规、部门规章和诊疗护理规范、常规，对医疗方对患者的诊疗行为是否构成医疗事故、医疗事故等级、医疗过失行为在医疗事故损害后果中的责任程度等事项做出鉴别和判定，进而为处理医疗事故争议提供专门意见的活动。

我国的医疗事故鉴定制度随着 1987 年《医疗事故处理办法》的发布正式建立，2002 年 4 月 4 日国务院颁布《医疗事故处理条例》、2002 年 7 月 31 日卫生部发布《医疗事故技术鉴定暂行办法》对该鉴定制度进行了改革。

目前，大多数经医疗侵权纠纷经由医疗损害司法鉴定程序确定是否存在医疗损害责任，医疗侵权民事赔偿并不以涉诉医疗行为构成医疗事故为必要条件，2018 年 10 月 1 日起开始施行的《医疗纠纷预防和处理条例》赋予医学会实施医疗损害鉴定的新职能，但现行行政立法并没有明确废止医疗事故技术鉴定制度，医学会仍然负责实施医疗事故技术鉴定，且医疗事故技术鉴定结论仍然是卫生行政机关处理医疗事故的基本依据。

二 医疗事故技术鉴定的基本架构

（一）设立两级鉴定组织并实行地域管辖

现行医疗事故技术鉴定制度由《医疗事故处理条例》《医疗事故技术鉴定暂行办法》规定。根据《医疗事故处理条例》，我国共设立两级鉴定组织，即设区的市级地方医学会和省、自治区、直辖市直接管理的县（市）地方医学会为一级鉴定组织，省、自治区、直辖市地方医学会为一级鉴定组织。对医疗事故的初次鉴定由市级及县级（省级直辖县和市）的地方医学会负责受理和作出鉴定。也就是说，不管该市行政辖区的哪一级医疗机构发生医疗事件纠纷需要鉴定，都只能由所在行政区域的市级医学会进行鉴定。省、自治区、直辖市地方医学会仅负责组织对初次鉴定有异议而提起的再次鉴定，而不受理初次鉴定。

中华医学会既不受理医疗事故的初次鉴定，也不受理医疗事故的再次鉴定，仅受理疑难、复杂并在全国有重大影响的医疗事故争议的鉴定。

（二）鉴定成员的组成与选定

鉴定成员即鉴定专家来自医学会建立的专家库，专家库由负责组织医疗事故技术鉴定工作的医学会按法定条件聘请医疗卫生专业技术人员和法医组成。

原《医疗事故处理办法》并没有具体规定鉴定人应怎样产生，实际操作中大多由医疗卫生行政部门指定或邀请，从而使得患方对鉴定人能否排除与医疗机构的瓜葛而坚持公正立场持怀疑心态。根据《医疗事故处理条例》的规定，专家鉴定组既不是由卫生行政机关指定，也不是由医学会选定，而是由医患双方在受理鉴定的医学会主持下，从专家库中随机抽取，这有利于避免人为因素对公正鉴定的干扰。有一种观点认为应医患双方平等，都应有权选定专家进行鉴定。实际上，这种观点如果实行起来必然会暴露另一个缺陷，这就是产生新的人为因素的干扰，由原来的所谓的"医方干扰"变成"医患双方干扰"，这仍然不利于鉴定公正。《医疗事故处理条例》并没有采纳医患双方各自选定鉴定专家的意见而规定由医患双方从专家库中随机抽取鉴定成员，可排除外来因素干扰，有助于公正鉴定。

（三）专家鉴定组成员的回避

《医疗事故处理条例》第26条规定，被选定的专家鉴定组成员如果有下列三种情形之一的，应当自行回避对本起医疗事故争议的鉴定，医患双方当事人可以以书面或口头形式申请其回避：是医疗事故争议当事人或当事人的近亲属；与医疗事故争议有利害关系的；与医疗事故争议当事人有其他关系，可能影响公正鉴定的。这是《医疗事故处理条例》为保证鉴定公正做出的另一努力。这里首先明确了鉴定专家的回避义务，即不管对方当事人是否知道该专家有上述应当回避的三种情形，鉴定专家均应主动自觉地回避对该医疗事故纠纷的鉴定。如果应当回避而没有回避，该鉴定结论违反法定程序，应视为无效。

（四）鉴定组履行鉴定职责的基本程序

《医疗事故处理条例》规定的鉴定程序更规范、更民主，并尽可能保证鉴定依据客观、鉴定结论科学，具体体现在以下几个方面。

第一，专家鉴定组进行鉴定，实行合议制。专家鉴定组人数为单数。所谓合议制，是与独任制相对应的一种裁判制度，是指由三个以上（人数是奇数）的成员组成的组织对所裁判事项进行议决，以过半数的多数成员的意见为准形成裁决结论的制度。该制度最大的优点是最大限度地避免裁决结论偏执，以实现公正的目标。

第二，鉴定人员的专业结构与鉴定的实际需要相适应。要求涉及的主要学科的专家不得少于鉴定成员的1/2；如果需要对患者死亡原因与伤残等级进行鉴定的，应选取法医参加鉴定。在特殊情况下，包括案件比较复杂、疑难，可以组织医患双方在其他医学会建立的专家库中随机抽取相关专业的专家参加鉴定或者函件咨询。这一规定不仅有利于鉴定更公正，也有助于鉴定更科学。

第三，在鉴定所依据的证据材料方面，力求客观、全面。要求由医疗机构一方提供的病历材料等相关资料必须是原件；据以鉴定的输液、输血用实物及药品必须经医患双方共同封存；鉴定专家如果需要，应先由具有检验资格的检验机构对该实物、物品作出检验报告。这样可保证医疗事故技术鉴定结论建立在可靠、扎实的事实基础之上。

第四，对鉴定中应着力解决的主要问题做出明示。根据《医疗事故处理条例》的规定，专家鉴定组应在事实清楚、证据确凿的基础上，根据被鉴定患者的病情和个体差异，以过半数鉴定组成员的意见为依据做出鉴定意见，进一步确保鉴定过程更规范，鉴定结论更客观、科学、公正。同时，还对技术鉴定书应当包括的主要内容做出列举，其中包括双方当事人的基本情况及要求、当事人提交的材料与医学会调查的材料、对鉴定过程的说明、是否存在或存在哪些医疗过失行为、医疗过失行为与人身损害后果之间是否存在因果关系、医疗过失行为在医疗事故损害后果中的责任程度、事故等级等。

三 医疗事故技术鉴定中医患双方的注意事项

医疗事故技术鉴定是医患双方维护各自正当合法权益的重要环节，双方均应充分准备。

（一）患者方的注意事项

1. 鉴定的启动

这要根据医疗事故争议的处理方式而定。第一，如果医患双方协商解决医疗事故争议，需要进行医疗事故技术鉴定的，则患者应与医疗单位共同委托医疗机构所在地的市级医学会或省直辖市（县）级医学会组织鉴定。第二，如果患者向卫生行政部门书面申请处理医疗事故争议，而卫生行政部门又不能判定是否属于医疗事故的，则由卫生行政部门交由医学会组织医疗事故技术鉴定。第三，当事人（包括患方及医方）对首次医疗事故技术鉴定结论不服的，可以自收到首次鉴定结论之日起 15 日内向医疗机构所在地卫生行政部门提出再次鉴定的申请，然后由该卫生行政部门交由省、自治区、直辖市级地方医学会组织再次鉴定。第四，如果医疗纠纷已进入诉讼程序，患方可依照民事诉讼法的规定向人民法院提出鉴定申请；如对人民法院委托有关机构作出的鉴定不服，患方当事人可申请重新鉴定。是否重新鉴定，由人民法院决定。

2. 选定鉴定专家

患方有权在受理鉴定的医学会主持下从专家库中随机抽取专家参加本起纠纷的鉴定工作。患方可以要求从其他医学会建立的专家库中随机抽取相关专业的专家参加鉴定。如果涉及死因、伤残等级鉴定的，患者有权要求从专家库中随机抽取法医参加鉴定。

3. 提交鉴定材料和书面陈述意见

患方提交的材料是除应由医疗机构提交的病历材料之外的由患方自行保管的病历资料、检验报告等，如门诊病历、急诊病历等。患方应认真准备书面陈述，应结合医学知识、法律知识，根据本起纠纷的基本事实陈述自己对本起纠纷构成医疗事故的依据及意见，应着重围绕医疗方存在哪些医疗过失行为、医疗过失行为与人身损害后果之间存在因果关系、医疗过失行为在医疗事故损害后果中的责任程度、事故等级组织陈述意见。

4. 现场陈述与应答

患者方不仅要准备书面陈述，还有机会在鉴定会上向专家组作口头陈述和答辩。在这个过程中，患者有必要向执业律师咨询并聘请律师为其代理人，由律师为其准备书面陈述材料和代为向专家作口头陈述。患方当事人有必要事先向临床医学专业人士请教有关的医学知识。

患方当事人应积极配合专家鉴定组对本起纠纷事实进行调查。例如，专家鉴定组要检查病患者的伤病情时，患者应尽可能到场。医患双方任何一方不向专家鉴定组提供应提供的资料、不配合调查，影响鉴定的，由不予配合的一方承担责任。

在医疗方当事人向专家鉴定组提交患者病历资料、输血、输液、药物等实物时，患方应注意依据自己手中已有的复制件、复印件核实其真实性、全面性。

（二）医疗方的注意事项

1. 提交书面陈述及答辩意见

医疗方同患者一样，应按照专家鉴定组的要求提交书面陈述及答辩意见，其主要内容当然也应围绕这几个核心问题：医疗行为是否违反医疗卫生法律、法规、规章、常规；医疗行为是否与病人身体损害结果间存在因果关系，病人身体最终受损是否由原发疾病所致；医务人员是否有主观过错，在当时情况下，能否预见和避免实际发生的不良医疗结果；是否存在《医疗事故处理条例》第 33 条所列举的不属于医疗事故的六种情况。

相对于患方而言，医方在医学知识方面显然有很大优势，但也应注意在法律方面做必要的准备。

2. 提交有关医疗事故技术鉴定的材料

医疗方应按照《医疗事故处理条例》第 28 条的规定提交有关医疗事故技术鉴定的材料。如果医疗机构无正当理由未依照规定如实提供相关材料，导致医疗事故技术鉴定不能进行的，应当承担不利的法律后果与相应的责任，包括医疗机构不提供应当提供的病历资料、实物，提供的病历资料、实物不真实。

3. 鉴定现场陈述与应答

在鉴定会上医疗方要注意倾听患者方的陈述意见，并做好相应的答辩、辩驳意见，尤其是对专家组就医疗基本事实和专业技术问题的询问，要做出及时的应答，配合专家鉴定组对本起纠纷事实的调查。

四 医疗事故技术鉴定的完善

《医疗事故处理条例》规定的医疗事故技术鉴定实现了鉴定程序的规范化、鉴定人员的去行政化和专业化，较之 1987 年颁布的《医疗事故处理办法》规定的卫生行政机关主持、卫生行政管理人士参与的医疗事故鉴定制度有很大进步，在维护医患双方正当权益方面发挥了积极作用，但也存在需要改进之处。

（一）实现鉴定组织者的中立

医疗事故鉴定的组织者是医学会，但医学会是中国医学科学技术工作者自愿组成并依法登记成立的学术性、公益性、非营利性法人社团，其宗旨是"维护其成员（医务人员）的正当权益"，且医学会在人、财、物上完全隶属于卫生行政机关，业务上与医疗机构和医务人员关系紧密，对鉴定的中立性、公正性会产生消极影响，医学会组织的医疗事故技术鉴定没有获得公众的普遍认可。自2018年10月1日起施行的《医疗纠纷预防和处理条例》赋予医学会接受委托从事医疗损害鉴定的职能，因此，如何克服医学会中立性的不足，促进相应鉴定的公正开展，仍然是值得重视和研究的问题。

（二）改进医疗事故鉴定专家的专业构成

医疗事故的技术鉴定离不开法学理论的指导，也可以说是以医学科学为基础、以法律科学为指导的融法学与医学于一体的专门性活动，医疗事故技术鉴定不仅为处理医疗事故争议提供"医学依据"，更要为处理医疗事故争议提供合法的证据。

从鉴定事项看，医疗事故技术鉴定的任务与目标不限于对医学事实的认定，而是事实认定与法律定性的统一。这与鉴定对象集中于对某一事实、结果、现象的甄别、认定、评定的结果评判类鉴定（如伤残等级鉴定、身体损害程度鉴定）有原则区别。对医疗事实的认定当然依赖医学专家参与，需要一定程度和范围的医学专业推断、推定，但要判断医疗过失及过失行为与患者人身损害结果间的因果关系，则要求鉴定人具备三方面的法律素养：一是熟谙医疗卫生法律、行政法规、部门规章，有能力判断受鉴定的医疗行为是否有违法性；二是熟悉诉讼法方面关于证据的审查判断、证明责任及证明程度等基本原理，有能力对证据的合法性、真实性、关联性进行审查；三是精通法学上主观过错、因果关系、责任比例的理论，能够对具体情况下医务人员能否预见、应否预见和避免特定不良医疗结果（病人身体受损害结果）作出规范的判定。显然，医疗事故技术鉴定的人员构成中没有法律专业人士，法医和医疗专家难以胜任鉴定任务。

《医疗纠纷预防和处理条例》已经注意到对该问题的克服。《医疗纠纷预防和处理条例》第34条第2款规定，医学会或者司法鉴定机构接受委托从事医疗损害鉴定，应当由鉴定事项所涉专业的临床医学、法医学等专业人员进行鉴定；医学会或者司法鉴定机构没有相关专业人员的，应当从本条例第 35 条规定的专家库中抽取相关专业专家进行鉴定。这里对参加鉴定的专业人员的规定尚不够明确，但该条例第 35 条规定，医疗损害鉴定专家库由设区的市级以上人民政府卫生、司法行政部门共同设立。专家库应当包含医学、法学、法医学等领域的专家。值得注意的是，该规定适用于医学会实施医疗损害鉴定，并没有明确是否适用于医疗事故技术鉴定，目前的行政立法并没有明确废止《医疗事故处理条例》，且《医疗纠纷预防和处理条例》第 55 条规定，对诊疗活动中医疗事故的行政调查处理，依照《医疗事故处理条例》的相关规定执行。因此，既然医疗事故技术鉴定机制仍然存在，那么，对其鉴定专家的专业构成问题就应当加以完善，以保证医疗事故技术鉴定在法律方面的准确性、权威性。

（三）克服行业垄断和地域管辖伴生的同行庇护

医疗事故鉴定实行地域管辖，但由于医疗行业内专业技术人员在业务技术交流方面相当频繁，其间难免存在业务往来和利益瓜葛，客观上存在"圈子文化"，涉案医疗方很容易与被选定的鉴定专家建立联系，从而产生该鉴定专家对医疗方当事人的偏袒。虽然为了实现公正鉴定，对鉴定专家组成员实行回避制度，且《医疗纠纷预防和处理条例》规定医学会在聘请鉴定专家时，可以不受行政区域的限制而从其他行政区域聘请鉴定成员，在特殊情况下，医学会可以组织医患双方在其他医学会建立的专家库中抽取相关专业的专家参加鉴定或者函件咨询，对患者一方来说，这对排除地域管辖派生的地域行业保护有积极意义，但是，如果将上述"在特殊情况下"由医患双方在其他医学会建立的专家库中抽取专家修改为"一般情况下"应当从其他医学会建立的专家库中抽取专家则更为合理和公平。

（四）实现医疗事故技术鉴定的合法性

最高人民法院于 2003 年 1 月 6 日发布的《关于参照〈医疗事故处理条例〉审理医疗纠纷民事案件的通知》中指出，人民法院在民事审判中，根据当事人的申请或者依职权决定进行医疗事故司法鉴定的，交由条例所规定的医学会组织鉴定。由医疗事故以外的原因引起的其他医疗赔偿纠纷需要进行司法鉴定的，按照《人民法院对外委托司法鉴定管理规定》组织鉴定。但是自从 2005 年 10 月 1 日全国人大常委会通过的《关于司法鉴定问题管理的决定》已经实施，该决定第 9 条规定，在诉讼中需要鉴定的，应当委托列入鉴定人名册的鉴定人进行鉴定。然而，设立在医学会的医疗事故技术鉴定委员会并没有经司法行政机关登记，并没有取得司法鉴定资格，因此，2005 年 10 月 1 日以后，诉讼中再委托医学会的医疗事故技术鉴定委员会实施医疗事故鉴定的合法性就存在问题。根据《医疗纠纷预防和处理条例》第 34 条的规定，医学会可接受委托进行医疗损害鉴定，而不是实施医疗事故技术鉴定，但作为行政法规的《医疗纠纷预防和处理条例》，应当无权设立诉讼中的司法鉴定的事项，即使根据该规定在对医疗纠纷卫生行政调解时医学会可接受委托进行医疗损害鉴定，但在民事诉讼中医学会接受委托进行医疗损害鉴定则显然存在合法性的疑问。

第二节　医疗损害司法鉴定

一　医疗损害司法鉴定概述

（一）医疗损害司法鉴定的概念

我国的司法鉴定制度曾作为司法机关、行政机关的专有权力和附属制度而存在。2005 年 2 月 28 日全国人大常委会通过的《关于司法鉴定问题管理的决定》把司法鉴定界定为在诉讼活动中鉴定人运用科学技术或者专门知识对诉讼涉及的专门性问题进行鉴别和判断并提供鉴定意见的活动。该决定推动了我国司法鉴定体制的重大改革，自此，长期存在于法院之内的司法鉴定机构被依法撤销，公安机关、检察机关仅仅保留为本系统侦检工作需要的鉴定机构，司法行政部门依法审批、监督面向社会服务的中立性司法鉴定机构。随着社会化鉴定机构的建立、规范和发展，司法鉴定渗透纠纷处理的各个领域，认识科学、运用科学解决社会纷争成为理性选择。

医疗损害司法鉴定是指司法鉴定人运用医学、法医学、法学专业知识，依据相关法律法规规定，对医疗机构或者其医务人员的医疗行为是否存在过错、患者是否存在损害后果、过错行为与损害后果之间是否存在因果关系及责任程度或比例等专门问题进行鉴别和判断，并出具司法鉴定意见的活动。

（二）医疗损害司法鉴定的意义

自 2002 年 4 月 4 日国务院颁布《医疗事故处理条例》至 2010 年 7 月 1 日《侵权责任法》实施前，医疗损害赔偿的法律标准存在既适用《医疗事故处理条例》又适用民事法律的二元化现象，与此伴随的是医疗纠纷鉴定的"二元化"，即医疗事故技术鉴定与医疗损害司法鉴定并存。《侵权责任法》生效后，医疗损害赔偿统一适用《侵权责任法》，《医疗事故处理条例》不再是医疗纠纷赔偿的法律依据，或者说，医疗损害赔偿不以构成医疗事故为必要前提，医疗事故技术鉴定显著减少，医疗损害司法鉴定日益增多，随着《民法典》的实施，这一状况必将持续下去，对医疗损害鉴定的需求也会越来越大。在"事实认定日益科学化"的今天，司法鉴定程序的公正性、科学性集中反映了诉讼制度的发展水平。[①] 因此，研究、完善医疗损害司法鉴定对公平处理医患纠纷具有重要意义。

二 近期医疗损害鉴定立法概述

近年来，医疗损害鉴定的制度架构与更新受到高度重视。2017 年 12 月 14 日实施的《最高人民法院关于审理医疗损害责任纠纷案件适用法律若干问题的解释》（以下简称《医疗损害解释》），2018 年 10 月 1 日施行的《医疗纠纷预防和处理条例》（以下简称《预防和处理条例》）以及 2021 年 2 月 25 日中华医学会印发的《医学会医疗损害鉴定规则（试行）》均对医疗损害鉴定做出了规定。目前，与医疗侵权责任相关的鉴定实际上有三种类型：司法鉴定机构由法医实施的医疗损害鉴定，医学会组织的医疗损害鉴定，医学会组织的医疗事故技术鉴定。

---

① 徐静村、颜飞《司法鉴定统一立法要论》，《中国司法鉴定》2009 年第 6 期。

（一）《医疗损害解释》的规定

《医疗损害解释》对医疗损害责任鉴定相关问题的规定，主要包括从具备相应鉴定能力、符合鉴定要求的专家中选择鉴定人，而不是选择鉴定机构；当事人应当按照要求提交真实、完整、充分的鉴定材料；委托鉴定应明确需要鉴定的专门性问题和事项；将过错医疗行为的原因力表达为六种情形；强化鉴定人出庭作证程序，通过专家辅助人制度完善对鉴定意见的法庭质证，保障人民法院依法准确认定事实；就单方委托鉴定和双方当事人共同委托鉴定时鉴定意见的采信作出了原则性规定，尊重当事人意思自治。上述规定主要规制了人民法院审理医疗损害案件的程序与规则，包括鉴定准备的规范化、鉴定意见的具体化、鉴定意见采信的科学化，完善了医疗损害民事审判与司法鉴定的对接程序，是对《全国人民代表大会常务委员会关于司法鉴定管理问题的决定》和《人民法院对外委托司法鉴定管理规定》相关条款的细化与完善，但其并不涉及医疗损害司法鉴定体制和司法鉴定机构实施鉴定的相关问题。

（二）《医疗纠纷预防和处理条例》的规定

该条例以较大篇幅设置医疗损害责任的鉴定机制，主要包括：该鉴定由医学会或者司法鉴定机构实施；鉴定人应当由鉴定事项所涉专业的临床医学、法医学等专业人员组成；组建由医学、法学、法医学等领域专家组成的鉴定专家库，医学会或者司法鉴定机构可从鉴定专家库中抽取相关专业专家进行鉴定；聘请专家进入专家库不受行政区域的限制。

我国医疗纠纷技术鉴定制度经历过以法医学为主体的医疗过失鉴定制度、以医学会为主体的医疗事故技术鉴定制度、医学会和司法鉴定机构二元共存的技术鉴定制度。[①] 二元共存的技术鉴定制度是具有中国特色的鉴定制度，《预防和处理条例》规定的医疗损害鉴定仍然属二元共存。

《预防和处理条例》关于鉴定的规定有显著的立法进步。一是实行法

[①] 何颂跃：《我国医疗纠纷技术鉴定制度发展和新挑战》，《中国司法鉴定》2018年第5期。

医临床鉴定与医学会鉴定并存，有利于形成多元并存与竞争的良性运行机制。二是两种鉴定均应从由医学、法学、法医学等领域的专家组成的医疗损害鉴定专家库中抽取相关专业专家进行鉴定之规定，可以补强法医临床司法鉴定的医疗专业，补强医学会鉴定的法医学专业，提升鉴定的科学性、权威性。三是法学专家进入鉴定专家库可以补强两类鉴定的法学专业。四是聘请专家进入专家库不受行政区域的限制，可通过异地专家鉴定来克服熟人干扰和同行庇护，并消减医学会鉴定的地域垄断色彩，增加患者方对医疗损害鉴定的中立性的信心。

（三）中华医学会《医学会医疗损害鉴定规则（试行）》的规定

《医学会医疗损害鉴定规则（试行）》（以下简称《医学会鉴定规则》）自 2021 年 4 月 1 日起施行。《医学会鉴定规则》吸收了《预防和处理条例》和《医疗损害解释》的部分有助于实现鉴定意见公正、科学的内容，并具有以下特点。

第一，适用于医学会实施医疗损害鉴定。

第二，医学会开展医疗损害鉴定实行同行评议，设置鉴定学科专业组。

第三，对鉴定专家库人员的专业构成，规定卫生专业技术人员、法医和其他专业人员可成为专家库候选人，但没有明确"其他专业人员"是否包括法学专家。这一点与《预防和处理条例》的规定有所不同，如果结合其"同行评议"之规定，显示出对法学专家参与鉴定的犹豫。

第四，关于鉴定受理的范围，既规定可以接受医患双方、医疗纠纷人民调解委员会、人民法院等单位的委托，又规定不予受理当事人就同一争议提起诉讼且人民法院已经受理的案件，除非司法机关委托，显示出对司法机关委托鉴定的开放式、被动性接受。

第五，一般接受本省、自治区、直辖市区域内的鉴定委托，这显然带有一定的地域管辖色彩，不利于克服地缘因素造成的同行庇护。

第六，规定医患双方对鉴定材料的真实性、完整性等有争议，不能达成一致意见的，医学会不予受理医疗损害鉴定，除非医患双方提交的材料经委托人确认。易言之，医学会不予解决医患双方对鉴定材料的争议。

第七，实现医学会鉴定对本地设区的市级以上人民政府卫生健康、司法行政部门共同设立的医疗损害鉴定专家库的必要借助。

第八，鉴定意见书由鉴定专家组成员签名或者盖章，载明其学科专业和职称，并加盖医疗损害鉴定专用章。其第 3 条规定，医学会开展医疗损害鉴定工作，对出具的医疗损害鉴定意见负责。那么，鉴定意见是由医学会负责，还是鉴定专家组成员共同负责，抑或由鉴定专家组成员个人负责，没有明确。

第九，把医疗过错行为在损害后果中的责任程度与原因力视为同义语。

三　医疗损害司法鉴定的完善

《民法典》实行后，医疗损害赔偿纠纷的种类、数量必然增加，对鉴定的社会需求也相应增多。针对医疗损害鉴定存在的主要问题，需要研究从以下几个方面进行改进与完善。

（一）司法鉴定人专业构成的医法结合

根据《医疗损害解释》第 1 条的规定，医疗损害鉴定的事项包括：①实施诊疗行为有无过错；②诊疗行为与损害后果之间是否存在因果关系以及原因力大小；③医疗机构是否尽到了说明义务、取得患者或者患者近亲属书面同意的义务；④医疗产品是否有缺陷、该缺陷与损害后果之间是否存在因果关系以及原因力的大小；⑤患者损伤残疾程度；⑥患者的护理期、休息期、营养期；⑦其他专门性问题。医疗损害司法鉴定人的资质与组成取决于鉴定事项的具体要求。上述①②③④事项，要求以临床医学科学为根据来认定案件事实、以法学上关于过失的理论、因果关系的理论及相关卫生法律法规为据进行法律评判。因此，医疗损害鉴定均需要由临床医学专家利用其深厚的理论知识和临床经验对病历记载的内容和医患双方的陈述进行去伪存真的甄别与严密科学的推断和认定。医学及临床诊疗的规律和特征是医疗损害鉴定的首要学科规律。[1] 只有精通相关临床学科的

---

① 刘炫麟：《论我国医疗损害鉴定的基本原则》，《证据科学》2018 年第 4 期。

理论知识、具有丰富的临床经验的医学专家，才能胜任研判和再现医疗过程的重任。医疗注意义务是法律所赋予的，但是注意标准则是一个医学判断问题。医疗过错应当从医疗过程来判断而不是从医疗结果来判断，亦即对医疗行为是否符合诊疗规范、是否违背医疗注意义务的判断。① 也就是说，医疗损害鉴定属"行为鉴定"而非结果鉴定，只有对医疗过程进行完整考察才能对医疗过错与因果关系作出正确的判断，必须由临床医学专家充任鉴定人。同时，对医疗过错及其与损害后果之间因果关系的认定，对原因力大小的评判，对医患双方提交的证据的审查，则涉及对相关法律规定和法学理论的运用。显然，该鉴定需要临床医学和法律科学实行有机结合。鉴于具备法律素质的临床医学专家及精通临床医学的法律专家都十分缺乏，切实可行的办法是由临床医学专家和法学专家共同组成鉴定组织并通力合作进行鉴定。

既往医疗损害司法鉴定是由法医担任鉴定人，其司法鉴定的医学权威性缺乏充分的专业保障，不符合鉴定的基本专业要求。其一，根据第十届全国人民代表大会常务委员会第十四次会议通过的《关于司法鉴定管理问题的决定》，司法鉴定中的"法医类鉴定"包括"法医临床鉴定"，医疗损害司法鉴定被归入"法医临床鉴定"的范围，根据司法部《司法鉴定执业分类规定（试行）》规定，法医临床鉴定是运用法医临床学的理论和技术，对涉及与法律有关的医学问题进行鉴定和评定。法医虽然具备一定的医学知识，但并不具备"系统的临床医学知识和临床工作经验"，并非临床医疗专家，对临床医学中的复杂多变问题难以直接给出科学、权威的鉴定结论，而医疗过错鉴定主要运用的是"临床医学"知识与经验，而不是"法医临床学的理论和技术"，法医与临床医学专家在知识结构方面有重大差异。医疗过错鉴定应当由来自临床医学领域的医学专家参与实施，当奉行"同行评议原则"。法医在涉及医疗问题的鉴定中的主要作用是对伤残等级、死亡原因的判定，而不能代替临床医疗专家全盘实施对医疗过错的认定。其二，法医是技术人员，并不是法律专家。可见，法医难以独立胜任医疗事故鉴定。目前，国内司法鉴定机构往往采取请医学专家

---

① 刘鑫、高鹏志：《医疗过错鉴定规则体系研究》，《证据科学》2012 年第 3 期。

旁听或参与鉴定听证会，或另行咨询医学专家的方式，来弥补临床医学专业的缺陷，但接受咨询者毕竟不具备司法鉴定人身份，这不符合司法的亲历性原则和鉴定人亲自鉴定、自行负责的原则。

我们注意到，《预防和处理条例》第 34 条规定，医学会或者司法鉴定机构接受委托从事医疗损害鉴定，应当由鉴定事项所涉专业的临床医学、法医学等专业人员进行鉴定；医学会或者司法鉴定机构没有相关专业人员的，应当从本条例第 35 条规定的专家库中抽取相关专业专家进行鉴定。而《预防和处理条例》第 35 条规定，医疗损害鉴定专家库应当包含医学、法学、法医学等领域的专家。上述规定令人费解。既然在第 35 条规定专家库内包含法学领域的专家，那么，却不在第 34 条中直接规定医疗损害鉴定应当有法学专家参与，第 34 条对鉴定人专业构成的不明确规定，会导致第 35 条中的法学专家被闲置，这只能解释为立法者没有充分认识到法学专家充任鉴定人的必要性。而中华医学会的《医学会医疗损害鉴定规则》在实行同行评议的同时，对鉴定专家库人员是否包括法学专家的表述也比较含糊。

(二) 贯彻鉴定人负责制促进鉴定公正

司法鉴定行业存在种种违规违法现象，责任制度的阙如是一个关键因素，只有建立健全鉴定人责任制度，才能促使其切实履行职责，保障鉴定意见的客观公正。[1] 根据《司法鉴定程序通则》，司法鉴定实行鉴定人负责制度，司法鉴定人应当依法独立、客观、公正地进行鉴定，并对自己作出的鉴定意见负责。《医疗损害解释》对医疗损害的审判程序也作出了与鉴定人负责制对应的规定，如鉴定人无正当理由拒绝出庭作证和接受当事人质证，当事人对鉴定意见不认可的，对该鉴定意见不予采信。司法鉴定是借助专家个人的专门知识、技能和经验，辅助法官对专业事实和技术问题进行分析和做出判断，是委托方对鉴定人的求助，而不是对鉴定机构的求助。因此，《预防和处理条例》实行鉴定机构对鉴定意见负责的制度，回避

---

[1] 肖柳珍：《〈医疗纠纷预防和处理条例〉：从规范到实效》，《中国卫生法制》2019 年第 1 期。

了鉴定人员个人的法律责任。中华医学会并没有明确鉴定意见是由医学会负责，还是鉴定专家组成员共同负责，抑或由鉴定专家组成员个人负责。

必须明确，根据法律规定，当事人应当选择的是鉴定人而不是鉴定机构或鉴定组织，出庭作证和接受当事人质证的也只能是鉴定人个人而不是鉴定机构。鉴定人个人出庭作证，才能对鉴定依据、鉴定过程、鉴定意见进行专业性阐述，保证鉴定结论的可靠与公正，确立鉴定人负责制，才能促进鉴定人独立、客观、公正地实施鉴定。因此，在鉴定人负责制下，司法鉴定人的供给与司法程序的良性衔接要解决两个问题。一是医学会实施医疗损害鉴定的，难以确定鉴定人，因为其是鉴定组织鉴定而不是鉴定人个人鉴定，鉴定机构对鉴定意见负责的制度，回避了鉴定人员个人的法律责任，且与诉讼中的鉴定人出庭接受质证难以对接。二是目前法院置备的仍然是鉴定机构名册而不是鉴定人名册，当事人在法院选定的是鉴定机构而不是直接选择鉴定人，因而直接选定鉴定人在司法鉴定中尚没有落实。希望今后相关立法能够对司法鉴定人制度加以完善。

（三）制定医疗损害鉴定规则，规范鉴定行为

目前，从医疗损害鉴定实践看，医学会的鉴定由于同行行业保护、地域垄断、排斥竞争、中立性欠缺而日渐衰弱，而司法鉴定占据了绝对的市场份额，形成全国各地多家鉴定机构并存与多元化竞争的格局，这一多元竞争局面虽然有助于优胜劣汰，有助于促进鉴定意见的公平权威，但趋利动机也驱使了鉴定机构之间的无序竞争，形成对鉴定意见公正性、权威性的侵蚀。究其原因，是目前尚没有全国统一的医疗损害鉴定规则和标准。前述《医疗损害解释》第11条规定了医疗损害鉴定的七项事项和内容，但没有明确鉴定的技术标准与规则，导致各家司法鉴定的随意操作。比如，对责任比例或原因力的认定尤其混乱。目前医疗损害鉴定缺乏相关的理论知识，也缺乏学界认可的统一的技术方法，因而导致了医疗损害鉴定意见缺乏可重复性，科学性和公正性大打折扣。[1]《预防和处理条例》规

---

[1] 刘鑫、单靖雯：《开启医疗损害鉴定的新篇章——〈医疗纠纷预防和处理条例〉医疗损害鉴定模式》，《中国法医学杂志》2018年第4期。

定，医学会或者司法鉴定机构开展医疗损害鉴定，应当执行规定的标准和程序。为保证鉴定意见的科学、公正与权威，要尽快明确、完善、统一医疗损害鉴定程序与标准。

（四）增设医疗损害责任鉴定与病历真实性鉴定

"法医临床鉴定"并不能涵盖医疗损害责任鉴定，法医临床鉴定是运用法医临床学的理论和技术，对涉及与法律有关的医学问题进行鉴定和评定，不是运用"临床医学"知识与经验进行鉴定，法医与临床医学专家在知识结构方面有重大差异，法医在涉及医疗问题的鉴定中的主要作用应当是对伤残等级、死亡原因的判定，而不能代替临床医疗专家全盘实施对医疗过错的认定。因此，应当在司法鉴定执业分类中另外专门增设"医疗责任鉴定"的类别，以容纳各类医疗侵权责任的鉴定。

此外，我们在病历真实性审查的章节中已经述及，医患双方对病历真实性、完整性的争议是医疗损害审判和医疗损害责任司法鉴定中经常遇到但无从解决的问题，需要增设对病历真实性司法鉴定这一鉴定种类，并制定相关的鉴定规则。

（五）优化鉴定资源配置，提高鉴定入门门槛

临床医学分类细、学科多，学科之间既有界限，也有交叉，决定了医疗过错鉴定的专业复杂性，这对参与鉴定的临床医学专家的专业素养提出了极高的要求，只有把各类专业的专家集中到为数不多的医疗过错鉴定机构，在设备和资源配置上尽可能优化组合，才能确保临床医疗行为合规性评判的权威。因此，应当改变鉴定人素质良莠不齐、鉴定机构设置分散的现状，设置集约型鉴定主体，提高医疗损害鉴定的入门门槛。在鉴定资源的配置方面，还应当推行异地鉴定，保证参与裁决活动的医学专家能够摆脱干扰，作出公平判定。

目前，《预防和处理条例》规定了医学会和司法鉴定机构并行的医疗损害鉴定体制，对医学会实施医疗损害鉴定要注意克服其可能存在的中立性欠缺、地域垄断与同行庇护。

第十八章
医疗事故与医疗事故罪

第一节 医疗事故行政立法概述

随着《侵权责任法》和《民法典》的相继颁行，医疗侵权赔偿统一适用民事法律，医疗事故不再作为承担民事侵权责任的前提，但医疗事故行政立法仍然是医疗事故行政处理的重要依据，即使2018年国务院发布《医疗纠纷预防和处理条例》（以下简称《预防和处理条例》）也没有明确否定《预防和处理条例》没有涉及的《医疗事故处理条例》中的相关规定。同时，关于医疗事故的行政立法与医疗事故罪的刑事立法存在关联，因此，回顾医疗事故的卫生行政立法，仍然是研究医疗侵权法律处理不能回避的问题。

一 医疗事故的概念与特征

1987年国务院发布的《医疗事故处理办法》规定，在诊疗护理工作中，因医务人员诊疗护理过失，直接造成病员死亡、残废、组织器官损伤导致功能障碍的，构成医疗事故。2002年4月4日国务院颁布的《医疗事故处理条例》替代了《医疗事故处理办法》，其中规定，医疗事故是指医疗机构及其医务人员在医疗活动中违反医疗卫生管理法律、行政法规、部门规章和诊疗护理规范、常规，过失造成患者人身损害的事故。两者相比，《医疗事故处理条例》的规定有以下改进：第一，明确了医疗事故的主体不限于医务人员，而是包括医疗机构及其医务人员，符合医疗活动多是医疗机构的集体行为的客观现实；第二，明确了判断医疗行为违法的法律法规依据是医疗卫生管理法律、行政法规、部门规章和诊疗护理规范、常规；第三，在医疗损害的结果要件上，《医疗事故处理条例》以"造成患者人身损害"取代了《医疗事故处理办法》中"造成病员死亡、残疾、组织器官损伤导致功能障碍"，实际上扩大了医疗事故的范围，把医疗事故的损害结果扩展到造成患者"人身损害"的范围，与民事法律的基本精神大致相符。

对医疗事故的特征，可从行为主体、客观行为、主观过错的性质等方面加以解读。其一，医疗事故的行为主体是医疗机构及其医务人员。笔者认为，所谓医务人员，应从两个方面来理解：从专业知识上讲，须经过医药院校教育或卫生专业培训而掌握了一定的医学知识和医疗技能；从卫生行政管理或法定程序上讲，须经卫生行政机关批准或承认，取得相应资格。因此，并非合法医疗机构中的全部工作人员均是医务人员，医疗机构中的工勤人员、管理人员虽然也是医疗机构的工作人员，但并非医务人员。按卫生部门的规定，医务人员分四类：医疗防疫人员、药剂人员、护理人员、其他医疗技术人员。依法开设的个体诊所及其依法执业的医务人员，以及依法取得行医资格的乡村医生，属于医务人员，但非法行医者不具备合法资质，不属医疗事故的主体，其业务过错造成患者伤亡的，按非法行医处理，而不能按医疗事故处理。其二，医疗机构及其医务人员实施了违规诊疗行为，并造成就诊患者死亡、残废、组织器官损伤导致功能障碍和其他明显的人身损害后果，也就是说，医疗方的违规失职行为与上述严重后果间存在因果关系。其三，医疗方主观上对患者人身损害后果的发生存在过失的过错，其主观上既不是没有过错，也不是存在故意的过错。

二　医疗事故的分级

《医疗事故处理条例》把医疗事故分成四级：造成患者死亡、重度残疾结果的，属一级医疗事故；造成患者中度残疾、器官组织损伤导致严重功能障碍结果的，属二级医疗事故；造成患者轻度残疾、器官组织损伤导致一般功能障碍结果的，属三级医疗事故；造成患者明显人身损害的其他后果的，属四级医疗事故。

《医疗事故处理办法》把医疗事故分成三级：一级医疗事故是指造成患者死亡的事故，二级医疗事故是指造成患者严重残废或严重功能障碍的事故，三级医疗事故是指造成患者残废或者功能障碍的事故。两者相比，《医疗事故处理条例》的改进主要是，第一，把造成患者重度残疾后果的，提升为一级医疗事故；第二，规定即使没有造成残疾或功能障碍，但造成其他明显人身损害的，也构成医疗事故，这就是新增加的四级医疗事故。

从卫生质量管理方面讲，诊疗护理中发生的技术、服务、管理方面的不完善被称为医疗缺陷，医疗缺陷又可分为医疗差错和医疗事故。在《医疗事故处理条例》出台前，医疗差错是指在诊疗护理工作中虽有失职行为和医疗损害，但并未达到医疗事故规定的程度，如给病员造成了痛苦、延长了治疗时间、增加了医疗费用等。现在《医疗事故处理条例》规定的四级医疗事故（造成患者明显人身损害后果）实际上是把严重医疗差错也上升为医疗事故。这样，医疗差错的范围就缩窄为虽有诊疗护理失职行为，但并未给病人造成明显人身损害的情况。按《医疗事故处理条例》规定，对医疗差错医方不承担赔偿责任，但从民事侵权角度看，则是不妥当的。

三　医疗事故的分类

已经废止的《医疗事故处理办法》把医疗事故划分为医疗责任事故与医疗技术事故，《医疗事故处理条例》取消了医疗事故的这种分类，不再对医疗事故进行分类。从执法司法的角度看，似乎无须再研究医疗事故的分类，但由于这一问题本质上涉及对医疗过错及医疗侵权责任的准确认定，故有必要加以研讨。

（一）医疗责任事故与医疗技术事故含义差别

医疗责任事故是指医务人员因违反规章制度、诊疗护理常规等失职行为所致的事故，医疗技术事故是指医务人员因技术过失所致的事故。原卫生部《关于〈医疗事故处理办法〉若干问题的说明》指出，医疗技术事故是指责任人由专业技术水平和经验不足为主导致诊疗护理失误所致的事故。可见，这两种事故的区别在于，医疗责任事故是由医务人员的责任因素所致，即违犯执业规则、执业义务的渎职行为所致，医疗技术事故是由医务人员的业务能力（包括经验和技术）不足所致。

按《医疗事故处理办法》的规定，这两种事故的民事责任并没有差别，不管是医疗责任事故还是医疗技术事故，只要确定为医疗事故均给予患者一次性经济补偿，但其法律责任有明显区别，即对医疗责任事故的直接责任人，应当给予行政处分；对医疗技术事故的责任人，一般可免予行政处分，情节严重的可酌情给予行政处分。

（二）划分医疗责任事故与医疗技术事故的法理反思

1. 医疗技术事故与医疗过错

原卫生部《关于〈医疗事故处理办法〉若干问题的说明》中规定，医疗事故的成立必须具备的条件之一是行为人有诊疗护理工作中的过失，按照这个说明，医疗技术事故的行为人也存在主观过失。但是，如果用法学上过失的概念来考察，医疗技术事故的行为人则不存在过失，上述"说明"是自相矛盾的。理由是，上述"说明"中指出，医疗技术事故是"技术过失"所致的事故，是指根据行为人的相应职称或相似情况下的一般水平，限于能力不及或经验不足，发生诊疗护理工作中的失误，导致不良后果的事故。然而，过失是指行为人当预见可能发生某种结果而没有预见，或已经预见但轻信可以避免，最终发生了该结果，前者称疏忽大意的过失，后者称过于自信的过失。无论是疏忽大意中的"应当预见"还是过于自信中的"已经预见"，都必须以行为人有能力预见为前提条件，或者说行为人应具备相应的注意能力，但上述"说明"在注解医疗技术过失时却称技术过失是由医务人员"能力不及或经验不足"所致，而"能力不及或经验不足"实质上是指医务人员"不能预见或不能控制和避免"某种不良结果的产生，显然在这种"事故"中医务人员是无过失的，因为他们已尽其所能。据此，由这种原因所致"事故"从法学上审视应定为"无过失医疗事件"。

再从"技术过失"的含义来剖析。技术过失，按其字面意思理解，当指技术运用和操作中的失误、不当，是指有能力正确地运用技术进行治疗却出现了失误、错误，这正好与"说明"中阐述技术过失时所指"限于能力不及或经验不足"相互矛盾。从过失的分类看，只有疏忽大意过失与过于自信过失、重过失与轻过失之分，而绝无"技术过失"与"责任过失"之别。一般而言，技术事故是与责任事故相对应的概念，后者是指某事故的原因是有关人员不负责任、不正当地履行职责所致，而前者则是指事故原因并非人为因素使然，而是技术设备、技术水平等客观因素所致，也可以说是在当时技术条件下不能预见、不能避免事故的发生，因而也同样不能追究任何人的法律责任。

根据上述分析，从法学上讲，医疗技术事故严格上是不存在主观过错的，《关于〈医疗事故处理办法〉若干问题的说明》自身存在逻辑混乱。按照该说明，责任事故的成立并不在意行为人的能力因素，只要医疗行为违反了行医规则并造成严重人身损害，即构成医疗责任事故，而构成医疗技术事故则要求行为人不能有违反行医规则的行为，否则就成了医疗责任事故。这显然不符合过失的本质。责任事故的成立以行为人的能力为基础，而技术运用不当显然是违反职业规则的违规行为。

2. 设定医疗技术事故缺乏必要性和正当理由

设定医疗技术事故时有一种观点认为，设定因技术过失所致医疗技术事故的原因是，医疗工作有其特殊性，在许多情况下，医务人员在工作中面临着许多无法控制的条件和因素，对由一时疏忽大意和过于自信造成医疗事故的责任人员若采取严厉的处分或处罚，不利于保护和调动广大医务人员的积极性；区分技术事故和责任事故，使技术事故的责任人员受较轻处分，可以解除医务人员的后顾之忧；同时，区分两类事故，也不会损害患方的合法权益，因为无论是技术事故或是责任事故，都规定给予同样标准的经济补偿。

但是，错误设定医疗技术事故的概念，实际上是让无过失的医疗事件中的医务人员承担了法律责任，这反而不利于保护和调动医务人员的工作积极性。设立了医疗技术事故，反而使医疗技术事故成为一些不负责任的医务人员的"避风港"。媒体披露的一些所谓医疗技术事故，实际上是责任人不负责任的过失医疗处置所致，从法理上分析完全可归入医疗责任事故之列，但只要鉴定为技术事故，一方面方便对病人及家属的经济补偿，可以化解矛盾；另一方面对医务人员可大事化小。这种带有对医务人员袒护倾向的做法，难以对责任人起到足够的警示教育作用。

3. 医疗事件的分类

根据医务人员和医疗机构有无过错，可以把医疗纠纷（事件）划分为两大类：有过失的过错的，为医疗事故，不再把医疗事故分为责任事故和技术事故；有主观故意的，为医疗破坏事件。其中，原《医疗事故处理办法》中规定的由技术过失所致"技术事故"完全可以为"医疗事故"所包容。医疗事故的两个最重要的特征，一是客观上医疗处置行为违反卫生执业规则，而执业规则包括法律、卫生行政法规、规章、操作规则、医学原理等；二是主观上有过错。2022年3月1日生效的《医师法》第23条设定了医师执业规则与义务，其中包括尽职尽责救治患者、遵循临床诊疗指南、遵守临床技术操作规范和医学伦理规范等。因此，如果出现"技术过失"，即在技术操作中不够谨慎而出现过失和过错，实际上既在客观上是"不尽职尽责"的违反执业义务的行为，又在主观上存在过错，因而可归入"医疗事故"之列。

无过失无过错的医疗事件分为两大类：一类是医疗意外事件，另一类是医疗技术事件（注：不是医疗技术事故）。医疗意外事件仍是指由于病情或病员体质特殊而发生难以预料和防范的不良后果，如猝死、麻醉、手术中发生呼吸心搏骤停。这种情况发生的重要原因之一是现代医学的理论发展水平和技术水平之制约，无法预见和避免该不良后果。医疗技术事件是指由施行治疗的医疗机构及医务人员的技术设备、技术水平、临床经验所限而未能预见和避免医疗不良结果，施治医务人员已尽其所能，故主观上不存在过错，但这一医疗不良结果却是设备更好、技术水平更高、经验更丰富的医疗机构及医务人员能够预见和避免的医疗不良结果，这种情况是由三级十等医院之间甚至不同地区相同级别医院之间的设备状况、医疗水平存在差别和层次性的客观因素造成的，并且这种状况还将长期存在。易言之，判断医疗过失和确定医务人员注意能力的标准不能一刀切，应区别对待，这一点在《医疗损害司法解释》中有明确规定。

第二节　医疗事故罪

根据 1997 年修订的《刑法》第 335 条的规定，医务人员严重不负责任，造成就诊人死亡或严重损害就诊人身体健康的，构成医疗事故罪，犯医疗事故罪的，处三年以下有期徒刑或拘役。临床医疗活动存在导致就诊人身体损害的特殊风险，对此，本书在第一章第一节已经给予了充分阐释，对临床医疗活动的这种风险，现行医疗事故罪的刑事立法在对该罪的犯罪构成要件（犯罪主体、犯罪主观要件、犯罪客观要件）及刑事责任设置上给予了充分关注与回应，并做出了特殊规定。

一　医疗事故罪的犯罪主体

犯罪主体是指实施了犯罪行为并应承担刑事责任的自然人和单位。医疗事故罪的犯罪主体是特殊主体，限于医务人员。但是，对医务人员范围的界定，颇存争议。

（一）"医务人员"的资质

根据我国卫生行政管理制度，合法、合格的医务人员，是通过国家组织的考试或考核，依法取得必备证书的专业技术人员。就医师来讲，既取得医师资格证又取得医师执业证是合法执业必备的条件，即医师执业资格由医师资格证与医师执业证共同组成。医师资格考试的性质是行业准入考试，是评价申请医师资格者是否具备从事医师工作所必需的专业知识与技能的考试，是对拟从业人员的专业知识的统一考核和要求，即使取得医药院校的毕业证书、学位证书，但没有取得医师资格或助理医师资格的，不能成为医务人员。在此基础上，经过卫生行政部门批准、注册，确定执业地点和执业范围，颁发医师执业证，才具备合法的执业资格。除执业医师外，根据《医疗机构从业人员行为规范》，医务人员还包括执业助理医师、护士、医技人员、药学技术人员等，这些人员也应依法取得相关资质，才属于合格的医务人员。

有一种观点认为，只要具备实质的诊疗技能就可以称作医务人员。①笔者认为，对"实质的诊疗技能"需要外在的评判与衡量，医疗活动关系就诊人的生命健康安危，我国卫生行政立法与管理对医师执业实行严格的行政许可，要求合格的医师必须取得医师资格证书，贯彻了对申请医师执业人员的医学理论、实践操作技能乃至医德、品行等方面的综合审查，执行统一的考试考核标准，这实际上是法定的标准；而要求合格的医师还必须取得医师执业证的本质是对执业地点（执业医疗机构）是否合法的审查，并对执业专业范围加以限定，这是维护正常医疗卫生秩序与医疗安全的宏观管理的必要手段。因此，脱离医师资格证的考试，实质诊疗技能及其水准将难以评判，而放弃医师执业证的审核颁发，将对医疗卫生秩序与医疗安全留下重大隐患。可见，即使具备实质的诊疗技能（取得执业医师资格证书）但并没有在合法医疗机构中从事诊疗活动，不属于合格医务人员，不能成为医疗事故罪的主体，而可认定为非法行医罪的犯罪主体。同时，没有依法取得执业医师资格证书者，即使在合法医疗机构中从事诊疗活动，也不属于合格医务人员。对药剂师、护士等其他人员是否属合格医务人员，当参照上述要求依法判定。

（二）医疗单位的非医疗技术人员不属于"医务人员"

关于医疗事故罪的犯罪主体，存在争议的是，在医疗单位工作的非医疗技术人员，包括从事党务、管理、财务、后勤服务等的人员，是否属于医务人员。1988 年卫生部发布的《关于〈医疗事故处理办法〉若干问题的说明》，在明确医疗事故的行为人必须是各级各类卫生技术人员的前提下又指出，构成医疗事故的行为人还应包括从事医疗管理、后勤服务等的人员。② 当时有一种观点认为，医疗服务统一体中的各种人员尽管分工不同，但他们的目标都是为了防病治病、救死扶伤、保障人民的生命安全和身体健康，诊疗护理工作离不开各种人员的相互支持和密切配合，这些人员所从事的都是诊疗护理工作，都是医务人员，都可以成为医疗事故罪的

---

① 孙红卫：《医疗事故罪罪状要素的司法认定》，《法学杂志》2009 年第 3 期。

② 参见原卫生部《关于〈医疗事故处理办法〉若干问题的说明》。

主体。

笔者不同意这一观点。其一，《医疗事故处理办法》现在已经被废止，被《医疗事故处理条例》取代，因而围绕《医疗事故处理办法》的说明自然也成为无本之木，失去效力。其二，并非所有在医疗机构工作的人员都是医务人员。刑法对业务过失犯罪的医疗事故罪的惩治力度相较于其他玩忽职守罪更为轻缓，这是出于对医疗业务风险的特殊考虑与照顾，医疗风险源于医疗技术人员从事的诊疗活动，与诊疗活动密切关联，但与党务、管理、财务、后勤服务等没有任何关系，或者说，党务、管理、财务、后勤服务等活动根本不存在这种医疗风险，因此这些人员严重不负责任，造成病人死亡或严重损害病人的身体健康，如后勤服务渎职造成停电致使正在接受手术和抢救的患者严重人身损害的，可按玩忽职守罪及其他过失犯罪处理。当然，如果党政、后勤人员同时兼职诊疗岗位、实施了诊疗行为而应承担相应诊疗义务的，自然可归属于"医务人员"。总之，医务人员限于直接从事诊疗护理的人员。

（三）医疗事故直接责任人的确定

发生医疗事故后，要查清事故的责任人，确定哪些医务人员应对该起事故负责。

第一，直接责任人与间接责任人。直接责任人是指其医疗行为与医疗损害结果间有直接因果关系而对该结果起决定作用的人员，间接责任人是指其医疗行为客观上是医疗损害结果的外在条件或外因，两者之间存在间接联系，其行为不是决定性因素，不是起决定性作用的人员。

第二，主要责任人和次要责任人。在多因一果式因果关系中，多个医务人员的医疗行为都与医疗不良结果间存在直接因果关系，其中起主要作用的医疗行为之行为人是主要责任人员，起次要作用的医疗行为的行为人是次要责任人。

第三，信赖原则与组织化、团队化诊疗中责任人的判定。医疗事故罪的犯罪主体包括直接责任人、主要责任人，至于实施责任人与指导责任人之间谁是直接责任人或主要责任人，要根据具体情况加以认定。随着医学科学的发展，临床医疗活动日益精细化、组织化，且在临床医疗实践中多个医疗主体相互协同完成诊治活动呈常态化现象，其中既有分工不同的医务人员之间的横向协作，也有在具体某个环节上级医师对下级医师的纵向指导，这种情况下可适用信赖原则来判定具体医疗责任人。所谓信赖原则，是指行为人在实施某种行为的同时，有理由信赖被害人或者第三人能够实施适当的行为，且该信赖是合理的，在该情形下，倘若被害人或第三人为不适当行为发生法益侵害结果，行为人将不需对该结果承担过失责任。信赖原则源于德国和日本刑法理论中关于交通事故中责任的分担理论，[1] 目前该原则发展成为限制过失犯罪成立范围的一般性原理，为解决风险事业中多重主体过失责任开辟了理论指引和思路，是大陆法系国家限制过失犯罪成立范围的重要教义学工具。显然，该原理对区分医务人员之间、医患之间各自对最终医疗结果的责任，合理划定医疗侵权过失责任的范围具有适用空间。团队医疗中的监督过失理论实质上是为了解决组织医疗中处于监督者地位的医务人员的责任问题。[2] 基于医务人员之间的分工、作用与相互信赖，有学者指出，医疗领域内适用信赖原则必须遵守严格的适用条件。[3] 在纵向医疗指导活动中，如果下级医师的具体实施行为是在上级医师的指导下进行的，或者下级医师提出的建议被上级指导医师否决而由下级医师具体实施造成不良医疗结果，由于对上级指导医师的技术权威的信赖，应确定上级指导医师为直接责任人。同理，如果下级实施医师提出的医疗主张欠妥而上级指导医师没有纠正并同意实施的，上级指导医师也应被确定为直接责任人。反之，如果下级医师拒绝执行上级医师的正确指导意见，或下级医师在施治过程中没有向指导人员如实、及时反映病情，导致其在实施医疗的过程中造成不良医疗后果，该实施人员是直接责任人。组织医疗中过失责任分配理论脱胎于共同过失理论，它不仅强调监督者责任，更强调每一个参与组织医疗活动的医务人员都负有监督责任。[4] 据此，如果下级负责具体实施的医务人员明知指导人员的意见违反

---

① 谢雄伟：《信赖原则的适用研究——以医疗过失犯罪为中心》，《中国石油大学学报》（社会科学版）2006 年第 1 期。

② 王波：《团队医疗过失犯罪中的监督过失责任研究》，《法商研究》2014 年第 4 期。

③ 舒洪水、贾宇：《信赖原则在医疗事故中之适用》，《法学》2008 年第 10 期。

④ 龙敏：《组织医疗行为中过失责任的分配问题》，《河北法学》2015 年第 2 期。

医疗规则但仍然予以实行，则应认定具体实施人员和指导人员为同等的直接责任人。

在众医师合作的医疗案件中，医师信赖由其他医护人员实施的行为是合理的医疗行为；若该医护人员实施了不当的医疗行为，则应当由实施该不当行为之人的医护人员承担相应的责任，而对之信赖的医师不负责任。[①] 在横向医疗协作中，强调医疗行为人各司其职、各负其责，其并不存在彼此监督义务，行为人有理由彼此信赖他人实施的医疗行为是规范、妥当的。但是，适用信赖原则得以免责的前提是该行为人自己的诊疗活动不存在过失，否则，仍然应承担法律责任。例如，戴某作为门诊首诊医生接诊治疗就诊患者，在 CR 检查报告明确提示该患者有血胸可能的情况下，诊断为"枕部皮下血肿、脑震荡"，仅使用消炎、止血药品治疗，并没有对血胸进行明确的诊断与处置，将患者收治住院治疗，且未与管床医生张某认真交接；管床医生张某未对检查报告单进行认真复查，也未对其血胸可能进行确诊或排除，没有针对血胸进行有效治疗，未记录与患者家属沟通的相关内容；值班医生王某也未对血胸可能情况进行确诊和采取措施。最后，该患者因血胸未得到及时处理经抢救无效死亡。本案中三位医务人员均存在医疗过失行为，且其行为均与损害结果存在因果关系，均被定为医疗事故罪。[②] 本案中，门诊首诊医生、管床医生、值班医生实际上分别值守三个医疗环节，排除信赖原则适用的主要理由应当是，三位医生当各尽其职、各负其责，但三个环节均存在没有尽到其岗位要求的必要注意义务的医疗过错，三个环节中任一环节不发生医疗过错都可能有机会挽救患者的生命。

此外，应当明确，直接责任人并不是"直接"向病人及家属承担民事赔偿责任的人员，而是对事故本身和损害后果承担责任的人员（个体行医者除外，个体行医者既是直接责任人，又是承担赔偿责任的主体），直接责任人的责任主要是行政法律责任，甚至是刑事责任。医疗机构的医务人员发生事故后，民事赔偿责任的主体是医疗机构。但是，根据民法理论，在单位替其工作人员对外承担赔偿责任后（这是一种替代责任），单位

---

① 张纯兵、杜志淳：《医疗损害司法鉴定因果关系分析及参与度判定》，《鉴定论坛》2015 年第 5 期。
② 参见江苏省泗阳县人民法院（2015）泗刑初字第 0131 号刑事判决书。

有权向有故意或重大过失的职工追偿部分或全部赔偿费用。因此，确定直接责任人和间接责任人、主要责任人和次要责任人是很有必要的。

二 医疗事故罪的主观方面

医疗事故罪的主观方面是医务人员对就诊人死亡或严重身体健康损害存在医疗过失的主观过错。值得注意的是，对《刑法》第335条中"严重不负责任"的含义存在不同解读。一种意见认为，"严重不负责任"属于客观要素，即行为人实施了一系列严重不负责任的行为，只是这些行为包含过失的主观心理状态。[1] 另一种意见认为，严重不负责任应属于主观过失心理状态的表述，而判断这一心态的主要理论是医疗注意义务理论。[2] 笔者认为，严重不负责任既包含了对行为人主观过错程度的要求，也包含对客观方面违规医疗行为违法性严重程度的要求。在主观方面，医疗方主观过错程度较弱、较小是阻却医疗事故罪构成的因素之一。医疗活动本身有较大的造成就诊人身体损伤乃至死亡的特殊危险性，实践中医务人员稍有不慎，就可能发生严重的医疗不良后果，如果不管主观过错程度，一旦发生严重医疗不良后果就确定为犯罪，不利于营造宽松的医疗服务法律环境，不利于正常医疗活动的开展，不利于医疗卫生事业的稳步发展。因此，从主观方面看，"严重不负责任"是指存在重大医疗过失，主要是指违背合格医务人员应具有的一般的注意义务和注意能力标准，这是要求较低的基本的医疗注意义务标准，表现为工作责任心很差，懈怠医疗必要注意，轻率诊治，违反常规性的、技术含量不高但关乎就诊人生命健康安全的诊疗行为规范。比如，输血时错配血型、手术违规粗暴操作损伤周围重要脏器、药房发错药物等。医务人员的医疗技术水平存在差异，其技术能力的发挥也受制于病情缓急与复杂程度，其身心状态也制约着作出准确判断和正确处置的可能性。《医疗损害解释》第16条规定，对医疗机构及其医务人员的过错，应当依据法律、行政法规、规章以及其他有关诊疗规范进行认定，可以综合考虑患者病情的紧急程度、患者个体差异、

---

[1] 孙红卫：《医疗事故罪罪状要素的司法认定》，《法学杂志》2009年第3期。

[2] 衡敬之、徐正东：《医疗事故罪20年理论争鸣的司法实证回应》，《中国医疗管理科学》2019年第2期。

当地的医疗水平、医疗机构与医务人员资质等因素。因此，通俗地讲，"严重不负责任"是指医务人员比较容易预见与避免该就诊人生命健康损害的结果。有论著认为，由于现代医疗水平的有限性，在诊疗过程中发生了事与愿违的不良结果的医疗风险事故，属于不可避免的正常现象，不能作为犯罪处理。① 此处所指的医疗风险事故，显然属于由医疗水平制约导致的难以避免的不良医疗结果，主观上不存在医疗过错，更不存在重大医疗过错，近似于医疗意外事件，自然不能以犯罪处理，但该观点在医疗事故罪的认定上重视正常医疗风险对考量主观医疗过失的影响无疑是妥当的。

此外，还应注意的是，行为人主观过错程度意义上的"严重不负责任"的判断并非直接取决于所造成的医疗损害结果的严重程度。易言之，即使发生刑法规定的就诊人死亡或严重损害就诊人身体健康，但医务人员主观上不属于重大医疗过失的，不应认为构成医疗事故罪。

三 医疗事故罪的客观方面

医疗事故罪的客观要件，应当从三方面加以把握。

（一）存在严重不负责任的医疗行为

《刑法》第 335 条规定的医疗事故罪的罪状是，严重不负责任造成就诊人死亡或严重损害就诊人身体健康，故医务人员实施了严重不负责任的诊疗行为是该罪的客观行为要件。最高人民法院尚未对"严重不负责任"作出进一步的界定，但 2008 年 6 月 25 日颁布的最高人民检察院、公安部《关于公安机关管辖的刑事案件立案追诉标准的规定（一）》[以下简称《立案追诉标准（一）》]之第 56 条规定了属"严重不负责任"的七种情形，② 这是目前属医疗事故犯罪行为的准司法标准。这里有两点需要注意。一是该规定采取了"不全列举与兜底概括相结合"的模式，所列出的"严重

---

① 王作富主编《刑法》，中国人民大学出版社，2011，第 463 ~ 464 页。
② 该《立案追诉标准（一）》规定的属"严重不负责任"的七种情形是，擅离职守的，无正当理由拒绝对危急就诊人实行必要的医疗救治的，未经批准擅自开展试验性医疗的，严重违反查对、复核制度的，使用未经批准使用的药品、消毒药剂、医疗器械的，严重违反国家法律法规及有明确规定的诊疗技术规范、常规的，其他严重不负责任的。

不负责任"的医疗行为的共同特征是，违背了常规性但关乎医疗安全的医疗行为规范，属对基本医疗义务的违反。因此，对"其他严重不负责任的情形"的掌控应遵循该原则性规定。二是 2022 年 3 月 1 日生效的《中华人民共和国医师法》第 29 条第 2 款规定，在尚无有效或者更好治疗手段等的特殊情况下，医师取得患者明确知情同意后，可以采用药品说明书中未明确但具有循证医学证据的药品用法实施治疗。这是《医师法》对医师执业权利的创新性规定，赋予医师"超说明书用药权"。因此，自 2022 年 3 月 1 日起对《立案追诉标准（一）》规定的"使用未经批准使用的药品"应当作出新的解读。超说明书用药意味着该药物的"超说明书的用法"没有经相关卫生行政监管机关审核批准，采用药品说明书中未明确的药品用法在新《医师法》生效前属"使用未经批准使用的药品"，但该行为在新《医师法》生效后就取得了法律的许可而不再属于违规违法的医疗行为，更不属于"严重不负责任"的情形。

《最高人民法院关于审理医疗损害责任纠纷案件适用法律若干问题的解释》规定，对医疗机构及其医务人员的过错，应当依据法律、行政法规、规章以及其他有关诊疗规范进行认定。笔者认为，认定某一医疗行为是否属于"严重不负责任"的重要依据是《医疗质量安全核心制度》。[①] 这些核心制度是医疗机构及其医务人员在诊疗活动中应当严格遵守的对保障医疗质量和患者安全发挥重要基础性作用的制度，也是对各级各类医疗机构的医疗质量安全的基本要求。该 18 项核心制度主要包括首诊负责制度、三级查房制度、会诊制度、分级护理制度、值班和交接班制度、疑难病例讨论制度、急危重患者抢救制度、术前讨论制度、查对制度、手术安全核查制度、手术分级管理制度、新技术和新项目准入制度、危急值报告制度、抗菌药物分级管理制度、临床用血审核制度等。违反医疗核心制度的诊疗行为占违反国家法律法规和相关医疗管理制度行为数量的 80% 以上，成为"医疗事故罪"司法实践中认定医务人员严重不负责任的最主要依据。[②]

---

① 参见 2018 年 4 月 18 日国家卫生健康委员会国卫医发〔2018〕8 号《关于印发医疗质量安全核心制度要点的通知》。

② 李桐杨、祝伟等：《违反医疗核心制度行为在医疗事故罪认定中的作用》，《中国卫生质量管理》2019 年第 6 期。

这些核心制度覆盖了关乎医疗安全的关键医疗环节，且遵守这些制度并不需要高深的医学理论和医疗技术，而主要是对工作责任心的基本要求。因此，上述《医疗质量安全核心制度》可视为判断是否"严重不负责任"的主要参考标准。

（二）"严重损害就诊人身体健康"的含义

这里的关键且有争议的问题是"严重损害就诊人身体健康"的标准。对此学界长期争论，由最初的单独支持医学标准（主要是指《医疗事故处理条例》和原卫生部《医疗事故分级标准》）、刑法标准（《人体重伤标准》）逐渐统一为以刑法重伤标准为主、以医学标准为辅。[1] 司法实践中追究医疗事故罪的案件绝大部分是造成就诊人死亡结果的案件，鲜有因"严重损害就诊人身体健康"而追究责任人医疗事故罪刑事责任的案件，其重要原因显然是"严重损害就诊人身体健康"的立法规定不明，而学界争议未果。

笔者认为，确定"严重损害就诊人身体健康"的标准问题，要从下述三方面进行探讨。

一是确立"严重损害就诊人身体健康"标准的价值取向。一种观点认为，医疗事故罪的定罪底线应高于其他事故性犯罪，"严重损害就诊人身体健康"应限于致人严重残疾、严重功能障碍，这样才能分清一般违法行为与刑事犯罪，才与医疗活动的高风险性、高危险性相称。如果人身损害不太重也定罪，就显得定罪严厉而处罚轻缓，罪与刑不相适应。另一种观点认为，造成就诊人残疾、功能障碍以上的人身损害，即后果达到二级、三级医疗事故程度均应定罪，这样可以强化医务人员的责任感和工作注意力，有利于强化对病人生命权、健康权的法律保护。笔者认为，这涉及对医疗活动高风险的法律关照与对病人生命权健康权的刑法保护之间关系的妥当把控。从刑法对医疗事故罪的构成要件与刑罚设置看，该罪主观要件上要求有重大业务过失，客观方面要求存在严重不负责任的医疗行

---

① 衡敬之、徐正东：《医疗事故罪 20 年理论争鸣的司法实证回应》，《中国医疗管理科学》2019 年第 2 期。

为，主客观要件已经进行了严格的限制，该罪的刑罚较之其他过失犯罪、渎职类犯罪、重大责任事故类犯罪的刑罚均较为轻缓，这几方面已体现出立法上对医疗活动特殊危险性的充分考虑，如果除此之外又将医疗事故罪的损害结果要件限定在相当严重的后果的狭窄范围，则难以实现对患者生命健康权提供刑法保护的基本立法目标。同时，刑罚的不可避免较之刑法惩治面过于狭窄在一定程度上会收到更好的预防犯罪的社会效果。据此，笔者主张不宜过于限缩"严重损害就诊人身体健康"的范围。

二是应在刑法视域内解读医疗事故罪之"严重损害就诊人身体健康"。《刑法》第336条对非法行医罪的损害结果有同样的"严重损害就诊人身体健康"的表述。《刑法》第336条规定，犯本罪的，处三年以下有期徒刑、拘役或者管制，并处或者单处罚金，严重损害就诊人身体健康的，处三年以上十年以下有期徒刑，并处罚金；造成就诊人死亡的，处十年以上有期徒刑，并处罚金。《刑法》为该罪设立了三个量刑档次，在该罪的第二档罪刑单元中，"严重损害就诊人身体健康"对应的法定刑是三年以上十年以下有期徒刑，并处罚金。《立案追诉标准（一）》第57条规定，未取得医生执业资格的人非法行医，涉嫌造成就诊人轻度残疾、器官组织损伤导致一般功能障碍，或者中度以上残疾、器官组织损伤导致严重功能障碍，或者死亡的，应予立案追诉。从语义上看，"中度以上残疾、器官组织损伤导致严重功能障碍"应当是与非法行医罪之"严重损害就诊人身体健康"相对应。易言之，《刑法》第336条中的"严重损害就诊人身体健康"在《立案追诉标准（一）》中被解读、界定为"中度以上残疾、器官组织损伤导致严重功能障碍"。自2014年1月1日起施行的《人体损伤程度鉴定标准》① 载明，该标准适用于《中华人民共和国刑法》及其他法律、法规所涉及的人体损伤程度鉴定；其"术语定义"中指出，重伤是指使人肢体残废、毁人容貌、丧失听觉、丧失视觉、丧失其他器官功能或者其他对于人身健康有重大伤害的损伤，包括重伤一级和重伤二级；轻伤是指使人肢体或者容貌损害，听觉、视觉或者其他器官功能部分

---

① 参见2013年8月30日最高人民法院、最高人民检察院、公安部、国家安全部、司法部《关于发布〈人体损伤程度鉴定标准〉的公告》（司发通〔2013〕146号）。

障碍，或者其他对于人身健康有"中度伤害"的损伤，包括轻伤一级和轻伤二级。可以认为，在非法行医罪的语境下，可对"严重损害就诊人身体健康"、"中度以上残疾、器官组织损伤导致严重功能障碍"、《人体损伤程度鉴定标准》中涵括的"中度伤害的损伤"的轻伤作近似的理解。有论者认为，在同一部刑法中，不同条文中出现相同的刑法概念，在理解、认定方面应适用相同原则；① 从犯罪结果的角度考量，非法行医罪与医疗事故罪并没有什么不同。② 倘若将医疗事故罪之"严重损害就诊人身体健康"与非法行医罪之"严重损害就诊人身体健康"做相同理解，那么，医疗事故罪中的"严重损害就诊人身体健康"就应当解读为"轻伤"。但是，刑法学界存在阻遏该结论成立的重要理由：重伤是我国刑法中构成过失伤害犯罪的结果要件，是否达到重伤的损害程度是区分过失伤害行为罪与非罪的基本界限，对同样属于过失犯罪的医疗事故罪中的"严重损害就诊人身体健康"的损害程度，应理解为等同或接近重伤的标准。可见，即使非法行医罪之"严重损害就诊人身体健康"近似于"轻伤"，但鉴于非法行医罪是故意犯罪而医疗事故罪属过失犯罪，对医疗事故罪中的"严重损害就诊人身体健康"至少应当在"轻伤"以上加以掌控，比如限定为轻伤一级以上（注：轻伤一级的伤情重于轻伤二级）。

三是"严重损害就诊人身体健康"是否有必要比照医疗事故分级标准来确定。不少论者试图从文义上寻找"严重损害就诊人身体健康"对应的医疗事故等级，并由此延伸出医学标准、刑法标准的取舍与论辩，上述观点一定程度上受制于"医疗事故罪是行政犯"的观点，并由此试图竭力从医疗事故分级标准中找寻和界定"严重损害就诊人身体健康"的法律含义。笔者认为，这是完全没有必要的。回顾我国相关立法演变的历程，有助于妥善解决对该问题的纠结。1987 年之前，我国立法没有对医疗侵权赔偿作出明确规定，1987 年 6 月 9 日国务院发布《医疗事故处理办法》（以下简称《办法》）后，医疗侵权赔偿按照《办法》给予一次性经济补偿，2002 年取代《办法》的《医疗事故处理条例》规定对医疗侵

---

① 孙红卫：《医疗事故罪罪状要素的司法认定》，《法学杂志》2009 年第 3 期。

② 臧冬斌：《非法行医犯罪法律分析》，《法律经纬》2019 年第 4 期。

权给予低限额赔偿，一直到 2010 年 7 月 1 日《侵权责任法》实施后，才结束了医疗侵权损害赔偿标准的二元化，并终止了《办法》与《医疗事故处理条例》作为医疗侵权赔偿法律依据的情形。可见，1997 年《刑法》颁布时，《医疗事故处理办法》尚在实施，并且是医疗侵权民事赔偿与行政处理的唯一法律依据。即使这样，1997 年《刑法》设立医疗事故罪的罪状时显然也并没有直接与医疗事故等级进行关联，而使用了"严重损害就诊人身体健康"这一表述。同时，笔者认为，当时使用"医疗事故罪"这一罪名，也并非要求认定医疗事故罪必须以涉案医疗行为构成医疗事故为前提，而是因为该罪是发生在医疗活动中的属于"责任事故"性质的行为，比照重大责任事故罪确定了该"医疗事故罪"的罪名。时至今日，在医疗侵权民事赔偿领域《侵权责任法》《民法典》已经相继取代了《医疗事故处理办法》与《医疗事故处理条例》，根据法律常识，严重的民事侵权可构成侵权类刑事犯罪，严重的医疗过失侵权可构成医疗事故罪，但要求被确定为医疗事故罪的行为一定要首先被认定为医疗事故，则缺乏足够的法理支撑与法律依据。尤其是从目前的司法实务看，绝大部分医疗侵权民事纠纷根本不会经历医疗事故鉴定程序，而是遵循自 2017 年 12 月 14 日起施行的《最高人民法院关于审理医疗损害责任纠纷案件适用法律若干问题的解释》、自 2018 年 10 月 1 日起施行的国务院发布的《医疗纠纷预防和处理条例》进行医疗损害责任司法鉴定，并根据《民法典》进行赔偿，"医疗事故"的鉴定结果与定性结论大多无从生成。那么，难道就可因此认为医疗事故罪已经名存实亡？回答显然是明确且否定的。总之，笔者认为，目前无须再纠结几级医疗事故属于"严重损害就诊人身体健康"，而应回归在刑事立法及与其存在密切关联的司法解释[包括《立案追诉标准（一）》]、《人体损伤程度鉴定标准》范围内探讨、确定"严重损害就诊人身体健康"的含义与范围。

根据医疗事故罪《立案追诉标准（一）》，严重损害就诊人身体健康是指造成就诊人严重残疾、重伤、感染艾滋病、病毒性肝炎等难以治愈的疾病或者其他严重损害就诊人身体健康的后果。该标准中的"重伤"在《人体损伤程度鉴定标准》中有明确规定，但仍然遗留对"严重残疾、难以治愈的疾病、其他严重损害就诊人身体健康的后果"之界定方面的疑问与争论，这当然有待最高人民法院、最高人民检察院、国家卫健委等部门予以明确。

笔者认为，"严重残疾、难以治愈的疾病"的范围会随着医学技术的发展而逐渐缩小，对"其他严重损害就诊人身体健康的后果"的考量还应注重下列因素：一是对受害患者造成的医疗、康复、误工、护理等综合损失与费用，以及患者遭受的精神痛苦；二是损害结果的界定取决于治疗终结时的状况，应给予与治疗需要相适应的治疗康复期限；三是患者人身损害后果因后续治疗漫长且结果难以判定，致使当前暂不能纳入重伤标准加以评定的，可比照最相似重伤项下的器官肢体残缺与功能障碍进行研判。

（三）医疗事故罪的因果关系与过错行为对损害结果的原因力

同属于医疗侵权的医疗事故罪的因果关系具有与其他医疗侵权相同的基本特征，对此，本书已经在医疗侵权的因果关系一章中有所阐述，此处不再赘述。关于医疗过错行为对就诊人死亡或就诊人身体严重损害的责任程度达到何种程度，才认为具备医疗事故罪的客观构成要件和追究行为人的刑事责任，理论界具有代表性的意见是，在复合原因造成的结果中，要分清主要责任人员与次要责任人员，分别根据他们在造成不良结果过程中所起的作用，确定其所负责任的大小。[①] 或者认为，应综合事故参与度进行认定。[②] 对具体应达到的责任比例或责任程度，主要有两种观点。一种观点是，要综合医务人员的医疗过失所占的比例、损害结果的法益侵害程度等，最终确定是否应以本罪处罚，司法实践中，医疗事故刑事案件真正定罪并量处刑罚一般必须满足医务人员对就诊人的医疗损害结果负完全或主要责任，而非次要责任。[③] 其中，有论者认为，"医疗事故参与度"尚不能完全合理表述医疗事故中各方的具体责任，还应当将"医疗事故参与度"与医疗事故行为过失的程度结合起来，根据医疗过失行为与疾病等非过失因素对医疗事故损害后果的作用，将医疗事故划分为六级"责

---

① 张明楷：《刑法学》，法律出版社，2011，第 990 页。

② 肖卫华：《医疗事故罪中"严重损害后果"释论》，《南华大学学报》（社会科学版）2002 年第 3 期。

③ 胡灿、赵敏：《我国医疗事故罪案件的实证研究》，《证据科学》2018 年第 1 期。

任比例度",一级至六级"责任比例度"分别对应 0%、30%、50%、60%、80%、100% 的责任比例,责任比例度为 0% 至 60%(不含 60%)的,可以根据过错责任原则,承担相应的民事责任,医疗事故责任比例度为 60% 至 100% 的,说明医务人员的过失行为是导致就诊人死亡或身体健康严重损害的关键因素,或者是全部因素,则应承担相应的刑事责任。[1]另一种观点是,对医疗损害过错参与度划分与医疗事故罪因果关系认定的对应关系,认为医疗过错损害参与度在 50% 以上便可认定具备医疗事故罪认定的因果关系。[2] 这一表述虽然没有明确区分因果关系与参与度,但其基本意思显然是医疗过错损害参与度在 50% 以上就符合医疗事故罪的客观构成要件。

笔者认为,医疗侵权方的责任程度是主客观相结合相统一的概念和结论,而不应单纯从因果关系与原因力的角度来界定该责任程度,但这并不妨碍我们从客观方面探讨医疗过错行为对损害结果的原因力达到何种程度才应认定医疗事故罪,因为客观方面的原因力是贯彻主客观一致原则的依据之一。刑事立法与司法解释尚未明示医疗过错行为对就诊人损害结果的责任程度或原因力与医疗事故罪定罪处刑的影响,但现行刑事司法解释至少有两方面的规定可资借鉴:一是与医疗事故罪同属于责任事故类犯罪的交通肇事罪的相关规定,二者均是责任方原因与其他原因的复合原因共同造成危害结果;二是非法行医罪的相关解释,二者在因果关系方面具有同质性、可比性。

交通肇事罪的相关规定。《最高人民法院关于审理交通肇事刑事案件具体应用法律若干问题的解释》[3] 对交通肇事罪的定罪量刑的规定具有如下特点。其一,对肇事方的基本定罪起点是死亡一人或者重伤三人以上,负事故全部或者主要责任,或死亡三人以上,负交通事故同等责任,对结果加重犯的"其他特别恶劣情节"的规定条件是,死亡二人以上或者重

① 孙红卫:《医疗事故罪罪状要素的司法认定》,《法学杂志》2009 年第 3 期。
② 朱婷婷、先德奇:《浅析医疗事故罪之因果关系的认定》,《医学与法学》2021 年第 6 期。
③ 参见《最高人民法院关于审理交通肇事刑事案件具体应用法律若干问题的解释》(2000 年 11 月 10 日最高人民法院审判委员会第 1136 次会议通过,法释〔2000〕33 号)。

伤五人以上，负事故全部或者主要责任，或死亡六人以上，负事故同等责任。可见，上述两种情况均是对造成的人身伤亡结果与承担的责任比例进行综合考量，人身伤亡结果越大，定罪处刑时对责任比例的要求越低，本质上是着眼于责任人的"罪责"的大小。其二，对交通事故肇事方定罪的最低责任比例起点是负事故同等责任（死亡三人以上，负事故同等责任）。其三，对社会危害性大小的考量，除人身损害结果之外，还应考量对公共财产或他人财产直接损失的大小（造成公共财产或者他人财产直接损失，负事故全部或者主要责任，无能力赔偿数额在三十万元以上）。其四，对社会危害性大小的考量，在人身损害结果之外，还要考量是否存在严重违反交通运输管理法规的情节（酒驾、毒驾、无证驾驶、驾驶存在严重安全隐患的车辆、严重超载驾驶、肇事后逃逸等）。

非法行医罪的相关司法解释。《最高人民法院关于审理非法行医刑事案件具体应用法律若干问题的解释》① 第 4 条规定，非法行医行为系造成就诊人死亡的直接、主要原因的，应认定为《刑法》第 336 条第 1 款规定的"造成就诊人死亡"。非法行医行为并非造成就诊人死亡的直接、主要原因的，可不认定为《刑法》第 336 条第 1 款规定的"造成就诊人死亡"，但是，根据案件情况，可以认定为《刑法》第 336 条第 1 款规定的"情节严重"而认定为非法行医罪的基本犯。这在一定程度上把绝大部分造成就诊人死亡的非法行医行为以犯罪加以惩治，这也同样是综合考量违规医疗造成的人身伤亡结果与责任比例，考量责任人的"罪责"的大小，且对医疗方的责任比例没有最低要求，易言之，责任比例在同等责任以下的，也不排除定罪的可能。

笔者认为，临床医疗活动具有特殊的风险属性，正因为如此，医疗方应承担高度的医疗注意义务，本罪在主观方面与客观方面已经要求以"严重不负责任"为前提条件，且对该罪的损害结果条件为"造成就诊人死亡"与"严重损害就诊人身体健康"，已经限缩了刑法惩治范围，倘若

---

① 参见《最高人民法院关于审理非法行医刑事案件具体应用法律若干问题的解释》，2008 年 4 月 28 日最高人民法院审判委员会第 1446 次会议通过，根据 2016 年 12 月 12 日最高人民法院审判委员会第 1703 次会议通过的《最高人民法院关于修改〈关于审理非法行医刑事案件具体应用法律若干问题的解释〉的决定》修正。

过于放宽过错医疗行为对损害结果的原因力或责任程度与比例，则刑法惩治范围就过于狭窄，不利于切实保护广大患者的生命健康安全，但若定罪过严、打击面太大，又不利于保护医务人员的工作积极性，不利于医疗卫生事业的发展进步。为兼顾对广大患者生命健康安全的刑法保护与对医务人员工作积极性的维护，可考虑区别"造成就诊人死亡"与"严重损害就诊人身体健康"这两种不同的损害结果，对责任比例进行分别设定，"造成就诊人死亡"的，责任比例在同等责任以上，"严重损害就诊人身体健康"的，责任比例在主要责任以上，认定为构成医疗事故罪。同时，行为人执业中有多次违反诊疗规则的一贯表现的，可归入"严重不负责任"的范围。

四 医疗事故罪的刑事责任

根据《刑法》第335条的规定，犯医疗事故罪的，判处三年以下有期徒刑或拘役。该罪的最高刑是三年有期徒刑，这在我国刑法中属于轻罪，存在适用缓刑的可能。同是过失犯罪，《刑法》规定过失致人死亡罪的法定刑是三年以上七年以下有期徒刑，情节较轻的，处三年以下有期徒刑；过失致人重伤罪的法定刑是三年以下有期徒刑或者拘役，并且这两个罪在构成要件上并不要求有"重大过失""严重违法"行为。另外，《刑法》第397条规定，国家机关工作人员滥用职权或者玩忽职守，致使公共财产、国家和人民利益遭受重大损失的，处三年以下有期徒刑或者拘役；情节特别严重的，处三年以上七年以下有期徒刑。显然，《刑法》对同样属于渎职性质的医疗事故罪规定了较轻的刑事责任。

针对现行刑法对医疗事故罪相对轻缓的刑事责任设置，不少学者提出质疑意见。如医疗行为虽然根本目标是"救死扶伤"，但这也不能减免"严重不负责任"的医务人员的刑事责任，况且市场化运作环境中的医疗机构的公益性、福利性出现被削弱的倾向，医疗事故罪的刑罚幅度应扩大为七年有期徒刑；[1] 医疗行为目的的正当性不能否定严重医疗过失行为的刑事可罚性。[2] 同时，也有论者对医疗事故罪轻缓的刑事责任持支持意

---

[1] 刘超捷：《论医疗事故罪立法及司法解释的缺陷》，《法律与医学杂志》2002年第3期。

[2] 于佳佳：《德国的医疗过失犯罪研究》，《中国刑事法杂志》2016年第6期。

见，认为应坚持医疗事故罪现有的主刑强度，主要理由是，医疗具有高度的未知性和风险性，这影响过失心理的形成，医疗行为通常不是造成损害结果的危险源，造成损害结果的危险源是疾病，在医疗过失入罪化的基础上，规定较轻的主刑更能体现医疗过失的特殊性。①

近年来，医疗侵权损害民事诉讼不断增加，相比较而言，被追究医疗事故罪的医务人员的数量则一直处于较低水平。对此，笔者有两点思考。其一，在目前市场化竞争的医疗服务环境下，为牟取经济利益而争抢病员、违规施行诊疗成为"严重不负责任"的重要表现形式，对严重不负责任造成就诊人死亡或严重损害就诊人身体健康结果的，仅仅处以三年以下有期徒刑或拘役，不利于规范与矫治诊疗行为，不利于强化对就诊人生命健康权利的法律保护，也难以平复来自患者方的不满情绪，有违社会公平正义。如果坚守现行刑法对医疗事故罪犯罪构成主客观要件上的双重严格限制，不妨在刑罚配置上做出更符合罪刑相适应原则的调整，适度加重其刑事责任，以显示对这一严重损害患者生命健康权益的失职渎职行为的严厉的否定性法律评价。其二，不区别医疗事故造成的损害结果严重程度的罪刑档次配置，不符合罪刑相适应原则，故应参照非法行医罪的刑罚分档，对造成就诊人死亡、重伤、其他严重损害就诊人身体健康的不同结果的，分别设置不同的刑罚，合理优化该罪的刑罚配置。

第三节　医疗事故罪的刑事追诉

我国现行立法对医疗行为的法律规制是通过民事法、刑事法、诉讼法、卫生行政管理法规规章等行为规范的颁布与实施来实现的。比如，《民法典》规定了医疗损害的民事责任，《刑法》中设立了医疗事故罪、非法行医罪等犯罪，《医疗事故处理条例》等卫生行政管理法规规章规定了医疗事故的行政责任，《民事诉讼法》《刑事诉讼法》规定了医疗过错司法鉴定意见这一诉讼证据之生成机制。从表面看，对医疗行为的法律规

---

① 杨丹：《医疗刑法研究》（第一版），中国人民大学出版社，2010，第259~261页。

制实现了有法可依，然而通过研析相关立法的演变可以发现，司法实践中刑事追诉法律机制的障碍导致医疗事故罪难以追诉。

一　医疗损害赔偿的"去事故化"导致医疗事故罪成"无本之木"

根据 2002 年 9 月 1 日起施行的《医疗事故处理条例》第 55 条的规定，对医疗机构和医务人员进行政处罚，以及对负有责任的医务人员依照刑法追究医疗事故罪的前提均是"发生医疗事故"。2018 年 10 月 1 日起施行的《医疗纠纷预防和处理条例》并没有修改《医疗事故处理条例》的上述规定。

最高人民法院于 2003 年 1 月 6 日发布的《关于参照〈医疗事故处理条例〉审理医疗纠纷民事案件的通知》（以下简称《通知》）指出，《医疗事故处理条例》施行后发生的医疗事故引起的医疗赔偿纠纷，诉到法院的，参照条例的有关规定办理；因医疗事故以外的原因引起的其他医疗赔偿纠纷，适用民法通则的规定。《医疗事故处理条例》施行后，人民法院审理由医疗事故引起的医疗赔偿纠纷民事案件，在确定医疗事故赔偿责任时，参照《医疗事故处理条例》第 49 条、第 50 条、第 51 条和第 52 条的规定办理。司法实践中，对于造成同样人身损害结果的医疗纠纷案件，按照《医疗事故处理条例》和民法通则计算出的赔偿项目与数额，前者远远低于后者（按照《医疗事故处理条例》，没有死亡赔偿金、抚养费计算标准较低、精神损害抚慰金畸低等），作为民事纠纷的启动者和原告方当事人，患者方会毫无疑问地主张适用民法通则，并极力拒绝和抵制医疗事故鉴定和按照《医疗事故处理条例》确定赔偿项目与数额；而医疗方出于对医疗事故行政处罚和医疗事故罪追究的忌惮，宁愿按民事法多赔偿也不愿主张通过医疗事故鉴定将纠纷定性为医疗事故，除非对纠纷不构成医疗事故或即使构成医疗事故但医疗方责任比例很低而不会遭受严厉的行政处罚和刑事追究有足够信心，由此导致将医疗纠纷案件委托医疗事故鉴定的比例，以及被鉴定为医疗事故的比例大幅下降，使得以医疗事故为前提的对医疗机构和医务人员的行政处罚相当程度上被虚化。2010 年 7 月 1 日《侵权责任法》施行后，这一局面更加明朗化，因为属于民事基本法律的《侵权责任法》的法律位阶显然高于《医疗事故处理条例》这一行政法规，且按照《侵权责任法》确定的医疗损害赔偿远远高于《医疗事故处理条例》，患者方有明确的法律依据摆脱《医疗事故处理条例》与医疗事故鉴定，通过医疗损害赔偿民事诉讼、医疗过错司法鉴定实现其民事赔偿诉求。《民法典》颁行后，这一情况将继续存在。另外，医疗方按照《医疗事故处理条例》将医患纠纷上报卫生行政机关并主动要求将纠纷定性为医疗事故的可能性则微乎其微。

可见，"医疗事故"的概念在民事诉讼领域已经逐渐退出、消失，"医疗事故"的结论难以生成，以医疗事故鉴定意见为立案基本证据的医疗事故罪刑事追诉就难以启动，致使"医疗事故罪"实际上成为"无本之木"。

二　核心证据难以取得妨碍医疗事故罪的追诉

医疗事故罪属公诉案件，应由公安机关立案侦查，由检察机关承担指控犯罪中的举证责任。刑事司法机关包括侦查机关、检察机关、审判机关要完成对《刑法》第335条规定的医疗事故罪的核心构成要件"医务人员严重不负责任造成就诊人死亡或者严重损害就诊人身体健康"的认定，必须借助"鉴定"这一医疗事实发现机制，通过专业的鉴定意见或鉴定结论来认定事实与责任。鉴定问题成为医疗侵权纠纷的核心问题，理论上鉴定是由中立的、对待裁判案件具有绝对专业知识的专家完成。[1] 其中，谁委托鉴定（委托人）与委托谁鉴定（鉴定人或鉴定机构）是鉴定机制的重要内容。

《刑事诉讼法》规定，为了查明案情，需要解决案件中某些专门性问题的时候，应当指派、聘请有专门知识的人进行鉴定。这一规定在《刑事诉讼法》的多次修正中均被保留。显然，第一，从委托主体看，只有有权行使侦查权的侦查机关才能指派、聘请鉴定，其他组织和个人，包括卫生行政机关、患者及家属对刑事诉讼证据意义上的医疗鉴定没有指派、聘

---

① 王成：《医疗侵权行为法律规制的实证分析——兼评〈侵权责任法〉第七章》，《中国法学》2010年第5期。

请、委托的诉讼权利。患者及家属可提出鉴定申请，但这不同于刑事诉讼的鉴定委托权。第二，从鉴定主体看，行使刑事司法职能的侦查、检察、审判机关在需要指派、聘请有专门知识的人对医疗损害责任进行鉴定时面临着确定鉴定人的法律困境，因为《刑事诉讼法》对此问题的规定不详。1996 年《刑事诉讼法》第 120 条第 2 款规定，对人身伤害的医学鉴定有争议需要重新鉴定或者对精神病的医学鉴定，由省级人民政府指定的医院进行。但是，这里并没有规定医疗事故鉴定或医疗损害责任鉴定也由省级人民政府指定的医院进行，且后者实施的鉴定往往是伤残等级评定和死亡原因评定。那么，刑事司法机关能否委托《医疗事故处理办法》（以下简称《办法》）与《医疗事故处理条例》（以下简称《条例》）这一卫生行政法规所设立的医疗事故鉴定组织进行医疗事故鉴定？《办法》第 11 条规定，病员及其家属和医疗单位对医疗事故或事件的确认和处理有争议的，可提请当地医疗事故技术鉴定委员会进行鉴定，由卫生行政部门处理。这就是说，医疗事故技术鉴定委员会可接受病员及其家属和医疗单位的委托实施医疗事故鉴定，并没有规定医疗事故技术鉴定委员会可接受侦查机关等司法机关委托实施医疗事故鉴定。《办法》第 13 条有"鉴定委员会负责本地区医疗单位的医疗事故的技术鉴定工作"之规定，这有时会成为刑事司法机关委托医疗事故技术鉴定委员会实施鉴定的依据。有著述认为，把医疗事故鉴定委员会的鉴定结论作为医疗事故案件能否立案以及最后裁判的依据，有悖于人民法院最终裁判和独立行使审判权的基本原则。① 本文同意该观点，诉讼法是国家的基本法律，属于行政法规位阶的《医疗事故处理办法》无权设定刑事司法中的程序与规则。

2002 年取代《办法》的《条例》第 20 条规定，卫生行政部门接到医疗机构关于重大医疗过失行为的报告或者医疗事故争议当事人要求处理医疗事故争议的申请后，对需要进行医疗事故技术鉴定的，应当交由负责医疗事故技术鉴定工作的医学会组织鉴定；医患双方协商解决医疗事故争

---

① 冯卫国：《医疗事故罪刑事诉讼中的若干问题研究》，《山东公安专科学校学报》2002 年第 1 期。

议，需要进行医疗事故技术鉴定的，由双方当事人共同委托负责医疗事故技术鉴定工作的医学会组织鉴定。显然，这里也没有规定设立在医学会的医疗事故技术鉴定机构可以接受刑事司法机关的医疗事故鉴定委托。最高人民法院于 2003 年 1 月 6 日发布的《关于参照〈医疗事故处理条例〉审理医疗纠纷民事案件的通知》中指出，人民法院在民事审判中，根据当事人的申请或者依职权决定进行医疗事故司法鉴定的，交由条例所规定的医学会组织鉴定。由医疗事故以外的原因引起的其他医疗赔偿纠纷需要进行司法鉴定的，按照《人民法院对外委托司法鉴定管理规定》组织鉴定。但该通知仅适用于医疗纠纷民事案件，并不适用于对医疗事故罪的刑事追诉。

2005 年 10 月 1 日起《全国人大常委会关于司法鉴定管理问题的决定》（以下简称《决定》）开始施行，其中规定，国家对从事法医类司法鉴定业务的鉴定人和鉴定机构实行登记管理制度，法医类鉴定包括法医临床鉴定，而法医临床鉴定是对医疗事故罪的追诉所需要的鉴定，但是《决定》第 9 条又规定，在诉讼中，对本决定第 2 条所规定的鉴定事项发生争议，需要鉴定的，应当委托列入鉴定人名册的鉴定人进行鉴定。由于医学会不具备《决定》第 5 条规定的必备条件（有进行司法鉴定所必需的仪器、设备，有在业务范围内进行司法鉴定所必需的依法通过计量认证或者实验室认可的检测实验室等），设立在各地各级医学会的医疗事故技术鉴定委员会均没有被列入鉴定人名册和取得司法鉴定资格，因此自 2005 年 10 月 1 日后再委托或指派医疗事故技术鉴定委员会实施医疗事故罪刑事追诉所需要的鉴定没有法律依据。

值得注意的是，《刑事诉讼法》规定，行政机关在行政执法和查办案件过程中收集的物证、书证、视听资料、电子数据等证据材料，在刑事诉讼中可以作为证据使用（2012 年 3 月 14 日修正案第 52 条第 2 款，2018 年 10 月 26 日修正案第 54 条第 2 款），那么，结合 2002 年实施的《医疗事故处理条例》第 20 条的规定，卫生行政机关在接到医疗机构关于重大医疗过失行为的报告或者医疗事故争议当事人要求处理医疗事故争议的申请后，交由医学会组织了医疗事故技术鉴定结论，并以该鉴定结论作为医疗事故行政处理依据的，该医疗事故鉴定结论可以作为追诉医疗事故罪的鉴定意见使用。但是，如前文所述，从民事赔偿预期利益方面权衡，患者一般不会向卫生行政机关提出处理医疗事故争议的申请，而且大多按医疗损害赔偿主张权利，医疗方一般也不会主动向卫生行政机关提出处理医疗事故争议的申请，或主动请求将纠纷鉴定为医疗事故。

综上，在现行司法鉴定体制下，符合法定程序的追诉医疗事故罪所需要的核心证据"鉴定意见"生成障碍，这一因素与前述医疗损害民事赔偿的"去医疗事故化"因素共同导致民事立法、卫生行政立法、刑事立法之间难以衔接，致使对医疗事故罪的刑事追诉处于困惑境地。

三　医疗事故罪罪名的修改建议

1997 年《刑法》第 335 条增设医疗事故罪时，《医疗事故处理办法》是医疗事故民事审判与卫生行政处理的双重法律依据，民事立法为卫生行政立法、刑事立法提供了法治支撑与基础，"医疗事故"是评判医疗过失行为的基本法律概念，加之"事故"是我国刑法中评价业务过失犯罪的惯用词语，在此立法背景下，最高人民法院《关于执行中华人民共和国刑法确定罪名的规定》将其罪名确定为"医疗事故罪"顺理成章，体现了民事立法、卫生行政立法、刑事立法的相互衔接。然而，时至今日，作为行政处罚、刑事追诉基础的医疗过失民事立法已经发生重大变动，刑事立法与相关罪名的确定应当做出相应调整。

（一）内涵轻缓化的"医疗事故"难以体现谴责意蕴

1987 年 6 月 9 日国务院发布的《医疗事故处理办法》第 6 条根据给病员造成损害的程度，将医疗事故分为三个级别：一级、二级和三级，其对应的患者人身损害结果依次是死亡、严重残废或者严重功能障碍、残废或者功能障碍。该办法第 24 条还规定，医务人员由于极端不负责任，致使病员死亡、情节恶劣已构成犯罪的，对直接责任人员由司法机关依法追究刑事责任。可见，当时《医疗事故处理办法》规定的医疗事故以造成病员比较严重的残废或功能障碍为前提，《刑法》第 335 条规定医疗事故罪的结果要件是"造成就诊人死亡或者严重损害就诊人身体健康"，刑法立法没有完全照搬《办法》中的附属刑法规范，而是吸纳了其部分内容，对构成医疗事故罪的结果要件作了较《医疗事故处理办法》更宽泛的设置，将造成"严重损害就诊人身体健康"的医疗事故也规定为犯罪，医疗事故罪的结果要件至少涵盖了一级、二级医疗事故，其构成要件与卫生行政法规对医疗事故的构成要件具有一定的对应关系，此时行政法、刑法语境内的"医疗事故"均体现着对医疗过错行为的严重否定评价，以"医疗事故罪"命名该犯罪尚能比较准确地评价该类行为的社会危害程度，并体现出我国刑事立法对该类医疗过失行为的严厉谴责。但是，到2002年9月1日，取代《医疗事故处理办法》的《医疗事故处理条例》将医疗事故分为四级：造成患者死亡、重度残疾的，属一级医疗事故；造成患者中度残疾、器官组织损伤导致严重功能障碍的，属二级医疗事故；造成患者轻度残疾、器官组织损伤导致一般功能障碍的，属三级医疗事故；造成患者明显人身损害的其他后果的，属四级医疗事故。同日实施的卫生部发布的《医疗事故分级标准》又将医疗事故分为四级十二等，一级乙等至三级戊等对应伤残等级一至十级，四级医疗事故系指造成患者明显人身损害的其他后果的医疗事故。可见《条例》中的三级医疗事故的人身损害结果较《办法》中的三级医疗事故更轻，而四级医疗事故则不构成残疾，总体上构成医疗事故的损害结果范围更宽泛，且并非"严重医疗过错行为"才属"医疗事故"，"医疗事故"的概念趋于和缓，其本身不再蕴含严厉的否定性法律评判与谴责的意义。

（二）医疗事故罪失却民事法律基础

2010年7月1日生效的《侵权责任法》建立了统一的民事侵权法律制度，并设置了"医疗损害责任"专章。自此，医疗纠纷的民事审判统一适用《侵权责任法》，医疗事故不再是医疗过失民法评判与赔偿的法律依据，2021年《民法典》生效后，这一情形将成为稳定的法治常态，这就使得医疗事故罪的刑事立法失去了民法的支撑基础，出现对医疗事故犯罪难以追诉、无从追诉的法治困境。国务院2018年7月31日发布、2018年10月1日起施行的《医疗纠纷预防和处理条例》虽然没有涉及《医疗事故处理条例》的效力问题，但《医疗事故处理条例》仅仅在医疗事故行政处理程序方面具有实际价值，且在医疗事故的启动被闲置和边缘化的背景下，《医疗事故处理条例》的规范价值已经大幅消减。

（三）"医疗事故罪"难以实现罪名的基本功能

罪名，即某种具体犯罪的名称，是对罪状所表现的具体犯罪的本质与主要特征的概括与抽象。有著述认为，罪名的功能主要体现在三个方面：其一，概括功能，罪名是对罪状的概括；其二，评价功能，罪名评价着行为社会危害性的大小、评价着行为人将受处罚的轻重；其三，威慑功能，罪名是刑罚的前提和理由，刑罚是罪名的必然后果，罪名对行为人在心理上产生威慑效应。① 只有合理、准确确定刑事法设立的某一犯罪的罪名，才能指引、规范司法实践确定某一行为是否触犯该罪名，即准确定罪。从内涵上看，定罪是确定被审理的作为（或不作为）同法律中所规定的犯罪构成相符合，② 而从定罪的基本任务来看，则是司法机关对被审理的行为与刑法所规定的犯罪构成之间相互一致认定的活动③。可见，刑事司法中的定罪是揭示、确定某被审理、评价行为是否与刑法规定的某一犯罪的内涵相符合，即是否触犯某罪名的司法认知过程，定罪具有对某种行为定罪所产生的社会效益、价值或者影响其他人或事的一定的积极效果。④ 此外，定罪还具有伸张社会正义、安抚被害人的作用。⑤

如果仍然把《刑法》第335条规定的犯罪的罪名确定为医疗事故罪，可能使刑事司法人员产生"只有构成医疗事故才可能构成医疗事故罪"或"构成医疗事故就是犯罪"的认识偏差。根据前文分析，随着民事立法和司法实践中对医疗损害法律评价的"去医疗事故化"，随着卫生行政法立法中"医疗事故"概念的轻缓化，医疗事故不再能体现出对医疗

---

① 张永艾：《关于罪名理论与实践的若干问题》，《铁道警官高等专科学校学报》2003年第2期。
② 〔苏〕A. H. 特拉维宁：《犯罪构成的一般学说》，王作富译，中国人民大学出版社，1958，第4页。
③ 高铭暄主编《刑法学原理》（第二卷），中国人民大学出版社，1993，第140页。
④ 王勇：《定罪导论》，中国人民大学出版社，1990，第26页。
⑤ 高铭暄主编《刑法学原理》（第二卷），中国人民大学出版社，1993，第146~147页。

过失的严重否定评价和严厉谴责，而"医疗事故"鉴定结论或鉴定意见又存在生成障碍。上述因素共同导致对医疗事故罪的刑事追诉陷于窘困境地。因此，如果刑事法上继续沿用"医疗事故罪"的罪名，将产生定罪困难，并出现评价功能不准、威慑功能不足、安抚功能落空的负面效果。

笔者认为，《刑法》第335条及相关司法解释并没有规定医疗事故罪的追诉须以构成医疗事故为前提。2008年最高人民检察院、公安部《关于公安机关管辖的刑事案件立案追诉标准的规定（一）》[以下简称《立案追诉标准（一）》] 从行为要件和结果要件两方面明确了本罪的立案追诉标准。① 《立案追诉标准（一）》可视为解决刑法与民事法、行政法等法律相脱节带来的医疗事故定罪困惑的立法努力，即适用《刑法》第335条追究造成严重医疗损害的医务人员的刑事责任，并非以形式上、程序上已经确定为"医疗事故"为必要。实际上，2008年《立案追诉标准（一）》制定时，医疗纠纷民事审判中已基本上形成了不以《医疗事故处理条例》作为民事赔偿法律依据的共识，且医疗事故鉴定也在司法实践中较少启动。综上所述，建议对《刑法》第335条设立的犯罪的罪名更新、分解为"医疗过失致人死亡罪""医疗过失伤害罪"两个罪名。基于世界医学科学的不断发展，医疗水准的不断提升，医疗活动的专业性也日渐凸显，试图单独依靠法官的智慧和经验裁断被告人是否"严重不负责任"已经越发困难。② 对医疗事故犯罪刑事追诉所需要的鉴定意见的生成机制，应当通过刑事诉讼相关司法解释尽快加以明确。根据《全国人大常委会关于

① 《立案追诉标准（一）》第56条规定，医务人员由于严重不负责任，造成就诊人死亡或者严重损害就诊人身体健康的，应予立案追诉。具有下列情形之一的，属于本条规定的"严重不负责任"：（一）擅离职守的；（二）无正当理由拒绝对危急就诊人实行必要的医疗救治的；（三）未经批准擅自开展试验性治疗的；（四）严重违反查对、复核制度的；（五）使用未经批准使用的药品、消毒药剂、医疗器械的；（六）严重违反国家法律法规及有明确规定的诊疗技术规范、常规的；（七）其他严重不负责任的情形。本条规定的"严重损害就诊人身体健康"，是指造成就诊人严重残疾、重伤、感染艾滋病、病毒性肝炎等难以治愈的疾病或者其他严重损害就诊人身体健康的后果。

② 衡敬之、徐正东：《医疗事故罪20年理论争鸣的司法实证回应》，《中国医疗管理科学》2019年第2期。

司法鉴定管理问题的决定》第9条的规定，在诉讼中，需要鉴定的，应当委托被列入鉴定人名册的鉴定人进行鉴定。但委托法医实施鉴定则存在临床专业欠缺的不足。应当注重发挥医学会与司法鉴定机构各自的专业优势，建立地位中立、知识结构科学的医疗过错鉴定体制，适应对《刑法》第335条所设犯罪的追诉需要。

第十九章
非法行医罪

非法行医对就诊人生命健康的危害远远大于医疗事故罪和其他医疗侵权活动，1997年《刑法》第336条规定，未取得医生执业资格的人非法行医，情节严重的，处三年以下有期徒刑、拘役或者管制，并处或者单处罚金；严重损害就诊人身体健康的，处三年以上十年以下有期徒刑，并处罚金；造成就诊人死亡的，处十年以上有期徒刑，并处罚金。关于该非法行医罪的争论主要集中在犯罪主体与犯罪客体方面。

第一节　非法行医罪的犯罪主体

一　关于"医生执业资格"的争论

根据1997年《刑法》第336条的规定，非法行医罪的犯罪主体是"未取得医生执业资格的人"，关于该罪犯罪主体的争论，主要围绕何谓"医生执业资格"以及哪些人是"未取得医生执业资格的人"而展开，涉及医师执业能力、医师资格证、医师执业证、医师考核合格证等问题，综合起来，有四种观点。①

（一）"执业能力＋资格证书说"或"执业医师资格说"

认为行为人具有行医能力且获得医师资格证书，即使未进行注册取得

---

① 沙日娜：《非法行医罪主体资格问题研究》，硕士学位论文，武汉大学，2018。

执业医师证，就不属于非法行医罪的犯罪主体，经医师注册颁发医师执业证只是一种行政管理手段，是否经注册取得医师执业证不影响专业知识的判断。

（二）"执业证书说"

主张以是否获得医师执业证书为标准，无论行为人是否具有执业能力以及是否通过医师资格考试，凡是取得医师执业证书的就不属非法行医罪的主体，没有取得医师执业证书的就属非法行医罪的主体。

（三）"资格证书 + 执业证书说"

认为医生执业资格是"医师资格"和"执业资格"的统一，只有该两证齐全，才能排除在非法行医罪的主体范围之外。

（四）"三证齐全说"

认为获得医师资格证与执业医师证书，并经过定期考核取得考核合格证，才不属于非法行医罪的犯罪主体，强调获得执业证书的医师是否具备相应的专业能力还需要行政部门定期进行考核，考核合格者才可以继续从事医疗活动。

二 "医生执业资格" 由医师资格证与医师执业证共同证明

不管既往对"医生执业资格"作何理解与解读，目前探讨"医生执业资格"的法律含义，应当以我国相关立法及司法解释的规定及其演变为基本依据。现行《刑法》是 1997 年颁布实施的，当时我国卫生行政立法尚未正式确立和使用执业医师、医师资格制度，以医生指代各类各级别执业医师，《刑法》第 336 条中"医生执业资格"的表述在该背景下产生。此后，1998 年 6 月 26 日公布、自 1999 年 5 月 1 日起施行的原《中华人民共和国执业医师法》（以下简称《执业医师法》）正式建立了"执业医师资格"和"医师执业证书"制度，由此出现对《刑法》第 336 条中的"医生执业资格"的认识分歧。

《执业医师法》第 2 章 "考试和注册"规定，国家实行医师资格考试制度；其第 13 条至第 18 条规定，国家实行医师执业注册制度，未经医师注册取得执业证书，不得从事医师执业活动；设定了不予注册、注销注册、变更注册、重新注册制度；明确要求县级以上地方人民政府卫生行政部门应当将准予注册和注销注册的人员名单予以公告，并由省级人民政府卫生行政部门汇总，报国务院卫生行政部门备案。2021 年 11 月新修订的《医师法》保留了前述医师执业注册制度（含不予注册、注销注册、变更注册、重新注册、准予注册和注销注册备案），重申未注册取得医师执业证书，不得从事医师执业活动，并且明确规定，本法所称医师，是指依法取得医师资格，经注册在医疗卫生机构中执业的专业医务人员；国家实行医师执业注册制度，医师经注册后，可以在医疗卫生机构中按照注册的执业地点、执业类别、执业范围执业，从事相应的医疗卫生服务。由此可见，只有既取得医师资格证书又经注册取得执业医师证书这两个证书，才是合法的执业医师。易言之，合法的执业医师资质由医师资格证与执业医师证共同证明。根据《医师法》的规定，不予注册、注销注册及废止医师执业证书涉及对取得医师资格证书申请注册人员民事行为能力、受刑事处罚、医师职业从业禁止、医师执业证书被吊销、医师定期考核不合格、中止医师执业活动及法律、行政法规规定不得从事医疗卫生服务的其他情形。国家依法实行医师执业注册制度本质上是对医师执业的卫生行政许可与医师执业准入控制，以确保医师队伍的业务与职业道德素质，建立医师行业从业管理秩序，保障就医民众生命健康安全，推进健康中国战略的实施。医师执业注册也是国际惯例。在医师资格考试制度下，不具备医师资格意味着行为人不具备法律要求的医学知识与技能，而在医师执业注册与行政许可制度下，未取得医师执业证意味着不符合法定执业条件。

应当认为，对非法行医罪犯罪主体涉及的"医生执业资格"的把握应当与医师管理中的医师资格考试、医师执业注册制度为依据，不能脱离《医师法》等法律法规的规定。2001 年 8 月 8 日卫生部对最高人民法院《关于非法行医罪犯罪主体条件征询意见函》的答复①（以下简称《卫生

---

① 参见《卫生部关于对非法行医罪犯罪条件征询意见函的复函》，卫法监函〔2001〕122 号。

部答复》）中就"非法行医罪犯罪主体的概念"的答复称，《刑法》中的"医生执业资格的人"应当是按照《执业医师法》的规定，取得执业医师资格并经卫生行政部门注册的医学专业人员。可见，上述观点三是正确的，"医生执业资格"是指同时持有医师资格证与医师执业证，二者缺一，即为不具备"医生执业资格"，可能成为非法行医罪的主体。观点一之"执业医师资格说"显然不符合《医师法》中医师执业注册的相关规定。观点二的"执业证书说"抛开了医师资格考试这一国家重要制度和医师资格证而径直以医师执业证判断"医生执业资格"，将医师资格证与执业医师证相分离，欠缺合法性。取得执业医师证是以取得医师资格证为前提的，但不能仅以执业医师证衡量执业医师资质。主张"三证齐全说"的观点四不能成立的主要理由是，该观点没有把医师定期考核与医师注册制度、执业医师证的有限期限相结合，可能存在对卫生行政立法的误读。根据新《医师法》，医师定期考核不合格，会导致不予注册、废止医师执业证书等结果，重新注册要经行业组织考核合格。可见，准予注册并赋予医师执业证书法律效力的前提是"考核合格"。易言之，持有有效的医师执业证书即代表"考核合格"，另外要求具有"考核合格证"没有必要，且卫生行政管理实务中并非均会颁发该合格证。

三 关于《非法行医解释》的理解

《最高人民法院关于审理非法行医刑事案件具体应用法律若干问题的解释》（2016年12月12日修正，以下简称《非法行医解释》）第1条规定，具有下列情形之一的，应认定为《刑法》第336条第1款规定的"未取得医生执业资格的人非法行医"："（一）未取得或者以非法手段取得医师资格从事医疗活动的；（二）被依法吊销医师执业证书期间从事医疗活动的；（三）未取得乡村医生执业证书，从事乡村医疗活动的；（四）家庭接生员实施家庭接生以外的医疗行为的。"对《非法行医解释》的理解，要注意下列问题。

（一）《非法行医解释》第1条第（一）（二）项的理解

《非法行医解释》第1条之（一）规定，未取得或者以非法手段取得医师资格从事医疗活动的，是未取得医生执业资格的人非法行医。但是，不能认为，如果依法取得医师资格就不是"未取得医生执业资格的人非法行医"，这里着重强调，合法取得医师资格是医师合法执业的必要条件，但不能将其误读为只要合法取得医师资格，不管是否经注册取得执业医师证，即可排除非法行医。把《非法行医解释》第1条之（一）（二）结合起来进行理解就会明白，其共同强调同时合法持有医师资格证与执业医师证才可排除非法行医，即使合法取得医师资格证且曾经过注册取得执业医师证，但执业医师证注册失效的，属"未取得医生执业资格的人非法行医"。

该2016年《非法行医解释》删除了原2008年《非法行医解释》中"个人未取得《医疗机构执业许可证》开办医疗机构，属未取得医生执业资格的人非法行医"的规定。有论者认为，今后个人未取得《医疗机构执业许可证》开办医疗机构的，不再以非法行医罪论处。[1] 这一观点值得商榷。"个人未取得《医疗机构执业许可证》开办医疗机构"并没有涉及开办人或雇用的行医人是否具备医师资格，医生个人的执业资质与医疗机构的资质分别针对个人与医疗机构，法律管控的角度与要求不同，但该段表述对认定非法行医的直接意义不大但却容易产生歧义，是否属非法行医主体自然要适用《医师法》的规定加以判断，《非法行医解释》没有必要多此一举再做规定，但这并不意味着凡是个人未取得《医疗机构执业许可证》开办医疗机构就一定不属非法行医，并不意味着由此缩小了非法行医罪打击的范围。

（二）非法行医不限于《非法行医解释》列举的四类情形

《非法行医解释》罗列了属于"未取得医生执业资格的人非法行医"的四类情形，但应当认为，这是一种不周全的列举，对非法行医的全面把握当以现行《医师法》第13条中"国家实行医师执业注册制度、未注册取得医师执业证书不得从事医师执业活动"的规定为依据，医师资格证

---

① 李蕾蕾等：《非法行医罪司法解释修改后非法行医案件移送的探讨》，《中国卫生法制》2018年第5期。

与执业医师证兼备方可排除非法行医。

四 执业地点与非法行医

2001 年 8 月 8 日《卫生部答复》中称，具有医生执业资格的人在"未被批准行医的场所"行医属非法行医。这一答复与当时实施的原《执业医师法》第 14 条"医师经注册后，可以在医疗、预防、保健机构中按照注册的执业地点、执业类别、执业范围执业，从事相应的医疗、预防、保健业务"的规定是一致的，但是，对具有医生执业资格的人在注册执业地点之外的其他依法成立的医疗机构行医的，即实际执业地点与注册执业地点不一致的，是否属于"在未被批准行医的场所行医"和非法行医？对此，应当结合医师多点执业、医师院外会诊的相关规定加以研判。我们认为，即使不符合医师多点执业、医师院外会诊的程序性规定，鉴于医师具备医疗技术能力，如果执业场所地点具备接诊技术设施条件，因而能够防范医疗风险、保障医疗质量与安全，不宜认为是非法行医。

我们注意到，《卫生部答复》指出，下列情况不属于非法行医：对病人实施现场急救的，经医疗、预防、保健机构批准的家庭病床、卫生支农、出诊、承担政府交办的任务和卫生行政部门批准的义诊等。《卫生部答复》的上述意见虽然在此后的《非法行医解释》中没有再次提及，但仍然对排除非法行医有一定的参考意义。例如，新《医师法》第 27 条第 3 款规定，国家鼓励医师积极参与公共交通工具等公共场所急救服务，医师因自愿实施急救造成受助人损害的，不承担民事责任。此时的公共场所急救不受医师执业范围、执业注册地点的限制，不属非法行医；又如，医师根据政府的安排承担新冠肺炎防治任务的，也不受上述执业范围、执业注册地点的约束，不属非法行医。

五 超注册范围行医与非法行医罪

《医师法》第 13 条规定，未注册取得医师执业证书，不得从事医师执业活动；第 14 条规定，医师经注册后，可以在医疗卫生机构中按照注册的执业地点、执业类别、执业范围执业，从事相应的医疗卫生服务。比较上述两个法条，《医师法》并没有明确、严格地规定医师不得从事超执业类别、执业范围的执业活动。

　　应当区分医师执业类别与医师执业范围对非法行医的不同意义。我国目前医师执业类别划分为临床、中医（包括中医、民族医和中西医结合）、口腔、公共卫生四个类别，这是对医师执业的概括性的分类。在此基础上，《关于医师执业注册中执业范围的暂行规定》① 对各类别划分了执业范围，临床类别医师的执业范围包括内科专业、外科专业、妇产科专业、儿科专业、眼耳鼻咽喉科专业、皮肤病与性病专业等 17 个执业范围，口腔类别医师与公共卫生医师的执业范围仅划分为两个执业范围，中医类别医师的执业范围划分为中医、中西医结合等 7 类，其中还规定，医师不得从事执业注册范围以外其他专业的执业活动。同时，《关于医师执业注册中执业范围的暂行规定的说明》又特别指出，制定该暂行规定遵循的原则是，该范围是执业医师和执业助理医师资格准入后的基本执业范围，设定执业范围的专业宜粗不宜细，有些更细的专业分类可以随着专科医师制度的完善予以解决。应当认为，执业范围的粗线条划定产生了医师执业范围一定的交叉和界限之模糊。有论者认为，医师跨越某一类别中的具体专业从事临床执业活动者即为超范围执业，② 这一观点当然有其法律依据。但是，随着医疗科学的快速发展与分工的精细化，更容易产生医师越界的超范围执业，在依法对执业范围进行细化之前，不宜把超执业范围的医师一概视为非法行医罪的犯罪主体。另有论者认为，医生超执业范围、超执业地点、超执业类别执业，并不能认定为非卫生技术人员，也不能构成非法行医罪。③ 笔者认为，可区别对待超执业类别与超执业范围执业，前者显然对医疗安全的威胁更大，可认定为属于非法行医，而对后者要结合患者病情的复杂性、临床诊疗的急迫性、诊疗措施的合规性审慎研判，一般不宜认定为非法行医的主体。需要同时注意的是，即使主体资格适格，但并非一定构成非法行医罪，还要结合具体医疗行为是否符合诊疗常规、医疗

----

① 参见原卫生部、中医药局《关于医师执业注册中执业范围的暂行规定》，卫医发〔2001〕169 号。

② 顾梓玉、王安其、郑雪倩：《关于医师执业中的"非法行医"问题探讨》，《中国医院》2015 年第 4 期。

③ 蒋步锦、李扬等：《关于执业医师超注册范围行医是否构成非法行医罪主体的探讨》，《中国医疗管理科学》2017 年第 1 期。

行为与不良医疗结果是否存在因果关系才能判定是否构成非法行医罪。

第二节 非法行医罪的其他构成要件

一 非法行医罪的客观要件

（一）非法行医罪之"行医"限于诊断治疗活动

按行为主体与目的之不同，医疗行为包括医师之医疗行为、护士之医疗行为、检验等卫生技术人员实施之医疗行为。根据《非法行医解释》，医疗活动、医疗行为参照《医疗机构管理条例实施细则》中的诊疗活动、医疗美容认定，而根据《医疗机构管理条例实施细则》，诊疗活动是指通过各种检查，使用药物、器械及手术等方法，对疾病作出判断和消除疾病、缓解病情、减轻痛苦、改善功能、延长生命、帮助患者恢复健康的活动；医疗美容是指使用药物以及手术、物理和其他损伤性或者侵入性手段进行的美容。显然，《医疗机构管理条例实施细则》中的诊疗活动是限于医师从事或实施之诊疗活动。实际上，诊疗行为只是医疗行为的一种，"行医"并非泛指上述医疗行为，而是限于对患者做出检查诊断与医疗处置（开具药物、实施手术等）的诊疗行为，《非法行医解释》对非法行医罪的"行医"指出了认定参考标准，可避免对非法行医范围的模糊认识。

《刑法》第 336 条惩治和禁止的是未取得医生执业资格的人非法行医。与该诊疗行为相比，护理类医疗行为与其他辅助性的医疗行为附着于诊疗行为，且对就诊人生命健康安全的威胁相对较小。但麻醉行为属于医疗处置，归属于诊疗行为的范畴，在我国麻醉师按执业医师进行管理。因此，在没有取得医疗机构执业许可证的诊所从事护理与其他辅助性工作的，不管是否取得护理资格证等执业资格，均不应按非法行医罪处置，除非其实施了应由医师实施的诊疗行为。在自然犯与法定犯这一对范畴中，非法行医犯罪属于法定犯（行政犯）。① 2021 年新修订的《医师法》 第 63

---

① 臧冬斌：《非法行医犯罪法律分析》，《法律经纬》2019 年第 4 期。

条规定，违反本法规定，构成犯罪的，依法追究刑事责任，但《护士管理办法》并未规定未取得护士执业注册而从事护士相关工作要追究刑事责任之规定，其他卫生行政立法也没有规定对其他医疗卫生专业技术人员未经许可实施相应医疗行为要追究刑事责任。

（二）非法行医罪之行为特征

一是非法行医犯罪并不要求行为人将犯罪行为作为唯一职业，行为人兼职从事非法行医的，即使具有间断性，也不影响该罪认定。二是行为人主观上具有将非法行医作为一种职业而反复实施的意思，即使第一次实施非法行医并造成法定的人身损害结果，就可认定为非法行医罪，而不必受到两次行政处罚。但如果没有以非法行医为业的主观意图，只是偶尔帮助人治病则不构成非法行医犯罪。三是是否以营利为目的并不影响该犯罪成立。

（三）非法行医罪的多种构成形态

1. 基本犯与结果加重犯

非法行医罪的基本犯属于情节犯，以"情节严重"为成立要件，而该罪的加重犯构成的成立以特定的危害结果的出现作为条件，包括严重损害他人身体健康和致人死亡两个罪刑单元。

2. 实害犯与危险犯

基本犯的"情节严重"包括五种情形，既包括实害犯（造成就诊人轻度残疾、器官组织损伤导致一般功能障碍，造成甲类传染病传播流行），也包括危险犯（造成甲类传染病传播流行的危险，或使用假药劣药或不符合国家规定标准的卫生材料与医疗器械，足以严重危害人体健康）。造成甲类传染病传播流行的危险是抽象的危险犯，其形成了甲类传染病传播流行的可能性因而被追究刑事责任，而足以严重危害人体健康属具体的危险，对人体健康的严重危害已经达到"足以严重危害"的接近实害的程度。上述五种情形也可划分为形成实质性后果、具有出现危害后果的危险、已经过二次行政处罚三种类型。

2016 修正的《非法行医解释》对非法行医罪基本罪状的解释，体现出严密刑事立法、强化对就诊人生命安全的刑法保护的基本特征，这主要表现为两方面：一是采取了对四类犯罪行为与结果进行列举与"其他情节严重的情形"的兜底相结合的立法模式，二是特别强化对侵犯就诊人生命安全的非法行医行为的刑法打击力度。医疗侵权人身损害的因果关系具有特殊的复杂性，医疗损害结果多系外在医疗干预与原发伤病交互作用形成最后的不良结果，医疗干预对不良医疗结果的责任程度被区分为全部、主要、同等、次要、轻微五个档次，在这一背景下，根据《非法行医解释》第4条的规定，非法行医行为造成就诊人死亡的，即使非法行医行为并非造成就诊人死亡的直接、主要原因，仅仅是同等、次要原因，也可纳入"情节严重"而认定为非法行医罪，这在一定程度上形成了非法行医罪的开放的犯罪构成，即把绝大部分造成就诊人死亡的非法行医行为归入犯罪范畴予以惩治，对就诊人生命安全给予较大力度的刑法保护。

当然，这里须强调非法行医行为与就诊人死亡之间存在一定的因果关联。给定的情况下，一个人不能因为违反了一项即使履行了也无法避免危险发生的义务而受到刑事惩罚。[①] 如果非法行医行为与就诊人死亡之间不存在因果关系，就排除了刑法上构成非法行医罪的客观要件，不能按非法行医罪论处。比如，行医行为虽然因行为主体资格的"非法"而被法律评判为非法行医，但该行医者具备相当的医疗技术水准，其诊疗行为本身符合医疗技术规范，就诊人死亡是原发伤病的自然力造成，是现代医疗技术条件下难以避免的疾病的自然转归，则因缺乏法律上的因果关系而不构成非法行医罪。

对"严重损害他人身体健康"，根据《非法行医解释》第3条，是指造成就诊人中度以上残疾、器官组织损伤导致严重功能障碍，或造成三名以上就诊人轻度残疾、器官组织损伤导致一般功能障碍。

二　非法行医罪的犯罪客体

对该罪侵犯的犯罪客体的确定需与该罪的犯罪构成结合来理解。非法

---

① 施净岚、任尚肖：《"无证"行医行为的刑法评价》，《上海公安学院学报》2020年第6期。

行医罪的基本犯是情节犯，其中，造成甲类传染病传播、流行危险，足以严重危害人体健康，非法行医被卫生行政部门行政处罚两次以后再次非法行医，均不要求造成就诊人人身伤害的实际结果，这种情形下的非法行医罪侵犯的单一客体限于国家医师执业管理秩序。非法行医罪的加重犯罪构成包括严重损害就诊人身体健康、造成就诊人死亡两种情况，其侵犯的客体是复杂客体，包括国家医师执业管理秩序与公民生命健康权。

三　非法行医罪的主观过错

（一）非法行医罪与医疗事故罪主观过错的区别

首先，非法行医罪的主观过错不可能是过失，或不能在具体案件中被认定为过失；否则，在主观方面就与医疗事故罪没有区别。其次，非法行医罪的主观过错也不应当是直接故意；否则，就与故意伤害罪、故意杀人罪在主观恶性方面没有差别，那么单独设立非法行医罪就失去了必要性。

（二）非法行医罪的主观过错是间接故意

明知自己的行为会发生危害结果的可能性，但执意实施其行为而放任该结果发生的，属间接故意，其放任心态经由其"执意实施"的行为而表现出来。与直接故意比较，间接故意在认识程度上仅仅是认识到发生危害结果的可能性，如果认识到发生危害结果的必然性而依然"执意实施"的，则属于直接故意，因为此种情形下危害结果难以避免地会发生，而直接故意在认识程度上既可以是认识到危害结果发生的可能性，也可以是认识到危害结果发生的必然性。在对危害结果形成的意志因素上，直接故意是刻意追求、希望某一危害结果，唯如此，才能实现犯罪行为目标，满足犯罪故意的内容，而间接故意的意志与追求上则是"另有所图"，其真正追求、希望的是法定危害结果外的其他结果，并不刻意追求法定危害结果，但却置出现该法定危害结果的可能于不顾，放任、容忍、默许甚至同意法定危害结果发生，对法定危害结果可谓既不追求也不阻止，既不希望也不反对，而是我行我素、听之任之。通俗地讲，其意志方面对危害结果持"不发生是侥幸，发生了则认命"，即危害结果不与其意志相冲突，这一点也正是间接故意与过于自信过失的原则区别，过于自信过失犯罪结果的出现往往与行为人的主观意志相冲突，是出乎意料。非法行医人虽然明知其违规行医可能会发生人身损害结果，但其行医所追求的是行医顺利的理想结果而不是患者人身损害的危害结果，但在侥幸心态下放任危害结果发生，可见，非法行医罪的主观过错属间接故意。推动犯罪实施的行为人的内在动机一般并不属于犯罪构成的要件，不影响犯罪的成立，故非法行医者的动机不管是否为赚取利益均不妨碍非法行医罪的认定。

关于非法行医罪的刑事责任，《刑法》第336条有明确规定。值得注意的是，相较于医疗事故罪、故意伤害罪、故意杀人罪的法定刑，非法行医罪的刑罚配置重于医疗事故罪，轻于故意伤害罪和故意杀人罪，其内在原因应当是非法行医行为人的主观过错多系间接故意，其主观过错轻于故意伤害罪、故意杀人罪而重于医疗事故罪，该罪的刑罚设置体现了罪刑相适应的刑法基本原则。

参考文献

1. 艾尔肯：《医疗损害赔偿研究》，中国法制出版社，2005。

2. 毕玉谦主编《最高人民法院〈关于民事诉讼证据的若干规定〉解释与运用》，中国民主与法制出版社，2002。

3. 陈光中：《证据法学》，法律出版社，2011。

4. 陈巍：《常用药物的副作用及其处理》山东科学技术出版社，1981。

5. 〔德〕汉斯-约阿希姆·穆泽拉克：《德国民事诉讼法基础教程》，周翠译，法律出版社，2005。

6. 范愉：《非诉讼程序（ADR）教程》中国人民大学出版社，2020。

7. 范愉：《非诉讼纠纷解决机制研究》，中国人民大学出版社，2000。

8. 冯庚、杨萍芬、付大庆：《院前急救预案现场急救攻防策略》，中国协和医科大学出版社，2010。

9. 高铭暄主编《刑法学原理》（第二卷），中国人民大学出版社，1993。

10. 高铭暄主编《刑法学原理》（第一卷），中国人民大学出版社，1993。

11. 古津贤、强美英：《医事法学》，北京大学出版社，2011。

12. 顾培东：《社会冲突与诉讼机制》，法律出版社，2004。

13. 郭锋、吴兆祥、陈龙业：《最高人民法院关于医疗损害责任纠纷案件司法解释理解运用与案例解读》，中国法制出版社，2018。

14. 何家弘：《证据学论坛》（第五卷），中国检察出版社，2002。

15. 黄丁全：《医事法》，中国政法大学出版社，2003。

16. 江伟：《证据法学》，法律出版社，1999。

17. 李国光：《最高人民法院〈关于民事诉讼证据的若干规定〉的理解和适用》，中国法制出版社，2002。

18. 林文学：《医疗纠纷解决机制研究》，法律出版社，2008。

19. 刘鑫：《医事法学》，中国人民大学出版社，2015。

20. 屈学武主编《刑法各论》（法律硕士专业学位研究生通用教材），社会科学文献出版社，2005。

21. 邵明：《民事诉讼法理研究》，中国人民大学出版社，2004。

22. 王利明：《民法》，中国人民大学出版社，2008。

23. 王利明：《侵权行为法研究》（上卷），中国人民大学出版社，2004。

24. 王琦主编《中医体质学》，中国医药科技出版社，1995。

25. 王勇：《定罪导论》，中国人民大学出版社，1990。

26. 王岳、邓虹主编《外国医事法研究》，法律出版社，2011。

27. 王泽鉴：《民法学说与判例》，台北，自版，1979。

28. 王作富主编《刑法》，中国人民大学出版社，2011。

29. 夏芸：《医疗事故赔偿法——来自日本法的启示》，法律出版社，2007。

30. 徐国栋：《绿色民法典草案》，社会科学文献出版社，2004。

31. 徐国栋：《民法基本原则解释》，中国政法大学出版社，1992。

32. 杨丹：《医疗刑法研究》，中国人民大学出版社，2010。

33. 杨立新：《侵权法论》（上），吉林人民出版社，2000。

34. 杨立新：《侵权责任法》，法律出版社，2010。

35. 杨立新：《医疗侵权法律与适用》，法律出版社，2008。

36. 《医疗事故处理条例》起草小组编《医疗事故处理条例释义》，中国法制出版社，2002。

37. 张德：《组织行为学》，高等教育出版社，2004。

38. 张民安、邓鹤主编《民法债权》中山大学出版社，2002。

39. 张明楷：《刑法学》，法律出版社，2011。

40. 赵西巨：《医事法研究》，法律出版社，2008。

41. 邹明理：《司法鉴定法律精要与依据指引》，人民出版社，2005。

42. 最高人民法院民法典贯彻实施工作领导小组主编《中华人民共和国民法典人格权编理解与适用》，人民法院出版社，2020。

43. 最高人民法院民事审判第一庭编《民事诉讼证据司法解释及相关法律规范》，人民法院出版社，2002。

44. 钟澄、邹长林：《深圳医患纠纷仲裁研究》，社会科学文献出版社，2017。

45. 深圳仲裁委员会：《医患纠纷仲裁、诉讼案例汇编（二）》，2014。

46. 张赞宁：《医事法学研究及典型案例评析》，东南大学出版社，2003。

图书在版编目（CIP）数据

医疗侵权法律问题研究 / 赵新河著 . -- 北京：社
会科学文献出版社，2022.9
（中原智库研究丛书 . 学者系列）
ISBN 978 - 7 - 5228 - 0775 - 1

Ⅰ.①医…　Ⅱ.①赵…　Ⅲ.①医疗事故 - 侵权行为 -
法律 - 研究 - 中国　Ⅳ.①D922.164

中国版本图书馆 CIP 数据核字（2022）第 179321 号

中原智库研究丛书·学者系列
医疗侵权法律问题研究

著　　者 / 赵新河

出 版 人 / 王利民
组稿编辑 / 任文武
责任编辑 / 王玉霞
责任印制 / 王京美

出　　版 / 社会科学文献出版社·城市和绿色发展分社（010）59367143
　　　　　 地址：北京市北三环中路甲 29 号院华龙大厦　邮编：100029
　　　　　 网址：www. ssap. com. cn
发　　行 / 社会科学文献出版社（010）59367028
印　　装 / 三河市龙林印务有限公司

规　　格 / 开　本：787mm × 1092mm　1/16
　　　　　 印　张：18.25　字　数：289 千字
版　　次 / 2022 年 9 月第 1 版　2022 年 9 月第 1 次印刷
书　　号 / ISBN 978 - 7 - 5228 - 0775 - 1
定　　价 / 88.00 元

读者服务电话：4008918866